Wie kein anderer steht der Theologe Dietrich Bonhoeffer für Zivilcourage, Einmischung in die Politik, Pazifismus und Nächstenliebe. Dabei gab es für ihn weder konfessionelle noch nationale oder soziale Grenzen. Der evangelische Pfarrer lebte das, was er forderte, sein Mut wurde ihm schließlich zum Verhängnis. In seiner Biografie begibt sich Alois Prinz auf die Spuren Bonhoeffers und zeichnet nach, wie er zum aktiven Widerstandskämpfer wurde, der hin- und hergerissen zwischen Selbstbewusstsein und Selbstzweifeln seinen Platz in der Welt suchte. Prinz gelingt ein faszinierendes Portrait dieses mutigen Mannes, der besonders heute ein Vorbild für viele Menschen ist.

Alois Prinz, 1958 geboren, studierte Literaturwissenschaft und Philosophie und lebt bei München. Er veröffentlichte mehrere Biografien, u.a. über Hermann Hesse, Ulrike Marie Meinhof, Franz Kafka, Hannah Arendt und Teresa von Ávila. Er wurde für seine Bücher u.a. mit dem Deutschen Jugendliteraturpreis und dem Evangelischen Buchpreis ausgezeichnet. Seine Hannah-Arendt-Biografie war ein Bestseller (über 100000 verkaufte Exemplare). Zuletzt im insel taschenbuch erschienen: *Martin Luther King* (it 4630), *Der erste Christ. Die Lebensgeschichte des Apostels Paulus* (it 4491).

Alois Prinz

DIETRICH BONHOEFFER

Sei frei und handle!

INSEL VERLAG

Erste Auflage 2020
insel taschenbuch 4771
© 2017 Gabriel in der Thienemann-Esslinger Verlag GmbH, Stuttgart
Alle Rechte vorbehalten, insbesondere das der Übersetzung,
des öffentlichen Vortrags sowie der Übertragung
durch Rundfunk und Fernsehen, auch einzelner Teile.
Kein Teil des Werkes darf in irgendeiner Form
(durch Fotografie, Mikrofilm oder andere Verfahren)
ohne schriftliche Genehmigung des Verlages reproduziert
oder unter Verwendung elektronischer Systeme
verarbeitet, vervielfältigt oder verbreitet werden.
Vertrieb durch den Suhrkamp Taschenbuch Verlag
Umschlag: Rothfos & Gabler, Hamburg
Umschlagfoto: Scherl/Süddeutsche Zeitung Photo/ullstein bild, Berlin
Druck: CPI – Ebner & Spiegel, Ulm
Printed in Germany
ISBN 978-3-458-36471-9

INHALT

Im Prophetenzimmer oder
Die große Entscheidung

»Prophecy Chamber«, Prophetenkammer, heißt das Gästezimmer des *Union Theological Seminary* in New York. Am 13. Juni 1939 zieht der deutsche Theologe und Pfarrer Dietrich Bonhoeffer hier ein. Dietrich kennt das Seminar und die Stadt. Er war vor neun Jahren schon einmal hier gewesen, als blutjunger Stipendiat, der Land und Leute kennenlernen wollte. Sein jetziger Besuch steht unter ganz anderen Vorzeichen. Er musste aus Deutschland fliehen. Sein Jahrgang soll eingezogen werden. Als Soldat müsste er einen Eid auf Adolf Hitler ablegen und wäre gezwungen, mit der Waffe in den Krieg zu ziehen. Als Christ ist das für ihn ausgeschlossen. Verweigerern droht das Konzentrationslager oder sogar der Tod.

Dietrich hatte Glück gehabt. Sein Vater, ein anerkannter Professor für Psychiatrie, hat seine Verbindungen genutzt, um Dietrichs Musterung zu verschieben. Freunde in Amerika haben alles getan, um ihn aus Deutschland herauszuholen. Sie gehen nun fest davon aus, dass Dietrich in den USA bleibt. Hier ist er in Sicherheit. Doch schon auf der Schiffsreise war er unsicher, ob seine Flucht richtig war. »Wenn nur die Zweifel am eigenen Weg überwunden wären«, hatte er in sein Tagebuch geschrieben.[1]

Die Zweifel lassen sich nicht vertreiben. Auch nicht, als der Präsident des *Union Theological Seminary*, Henry Coffin, ihn in sein Landhaus in Massachusetts einlädt. Coffin fühlt sich durch den Besuch geehrt. Trotz seiner Jugend gilt der dreiunddreißigjährige Bonhoeffer als einer der bedeutendsten deutschen Theologen und als ein führender Kopf der kirchlichen Opposition gegen Hitler. Diese Gegenkirche, die sogenannte Bekennende Kirche, ist immer mehr unter politischen Druck geraten und viele ihrer Anhänger sitzen im Gefängnis oder im KZ. Dietrich genießt die Gespräche mit Coffin und er ist begeistert von der landschaftlichen Schönheit, aber er hat das Gefühl, nicht am richtigen Platz zu sein. Ein Jahr will er bleiben, länger nicht. »Ich begreife nicht, warum ich hier bin«, schreibt er.[2]

Seine Gedanken sind bei seinen Freunden in Deutschland. In einem abgelegenen Gutshof bei Stettin hatten sie eine Gemeinschaft gebildet. Dietrich war ihr Lehrer. Er sollte sie auf ihren Beruf als Pfarrer vorbereiten. Aber er war auch ihr »Bruder«. Zusammen wollten sie eine christliche Gemeinschaft bilden. Nur auf diese Weise, das ist Dietrichs feste Überzeugung, gewinnt man die innere Stärke, an seinem Glauben festzuhalten und in einem Unrechtsstaat Widerstand zu leisten. Das illegale Seminar wurde im Juni 1937 von der Geheimen Staatspolizei geschlossen. Dietrich und seine Freunde haben sich nicht entmutigen lassen und im Untergrund weitergemacht. Jetzt müssen seine Gefährten ohne ihn zurechtkommen. Dauernd muss er daran denken, was aus den jungen Männern wird, die sich ihm anvertraut haben und ihm gefolgt waren. Wird man sie verhaften? Werden sie als Soldaten in den Krieg geschickt, der unvermeidlich scheint? Trägt er, Dietrich, Schuld an ihrem Schicksal?

Viele von Dietrichs Weggefährten haben sich auf Kompromisse mit dem Staat eingelassen. Er selbst blieb unbeugsam. Oder war es nur Rechthaberei, dass er so stur war? Haben jene recht, die ihn für einen arroganten Besserwisser halten oder für einen gefährlichen Fanatiker, der der Kirche mehr schadet als nützt? Dietrich hat sich diese Fragen oft gestellt. Manchmal dachte er, dass er sich selbst nicht kennt. Doch letztendlich hat er sich von seiner Haltung nicht abbringen lassen. Vielleicht hat das mit seiner Erziehung zu tun. Schon als Kind war ihm beigebracht worden, nicht auf Phrasen hereinzufallen und standhaft zu bleiben. Das hat ihn früh immun gemacht gegen die Propaganda der Nazis. Ihr engstirniger Nationalismus war ihm fremd. Dietrich war viel gereist, nach Rom, nach Spanien und Afrika. Er war mit dem Auto durch Amerika gefahren und hatte die Unterdrückung der schwarzen Bevölkerung hautnah erlebt. Es war selbstverständlich für ihn, dass alle Menschen gleichwertig sind und dass die Behauptung von der Minderwertigkeit der »jüdischen Rasse« mit der Bibel nicht vereinbar ist. Man kann, so meinte er, nicht zugleich Christ und Nationalsozialist sein.

In New York wird Dietrich oft eingeladen zu Ausflügen und Partys. In den Gesprächen über Musik und Kindererziehung ist er höflich und zugewandt wie immer. Aber innerlich ist ihm alles, worüber geredet wird, völlig gleichgültig. Der Gedanke lässt ihn nicht los, dass er mit seiner Flucht einen Fehler gemacht hat. Allein in seinem Prophetenzimmer geht Dietrich auf und ab und zerbricht sich den Kopf, was er machen soll. Er raucht viele Zigaretten, macht sich Notizen und schreibt in sein Tagebuch. Immer wieder greift er zur Bibel, um dort eine Antwort zu finden. Man hat ihm das Angebot gemacht, Vorträge zu halten und Flüchtlinge aus Deutschland zu betreuen. Kann er das ablehnen? Er hat seine amerikanischen Freunde gebeten, sich für ihn einzusetzen. Wäre es nicht unverständlich, feige, schwach und undankbar, einfach wegzulaufen? Aber wo wird er wirklich gebraucht? Sind die

Nachrichten aus Deutschland nicht alarmierend? »Wenn es jetzt unruhig wird, fahre ich bestimmt nach Deutschland«, schreibt er in sein Tagebuch. »Ich kann nicht allein draußen bleiben. Das ist mir ganz klar. Ich lebe ja doch drüben.«[3] Im August will er wieder zurückreisen.

Wenn er es in seinem Zimmer nicht mehr aushält, geht Dietrich zum Times Square oder läuft stundenlang ruhelos durch die Straßen Manhattans. Er muss sich entscheiden. Aber wie? Seine erste eigenständige Entscheidung war es gewesen, Theologie zu studieren. Jene Schulstunde kurz vor dem Abitur, als er seinen Entschluss vor der ganzen Klasse äußerte, wird er nie vergessen. Im Studium war er anfangs sehr ehrgeizig. Schon mit zweiundzwanzig ein Doktor. Mit vierundzwanzig hielt er seine erste Vorlesung an der Universität. Immer der Jüngste, immer der Beste.

Doch dann hatte sich etwas mit ihm verändert. Er hat angefangen, die Bibel anders zu lesen. Nicht mehr seine eigenen Gedanken und seine Karriere waren ihm wichtig, sondern die Frage, was Gott von ihm erwartet. Diese Wende in seinem Leben hat ihn glücklich gemacht, und er wusste nun, dass er endlich »auf die richtige Spur«[4] gekommen ist. Diese Spur hat ihn zu dem Entschluss gebracht, ein Leben nach den Werten der Bibel zu führen. »Nachfolge« nannte er das. Diese Nachfolge gründet im Glauben, aber sie wird zwangsläufig politisch dann, wenn Menschenrechte mit Füßen getreten werden. Dietrich Bonhoeffer war lange Zeit ein unpolitischer Mensch gewesen. Erst als Theologe und Christ wurde er zum politischen Rebellen. Und sein Widerstand lässt sich nur aus seinem Glauben und seinen theologischen Gedanken verstehen.

Soll er bleiben oder das nächste Schiff in die Heimat nehmen? Dietrich wägt alles Für und Wider ab. Er sollte froh sein, der

Gefahr in Deutschland entronnen zu sein. Auch seine Schwester Sabine musste mit ihrem Mann, der aus einer jüdischen Familie kommt, ins Ausland fliehen. Viele Menschen, deren Leben in Deutschland bedroht ist, können nicht wie er das Land verlassen. Und andere, die geflohen sind oder fliehen mussten, unterstützen jetzt vom Ausland aus den Widerstand gegen das Hitler-Regime. Sollte er, Dietrich, das auch tun? Er hat viele Kontakte zu kirchlichen und politischen Kreisen in anderen Ländern.

Alle diese Überlegungen sind vernünftig. Für andere mögen sie richtig sein. Aber für ihn? Was ist für ihn das Richtige? Dietrich ist überzeugt, dass man die letzten Motive seines Handelns nicht erkennen kann. Sicher kann man alles begründen. Aber letztendlich ist jede Entscheidung eine Entscheidung ins Dunkle. Es bleibt einem nur die Hoffnung und der Glaube, dass man von einem höheren Willen geführt wird und man sich diesem Willen anvertrauen darf. Ohne das Vertrauen, dass einem die Fehler, die man macht, und die Schuld, die man auf sich lädt, vergeben werden, könnte man sich nicht entscheiden, nicht handeln.

Dietrich hat Angst vor dem entscheidenden Gespräch mit Professor Henry Leiper, der sich wie kein anderer für ihn eingesetzt hat. Am 20. Juni treffen sich die beiden zum Mittagessen. Leiper hat konkrete Pläne, wie Dietrichs Zukunft in den Staaten aussehen könnte. Dietrich lehnt alles ab. Leiper ist enttäuscht und auch verstimmt. Aber Dietrich lässt sich nicht mehr von seiner Entscheidung abbringen. »Für mich bedeutet es wohl mehr, als ich im Augenblick zu übersehen vermag. Gott allein weiß es«, schreibt er abends in sein Tagebuch. »Es ist merkwürdig, ich bin mir bei allen meinen Entscheidungen über die Motive nie völlig klar. Ist das ein Zeichen von Unklarheit, innerer Unehrlichkeit, oder ist es ein Zeichen dessen, dass wir über unser Erkennen hinaus*geführt* werden, oder ist es beides?«[5]

Am 7. Juli ist Dietrich auf dem Schiff, das ihn wieder zurück nach Deutschland bringt. Kurz nach Mitternacht legt es ab. Nach einem hochsommerlichen Tag ist es immer noch sehr warm und der Mond steht über den Wolkenkratzern Manhattans. Sechsundzwanzig Tage war er hier. Er bereut seine Reise nicht. Doch jetzt ist er erleichtert. Sein innerer Zwiespalt hat sich gelöst. Er weiß, dass er etwas Wichtiges gelernt hat, das seine zukünftigen Entscheidungen beeinflussen wird. »Wahrscheinlich wird sich diese Reise sehr bei mir auswirken«, schreibt er in sein Tagebuch.[6]

Als Dietrichs Nachfolger, der neue Gastdozent, in das Prophetenzimmer einzieht, wundert er sich über die Unordnung. Volle Aschenbecher stehen auf dem Tisch. Überall verstreut liegen beschriebene Papierbögen. Er kann nicht wissen, dass Dietrich Bonhoeffer sich hier zur wichtigsten Entscheidung seines Lebens durchgerungen hat.

Rote und schwarze Lieder

Zehn Minuten vor dem Essen ertönte der Gong. Das war das Zeichen für die Kinder, sich die Hände zu waschen und in das Esszimmer zu kommen. Der Sommer in diesem Jahr 1911 war ungewöhnlich heiß. An manchen Tagen erreichten die Temperaturen fast vierzig Grad Celsius. Auch in Breslau, der Hauptstadt der Provinz Schlesien, die damals zum Deutschen Reich gehörte, stöhnten die Menschen unter der Hitze. Das große Haus der Familie Bonhoeffer lag am Scheitniger Park, neben einem Seitenarm der Oder, unweit der neu erbauten Klinik, wo der Vater Karl Bonhoeffer als Arzt tätig war. Die Bonhoeffer-Kinder hatten im Garten, im Schatten der Bäume gespielt und rannten nun ins Haus. Nur eines fehlte noch. Der fünfjährige Dietrich. Erst als das Kindermädchen mehrmals nach ihm rief, tauchte er zwischen den Sträuchern auf, mit gerötetem Kopf, nach den lästigen Mücken schlagend. Sein Lieblingswort war »wahnsinnig«, und bei jeder Gelegenheit betonte er in diesen Tagen, wie »wahnsinnig heiß« es sei und wie »wahnsinnig durstig« er sei.[7] Er hatte in dem verwilderten Garten ein schattiges Plätzchen gefunden und dort gespielt. Nur widerwillig folgte er dem Rufen des Kindermädchens. Aber für ihn gab es keine Ausnahme. Im Hause Bonhoeffer galten feste Regeln, die alle einzuhalten hatten.

Im großen Esszimmer saßen nun alle acht Kinder am langen Tisch: der zwölfjährige Karl-Friedrich, der unumstrittene Anführer der Kinderschar. Der ein Jahr jüngere Walter, der sich am liebsten in der Natur aufhielt und alle Tiere und Pflanzen kannte.

Neben ihm Klaus, zehn Jahre alt, der in der Familie als »kleiner Philosoph« galt. Die neunjährige Ursula war die Älteste und Hübscheste der Mädchen. Ihre Schwester Christine, die alle Christel nannten, war nur ein Jahr jünger. Sabine war Dietrichs Zwillingsschwester und war, wie er immer stolz betonte, am 4. Februar 1906 zehn Minuten nach ihm auf die Welt gekommen. Vor zwei Jahren war das Jüngste der Kinder geboren worden, die kleine Susanne. Nach ihrer Geburt hatte der Vater Karl Bonhoeffer in das Familienbuch geschrieben: »Trotz der Kinderzahl 8, die in jetzigen Zeiten vielen erstaunlich erscheint, haben wir den Eindruck, dass es nicht zu viel sind. Das Haus ist geräumig, die Kinder normal entwickelt, wir Eltern noch nicht zu alt und darum bemüht, sie nicht zu verwöhnen und ihnen die Jugend freundlich zu gestalten.«[8]

Dietrich stach unter seinen Geschwistern hervor. Man hätte ihn für eines der Mädchen halten können. Während seine Brüder mit ihren dunklen, kurz geschnittenen Haaren, den schmalen Gesichtern und den drahtigen Körpern dem Vater ähnelten, schlug Dietrich eindeutig nach der Mutter. Von ihr hatte er die helle Haut und die blauen Augen, und lange, lockige hellblonde Haare umrahmten sein weiches Gesicht. Auf früheren Fotos der Familie hatte er, wie damals bei kleinen Jungen üblich, ein weißes Kleid an und sah damit aus wie ein kleines pummeliges Mädchen. Jetzt trug er eine Lederhose oder einen blauen Kittel, den die Mutter selbst geschneidert hatte.

Paula Bonhoeffer gab Anordnung, das Essen aufzutragen, und das Kindermädchen Maria Horn, das alle nur »Hörnchen« nannten, achtete darauf, dass die Kinder sich bei Tisch richtig benahmen. Sie war kurz nach Dietrich und Sabines Geburt ins Haus gekommen und gehörte schon zur Familie. Pünktlich zum Essen erschien auch der Vater Karl Bonhoeffer. Er war ein viel beschäftigter Mann. Er leitete die nahe gelegene psychiatrische Klinik und lehrte als Professor an der Universität. Trotz seiner vielen Verpflichtungen ließ er es sich nicht nehmen, an den Mahlzeiten der Familie teilzunehmen.

Paula Bonhoeffer war ohne Zweifel die Seele der Familie. Sie dirigierte umsichtig das große Personal, zu dem Kindermädchen, Erzieherinnen, Haushaltshilfen und eine Köchin gehörten. Sie leitete die Erziehung der Kinder, organisierte die Feste und Ausflüge. Dietrichs älterer Bruder Klaus, der nicht nur ein kleiner Philosoph, sondern auch ein gewitzter Spaßmacher war, verglich später die Familie mit einer Firma, die nach einer bestimmten Verfassung funktionierte. Die Mutter sei darin die alleinige Geschäftsführerin, der Vater aber der »Inhaber« der Firma.[9] In der Tat geschah nichts, was Karl Bonhoeffer nicht wollte. Es genügte, wenn die Mutter sagte: »Papa möchte das nicht gern«, und jede Diskussion war damit beendet.[10] Dabei war Karl Bonhoeffer ein gutmütiger und toleranter Mann. Schon sein Beruf als Psychiater brachte es mit sich, dass er verständnisvoll und einfühlsam mit Menschen umgehen konnte. Allerdings war er auch ein Mann der Wissenschaft, er lehnte alles Wissen ab, das nicht auf gesicherten und beweisbaren Einsichten beruhte. Seelenforschern wie dem Wiener Siegmund Freud, die die geheimen Antriebe des Menschen im Unbewussten suchten, begegnete er mit größter Skepsis, wenn nicht mit Ablehnung. In solche dunklen Bereiche der Seele wollte er nicht vordringen. Wer es trotzdem tat, der war für Karl Bonhoeffer nicht ernster zu nehmen als Scharlatane, die mit Kartenlegen und Gesundbeten Menschen heilen wollten. Für ihn war bei der Behandlung von psychisch Kranken die Persönlichkeit des Arztes und Therapeuten von ausschlaggebender Bedeutung. Wer ein guter Psychiater sein wollte, der musste neben dem fachlichen medizinischen Wissen Verständnis für Andersdenkende aufbringen, vor allem aber sollte er die nötige Distanz wahren können und seine eigenen Gefühle im Griff haben. Diese »Beherrschung des Affektiven«, wie Karl Bonhoeffer diese für ihn unverzichtbare Eigenschaft nannte, war ihm auch als Familienvater wichtig. Nicht als Erzieher wollte er seinen Kindern gegenüber auftreten, sondern durch sein Vorbild wirken.

Das große Vorbild für Karl Bonhoeffer selbst war immer noch sein eigener Vater. Der erst vor zwei Jahren verstorbene Friedrich Bonhoeffer war ein juristischer Beamter im Schwäbischen gewesen und in seinen letzten Berufsjahren Landgerichtspräsident in Ulm. Sein Sohn Karl hatte an seinem Vater immer dessen Einfachheit und Ehrlichkeit bewundert. Nichts war Friedrich Bonhoeffer mehr zuwider gewesen als Menschen, die mehr sein wollten, als sie waren. Alles Unnatürliche, Aufgesetzte und Gedankenlose lehnte er ab. Das fing für ihn schon bei der Sprache an. »Niemals habe ich von ihm eine Phrase gehört«, schrieb Karl Bonhoeffer in Erinnerung an seinen Vater.[11]

Bei Tisch durften die Bonhoeffer-Kinder nicht untereinander reden. Zu den Eltern durften sie nur etwas sagen, wenn diese sich nicht unterhielten. Der Vater achtete dann genau darauf, dass sie nicht einfach etwas daherschwätzten, sondern sich vorher überlegten, was sie fragen oder erzählen wollten, und das dann auch in einfachen und angemessenen Worten taten. Manchmal gab ihnen der Vater auch Begriffe vor, die sie definieren sollten. War er unzufrieden mit den Ergebnissen, äußerte er das nicht wortreich, sondern zog nur seine linke Augenbraue hoch und schaute sein Gegenüber mit hochgeschobener Brille an. Die Kinder fühlten sich dann durchschaut, wenn auch auf eine sehr freundliche Weise durchschaut. Die Achtung vor dem Vater war groß, sie konnte aber manchmal auch eine einschüchternde Wirkung haben. Wie Dietrichs Schwester Sabine später berichtete, war man als Kind gegenüber diesem Vater oft unsicher und gehemmt und sagte dann lieber nichts als etwas Falsches.

Karl Bonhoeffer war kein Vater, auf dessen Schoß man als Kind sitzen konnte, der einen streichelte und dem man Kosenamen geben konnte. Das heißt nicht, dass er sich nicht um seine Kinder kümmerte und regen Anteil an ihrer Erziehung nahm. Wenn er nach einem langen Arbeitstag müde nach Hause kam, las er ihnen oft noch etwas vor. Dann saßen alle um ihn versammelt im großen Wohnzimmer, das voll war von Erbstücken. Dazu zählten auch die zahlreichen Gemälde an den Wänden. Die großformatigen Alpenlandschaften stammten von Stanislaus Graf Kalkreuth, dem Großvater der Mutter. Und einen besonderen Platz hatte ein Porträt ihres Großvaters väterlicherseits. Dieser Karl August von Hase war Professor für Theologie gewesen und hatte wegen seiner radikalen politischen Ansichten als junger Mann ein Jahr im Gefängnis gesessen. Die Geschichten dieser Vorfahren kannten die Bonhoeffer-Kinder von klein auf, und Geschichten gab es viele. In den Familien der Mutter wie des Vaters gab es viele bedeutende Männer, Professoren, Offiziere, Künstler, Ärzte, Ratsherren und Bürgermeister. Diese Abstammung war für Karl und Paula Bonhoeffer jedoch kein Grund, besonders stolz darauf zu sein. Zwar hing der Stammbaum der Familie im Treppenhaus, doch ein übertriebener Ahnenkult widersprach ihrer bürgerlichen Bescheidenheit. Im Gegenteil. Ein Onkel, der die Verdienste der Familie von Hase bei jeder Gelegenheit rühmte, wurde im Stillen belächelt. Dennoch wuchsen die Kinder auf in dem Bewusstsein, in einer alten bürgerlichen Tradition zu stehen. Damit verbunden war die unausgesprochene Verpflichtung, diese Tradition fortzuführen, einmal bedeutende Leistungen zu erbringen und hohe Ämter anzustreben. Wer in einer solchen Tradition verwurzelt ist, so wird es Dietrich Bonhoeffer einmal beschreiben, dessen Denken und Handeln wird davon bestimmt, noch ehe ihm diese Prägung bewusst wird.

Karl Bonhoeffer ging davon aus, sein weiteres Leben in Breslau zu verbringen. Dabei war er als junger Assistenzarzt ungern hierhergekommen. Von seiner schwäbischen Heimat aus gesehen schien Breslau sehr weit entfernt, fast schon in der »Polakei«. Erst als er seine zukünftige Frau kennenlernte, wurde er in der Stadt heimischer. Nach der Heirat hatte er mit seiner Frau und den ersten Kindern Breslau kurzzeitig verlassen, weil man ihm in Königsberg und Heidelberg Stellungen angeboten hatte. Doch schließlich hatte er sich entschieden, nach Breslau zurückzukehren. Die Arbeitsbedingungen, die man ihm hier bot, entsprachen völlig seinen Wünschen. Und das geräumige Haus neben dem Birkenwäldchen war für die immer größer werdende Familie wie geschaffen. Die Kinder hatten hier die größten Freiheiten. Den Garten ließ man verwildern. Sie konnten darin nach Lust und Laune Höhlen und Verstecke bauen. Ein Tennisplatz gehörte zum Haus, den man im Winter mit Wasser begoss, um auf dem Eis Schlittschuh zu laufen. Die Mädchen hatten einen eigenen Raum für ihre Puppenstuben. In einem anderen stand eine Hobelbank, und jede Menge Werkzeug war vorhanden, damit die Buben hämmern, schneiden und sägen konnten. In einem Schuppen, in dem früher Kutschen und Pferde gestanden hatten, durften die Kinder Eidechsen, Schlangen, Mäuse, Vögel, Käfer und Eichhörnchen halten.

Ein Zimmer im Haus wurde als Schulzimmer eingerichtet, mit einer Tafel und richtigen Pulten. Paula Bonhoeffer hatte sich in jungen Jahren zur Lehrerin ausbilden lassen und zeigte großes Interesse für alternative Erziehungsformen. Von den üblichen Methoden in den Schulen hielt sie wenig. Den Kindern werde, so meinte sie, nur früh das Rückgrat gebrochen. Sie bestand darauf, den ersten Unterricht selbst zu geben. Dazu nahm sie auch gleichaltrige Kinder aus befreundeten Familien auf, sodass zeitweise drei kleine Klassen zusammenkamen, die sie nacheinander unterrichtete. Unterstützt wurde sie dabei von Maria Horn. Nur in Religion durfte »Hörnchen« die Kinder nicht unterrichten. Das behielt sich Paula Bonhoeffer selber vor.

Sie war die Tochter des Theologieprofessors Karl Alfred von Hase und hatte in ihrer Jugend einige Zeit bei den Herrnhutern verbracht, einer Gemeinschaft, in der ein sehr frommer und gefühlsbetonter christlicher Glaube gepflegt wurde und man Wert auf tätige Nächstenliebe legte. Auch Maria Horn war in dieser pietistischen Glaubenswelt aufgewachsen. Im Hause Bonhoeffer, wo die eher nüchterne Einstellung des Vaters maßgeblich war und allzu starke Gefühlsäußerungen verpönt waren, musste »Hörnchen« mit ihrer Frömmigkeit zurückhaltend sein. Aber weil es zu den Grundsätzen des Vaters gehörte, andere Meinungen und Lebensweisen zu respektieren, wurde auch Maria Horns gelegentlich etwas aufdringlicher religiöser Übereifer »ertragen«. Die Kinder, die »Hörnchen« heiß und innig liebten, waren empfänglich für ihre schwärmerische Gottesliebe und lernten viele Lieder und Gebete der Herrnhuter von ihr.

Ob auch Paula Bonhoeffer sich Zurückhaltung auferlegen musste? Eberhard Bethge, der spätere Freund von Dietrich, meinte, dass die religiösen Ideale ihrer Jugend in der Ehe »unter der Oberfläche« blieben.[12] Dennoch war Paula Bonhoeffer die ideale Ergänzung zu ihrem Mann. Die Nähe, die der Vater nicht wollte, nicht erlaubte, fanden die Kinder bei der Mutter, auch wenn es eher eine disziplinierte Nähe war. Zu ihr konnten sie mit ihren Sorgen und Nöten kommen. Ihre Lebensfreude und ihr Temperament waren ansteckend. Ihre Kreativität, wenn es galt,

Feste zu feiern und neue Spiele zu erfinden, erlahmte nie. Und ihr Vorrat an Versen und Liedern war unerschöpflich.

Von der Mutter bekam Dietrich die biblischen Geschichten erzählt. Sie zeigte ihm dazu die Bilder aus einer illustrierten Bibel, die seine Fantasie anregten und Fragen in seinem Kopf entstehen ließen wie die, ob der liebe Gott auch zu Mittag esse oder ob er auch Schornsteinfeger lieb habe.[13] Noch tiefer bewegten ihn die Kirchenlieder, die er von seiner Mutter und »Hörnchen« lernte und die er mit Hingabe sang, wobei er unterschied zwischen den »roten« Liedern, die fröhlich klangen, inniger waren und er lieber sang, und den »schwarzen«, die sich feierlicher und ernster anhörten. Von einem Zimmer des Hauses konnte Dietrich auf den nahe gelegenen Friedhof sehen, wo sich ab und zu ein Trauerzug zu einem offenen Grab bewegte. Nachts, wenn er im Bett lag, stellte er sich vor, er liege sterbend auf dem Bett, um das die ganze Familie versammelt ist, und er überlegte, welche letzten Worte er sagen würde.[14] Das war ein schöner Gedanke, aber dann schämte er sich, dass er eine so »theatralische Vorstellung« von sich machte und sich auf eine Art in den Mittelpunkt stellte, die sein Vater sicher verurteilen würde.

Es war schwer für Dietrich, seinen Platz unter seinen Geschwistern zu finden. Anfangs hatte er noch mit seinen Schwestern in deren Zimmer gespielt und war ein begehrter Puppenvater gewesen. Später, als er kein Kleid mehr trug, wollte er zu seinen großen Brüdern gehören. Doch es war offensichtlich, dass er nicht nur anders aussah als Karl-Friedrich, Walter und Klaus, sondern auch sonst anders war. Er schämte sich, weil er oft nicht so mutig war, wie es sich für einen Jungen gehörte. Er hatte Angst vor dem Nikolaus, der niemand anderes war als die aufwendig verkleidete Mutter mit verstellter Stimme. Er hatte Angst vor dem Wasser. Als er schwimmen lernen sollte und man ihn an einer großen Angel festhielt, schrie er so hysterisch, dass man ihn wieder losmachte. Nur weil seine Zwillingsschwester Sabine sich tapferer verhielt, ließ er sich überreden, es weiter zu probieren.

Im Sommer machte die Familie Ferien im Glatzer Gebirge, südlich von Breslau, an der Grenze zu Mähren und Böhmen, die noch zu Österreich-Ungarn gehörten. Nahe dem Ort Wölfelsgrund hatte Karl Bonhoeffer ein Haus gekauft. Es lag an einem Waldhang, mit einer Wiese davor, einem kleinen Bach und einem riesigen Obstbaum, auf dem ein Hochsitz mit einer Bank gebaut war. Die Familie ließ sich vor diesem Baum fotografieren. Karl und Paula Bonhoeffer stehen auf der Wiese unter dem Baum, der Vater mit der kleinen Susanne auf den Schultern. Die anderen Kinder über ihnen auf dem Hochsitz. Mittendrin Dietrich mit seinem hellblonden Haarschopf.

Wie schon sein Vater war auch Karl Bonhoeffer ein leidenschaftlicher Wanderer. Und wie sein Vater ihm auf langen Spaziergängen alle Bäume, Getreidearten und Pflanzen gezeigt und erklärt hatte, so lernten nun seine Kinder von ihm alles kennen, was im Wald und auf den Wiesen wuchs und blühte. Was Dietrich auch vom Vater lernte und was ihn tief beeindruckte, war dessen Haltung in allem, was er tat und sagte. Zu ihr gehörte, dass man seine Gefühle und Sorgen nicht an die große Glocke hängt, sondern besser für sich behält, und dass man seine eigenen Bedürfnisse und Wünsche nicht in den Vordergrund stellt und an andere denkt. Sicher war es der Einfluss des Vaters, der bewirkte, dass Dietrich ein sehr »ritterlicher« Junge wurde, besonders seiner Zwillingsschwester Sabine gegenüber. Er bot ihr seine Hand an, wenn sie im Wald einen steilen Abhang hinuntergingen, wo man leicht ins Rutschen kam. Wenn sie auf der Wiese Himbeeren sammelten, füllte er heimlich das Töpfchen der Schwester auf, damit sie nicht weniger hatte als er.[15]

Karl Bonhoeffer hatte nicht gedacht, jemals wieder von Breslau wegzugehen. Doch dann erhielt er eines Tages das Angebot, nach Berlin zu wechseln. Der Professor für Psychiatrie und Neurologie, Theodor Ziehen, hatte überraschend sein Amt niedergelegt, um sich ganz seiner Leidenschaft, der Philosophie, zu widmen. Bonhoeffer sollte sein Nachfolger werden. Obwohl die Stelle an der Charité in Berlin die erste Adresse seines Faches war, hatte Karl Bonhoeffer keinerlei Ehrgeiz, beruflich aufzusteigen. Doch in langen Gesprächen mit seiner Frau bekam der Gedanke immer mehr Gewicht, dass die Kinder in der deutschen Hauptstadt mehr Entwicklungsmöglichkeiten hätten. Die Kinder wurden gefragt und sie waren einverstanden.

Ob auch Dietrich zugestimmt hat? Oder war er vielleicht »wahnsinnig traurig«? Hatte ein skeptischer Blick des Vaters schon genügt, um ihm diese sprachliche Übertreibung abzugewöhnen? Viele Jahre danach, am Ende seines Lebens, wird Dietrich bekennen, dass er sich zum ersten Mal wirklich verändert hat, als er bewusst die Persönlichkeit seines Vaters wahrnahm. Diese Veränderung geschah dadurch, dass es ihm nicht erlaubt wurde, einfach seinen Gefühlen nachzugeben und seinen ersten Antrieben zu folgen, sondern ihm Hindernisse aufgebaut wurden. In einem Brief schreibt er: »Ich habe es als einen der stärksten geistigen Erziehungsfaktoren in unserer Familie empfunden, dass man uns so viele Hemmungen zu überwinden gegeben hat (in Bezug auf Sachlichkeit, Klarheit, Natürlichkeit, Takt, Einfachheit etc.), bevor wir zu eigenen Äußerungen gelangen konnten. […]. Und manchmal dauert es lange, ehe man eine solche Hürde genommen hat, und man denkt wohl auch gelegentlich, man hätte auf sehr viel billigere, leichtere Weise zu Erfolgen kommen können, wenn man diese Hindernisse einfach umgangen hätte.«

Dietrich wird sein Leben lang an der Überzeugung festhalten, dass man es sich nicht zu einfach und leicht machen darf, sondern dass man Hindernisse überwinden muss. Andererseits hat Dietrich von seiner Mutter und »Hörnchen« erfahren, dass man seine Gefühle frei und ungezwungen äußern darf, in Liedern, Versen und Gedichten. Muss man beides immer auseinanderhalten? Müssen Gefühle »unter der Oberfläche« bleiben? Oder gehören Gefühl und Verstand doch zusammen?

II.   Dunkle Tage

Dietrich war sechs Jahre alt, als die Familie Ostern 1912 nach Berlin zog. Von dem großem Haus mit dem weiten Garten in Breslau hatten sie schweren Herzens Abschied genommen. Nun mussten sie sich an die vergleichsweise bescheidene Wohnung im Erdgeschoss eines Hauses in der Brückenallee, nahe der Spree, gewöhnen. Gewöhnen mussten sie sich auch daran, dass über ihnen eine ältere Dame wohnte, die weit nach Mitternacht so geräuschvoll zu Bett ging, dass das ganze Haus davon aufwachte.[16] Zum Haus gehörte ein kleiner Garten, der von einer Mauer umschlossen war. Jenseits lag der Park des Schlosses Bellevue, wo die Familie Wilhelms II., des deutschen Kaisers, mit dem Hofstaat residierte. Der Kaiser liebte Pomp und große Worte, weswegen Karl Bonhoeffer nicht viel von ihm hielt. Dass Wilhelm die Flotte aufrüsten ließ, um Deutschland im Wettlauf um die Kolonien einen »Platz an der Sonne« zu verschaffen, war für Bonhoeffer ein gefährliches Säbelrasseln. Trotzdem glaubte er wie viele Deutsche, dass der Kaiser im Grunde Frieden wollte und ein Krieg aufgrund der internationalen wirtschaftlichen Interessen ausgeschlossen war.

Um Dietrich und seine Zwillingsschwester Sabine kümmerte sich jetzt Käthe Horn, die Schwester von »Hörnchen« Maria Horn, die ebenfalls in einer sehr frommen Gemeinde der Herrnhuter aufgewachsen war. Mit ihr gingen sie spazieren in den Grünanlagen des Tiergartens, und manchmal konnten sie den Wagen mit dem Königspaar und dessen Kindern zuwinken, die zum Schloss

Bellevue fuhren oder von dort weg. Wenn sie zu Hause davon erzählten, wurden sie ausgelacht. Ein Kult um die Königsfamilie galt als ebenso »ungebildet« wie falscher Ehrgeiz, über Geld zu reden, sein Wissen vorzuführen oder sich sonst wie über andere zu erheben. Benahm sich jemand so ungebildet, wurde er mit Schweigen bedacht oder still belächelt, jedoch nicht kritisiert oder gar bloßgestellt, weil das ja geheißen hätte, sich selbst für etwas Besseres zu halten.

So wäre es Karl und Paula Bonhoeffer nie eingefallen, offen etwas gegen das Kaiserreich, die Schule oder die Kirche zu sagen. Man respektierte diese Einrichtungen, vertraute aber den eigenen Überzeugungen. Die Kinder wurden christlich erzogen, doch niemand ging am Sonntag in die Kirche. In den ersten Jahren wurden sie vom Schulbesuch befreit und zu Hause unterrichtet, was nach dem Umzug nach Berlin bei den Zwillingen Käthe Horn übernahm. Für die Kinder war das Haus der Familie ein Ort der Sicherheit und Geborgenheit. Vor den Einflüssen einer Großstadt wie Berlin sollten sie so lange wie möglich geschützt werden. Wie die Welt draußen aussah, davon bekamen sie nur selten Eindrücke. Etwa in der Weihnachtszeit, wenn die Mutter arme und Not leidende Menschen in das Haus einlud, sie beschenkte und die Kinder ein Krippenspiel aufführten. Oder wenn der Vater sie mitnahm in die Klinik und sie dort Kinder sahen, die keine Familie hatten, die unkontrolliert mit den Armen und Beinen zuckten und auf dem Boden kauerten. Diese kleinen Patienten bekamen dann Bücher und Spielsachen geschenkt, die die Bonhoeffer-Kinder nicht mehr brauchten.[17]

Dietrich fiel es anscheinend besonders schwer, die gewohnte, behütete Welt seines Elternhauses zu verlassen. Im Oktober 1913 begann für ihn der Schulalltag. Er wurde auf dem Friedrichs-Werderschen Gymnasium angemeldet. Das war nicht weit entfernt, auf der anderen Uferseite der Spree. Dietrich hatte Angst, den kurzen Schulweg über die große Brücke alleine zu gehen. So musste ihn anfangs ein Kindermädchen begleiten, unauffällig, damit er sich nicht vor seinen Schulkameraden blamierte.

Dietrich war durch den häuslichen Unterricht schon so weit im Stoff fortgeschritten, dass er in dem humanistischen Gymnasium eine Klasse überspringen konnte. Seine Ängste und Unsicherheiten scheint er schnell überwunden zu haben. Zu seinem wachsenden Selbstbewusstsein trug sicher auch bei, dass er gewachsen war und ein kräftiger Junge wurde. Seine Schwester Sabine ließ er gern seine harten Muskeln prüfen. Im Sport war er den anderen überlegen, und auch wenn er auf Fairness großen Wert legte, so war er doch ehrgeizig und verlor nicht gern. Den Triumph, den er fühlte, wenn er andere besiegte, hat Dietrich in manchen Momenten wohl ganz unbefangen und ohne schlechtes Gewissen genossen. Doch auch hierin wurden ihm durch die Erziehung Hemmungen auferlegt. Als er einmal von einem Wettkampf mit einem Siegerkranz auf dem Kopf nach Hause kam, erntete er den Spott und die Häme der großen Brüder, und er nahm den Kranz beschämt wieder ab.[18] Gewinnen war ja ganz schön. Aber damit gab man nicht an! Ein solcher Stolz galt bei den Bonhoeffers als dumme Eitelkeit, wie alle Übertreibungen, mit denen man die Aufmerksamkeit auf sich lenken wollte. Wenn eines der Kinder hinfiel, entging es dem strengen Blick des Vaters nicht, wenn es zu lange liegen blieb und den Schmerz übertrieb, um bemitleidet zu werden. Es reichte dann sein kurzes »Pfui!«, um jede wehleidige Schauspielerei zu beenden. Die Mutter allerdings konnte oft nicht verhehlen, wie tief es sie traf, wenn einem ihrer Kinder etwas passierte. Dietrich sah sie zum ersten Mal weinen, als er sich in der Schule beim Turnen einen Vorderzahn ausgebrochen hatte. So erlebte er sie nur am Weihnachtsabend, wenn Paula Bonhoeffer von den frommen Liedern so ergriffen war, dass sie Tränen in den Augen hatte. Der Anblick der weinenden Mutter berührte und bedrückte Dietrich zugleich, und er war erleichtert, wenn ihre Augen wieder »klar« waren.[19]

Hielten sich die Kinder an die von den Eltern vorgelebten Tugenden, genossen sie alle Freiheiten. Vor allem im Sommer, wenn sie die Ferien im neuen Landhaus der Familie im Ostharz verbrachten. Es lag nahe dem Ort Friedrichsbrunn, an einem Waldrand. Passend zum unaufdringlichen Wohlstand der Familie war dieses alte Forsthaus schlicht eingerichtet und ohne Strom. Schon die Fahrt dorthin war für die Kinder jedes Mal ein aufregendes Abenteuer. Mit »Hörnchen« und den Hausmädchen ging es mit dem Zug von Berlin nach Thale, wo schon eine Pferdekutsche auf sie wartete. Die Eltern kamen später nach und sahen dann schon von Weitem das mit Kerzen erleuchtete Haus. Im Garten und in den Wäldern ringsum konnten die Kinder machen, was sie wollten. Der Erste, der schon mit der aufgehenden Sonne im Freien war, war der fünfzehnjährige Walter. Er erforschte die Waldwege, kannte die Fährten der Tiere, die Stimmen der Vögel und freundete sich mit den Jägern an. Walter war es auch, der seinem kleinen Bruder Dietrich die Stellen im Wald zeigte, wo man Pilze finden konnte. Und seine Schwester Sabine erinnerte sich noch lange an den lauten Jubelschrei, den Dietrich ausstieß, wenn er ein besonders schönes Exemplar gefunden hatte.

Im Sommer 1914 waren nur die jüngsten Bonhoeffer-Kinder im Harzer Feriendomizil. Die drei älteren Brüder waren bei der Großmutter in Tübingen. Dietrich und seine Schwestern durften am 1. August nach Friedrichsbrunn, weil dort ein Schützenfest stattfand. Plötzlich entstand eine große Unruhe unter den Menschen, als ob ein Unwetter im Anzug wäre. Die Händler packten ihre Waren ein und Leute verließen eilig den Festplatz. Es war kein Unwetter, das sie vertrieb, sondern die sich rasch verbreitende Nachricht, dass Deutschland Russland den Krieg erklärt hat. Dietrich und seine Schwestern waren enttäuscht, als »Hörnchen« sie von den Jahrmarktbuden und dem Karussell wegzog und wieder zurück ins Ferienhaus brachte. In der Nacht hörten sie durch die offenen Fenster das Gejohle von Soldaten, die am nächsten Tag in den Krieg zogen und Abschied feierten. Am Morgen mussten die Kinder vorzeitig ihre Koffer packen, und es ging zurück nach Berlin, wo in den Straßen eine Stimmung wie bei einem Volksfest herrschte. Eine von Dietrichs Schwestern dachte wohl wirklich, dass Krieg so etwas bedeutet wie Volksfest. »Hurra, es ist Krieg!«, rief sie, als sie in das Elternhaus stürmte. Dafür bekam sie eine Ohrfeige.[20]

Diese Ohrfeige muss für das Mädchen unverständlich gewesen sein, denn die Begeisterung für den Krieg war allgemein und öffentlich. Auch Karl Bonhoeffer unterschrieb eine Erklärung von über dreitausend Hochschullehrern, in der sich die Wissenschaftler zum »preußischen Militarismus« bekannten. Und die bedeutendsten Vertreter beider Kirchen überboten sich mit Predigten und Aufrufen, in denen sie den Krieg gerechtfertigt und »heilig« nannten. Der namhafte Theologe Reinhold Seeberg, der einmal Dietrich Bonhoeffers Lehrer werden sollte, verfasste einen Aufruf *An die Kulturwelt,* dem sich dreiundneunzig Wissenschaftler, Künstler und Schriftsteller anschlossen. Darin wurde behauptet, dass der Krieg den Deutschen aufgezwungen worden sei und notwendig wäre, um »das Vermächtnis eines Beethoven, eines Goethe und eines Kant« gegen den Ansturm von »Mongolen und Negern« zu verteidigen.[21]

Diese Verherrlichung des Krieges bekam einen Dämpfer, als

in den Familien die ersten Toten zu beklagen waren. Auch die Verwandtschaft der Bonhoeffers war betroffen. Der Sohn von Karl Bonhoeffers Bruder Otto kam mit einem Kopfschuss und halb blind zurück, ein Cousin Dietrichs hatte ein Bein verloren. Drei weitere Cousins fielen schon in den ersten Monaten. Hans von der Goltz, der siebzehnjährige Sohn von Paula Bonhoeffers Schwester, hatte noch bei den Bonhoeffers seinen Abschiedsbesuch gemacht, ehe er ins Feld gezogen war. Kurz darauf hatten seine Eltern die Nachricht von seinem »Heldentod« erhalten.

Karl Bonhoeffer bekam es nun vermehrt mit seelischen Schäden zu tun, die der Krieg verursachte, mit Patienten, die im Granathagel ihre Stimme verloren hatten, die nicht mehr schlafen konnten, die unentwegt zitterten oder deren Körper von unkontrollierbaren Zuckungen erschüttert wurde. Bonhoeffer ließ sich, seinem Selbstverständnis gemäß, bei der Beurteilung und Behandlung solcher Fälle nicht auf Mutmaßungen und Spekulationen ein, sondern hielt sich an überprüfbare Beobachtungen. Er besuchte sogar Kriegsgefangenenlager und kam zu der Einsicht, dass solche »hysterischen Reaktionen« bei Soldaten als eine Art Schutz vor noch schlimmeren Gefahren zu verstehen sind. Soldaten mit schwächeren Nerven flüchten sich demnach in ein krankhaftes Verhalten, während andere mit einem starken Nervenkostüm das nicht nötig haben. Insgesamt hielt es Bonhoeffer für erwiesen, dass das »große Experiment des Krieges« zu einer »außerordentlichen Festigkeit und Anpassungsfähigkeit des Gehirns« führt.[22]

Der fast neunjährige Dietrich war noch zu jung, um die Schrecken des Krieges zu verstehen. Zu Weihnachten wünschte er sich von der Großmutter in Tübingen »Soldaten«. Wie andere Jungen in seinem Alter spielte er im Garten Krieg, er las begeistert die Zeitungsmeldungen von den Erfolgen der deutschen

Truppen und hatte an die Wand seines Zimmers eine Landkarte geheftet, auf der er mit Stecknadeln den Frontverlauf markierte. Andererseits beschäftigte es ihn, dass junge Menschen, die er gekannt hatte, nun tot waren. Sie waren keinen »schönen, frommen Tod« gestorben, wie er ihn sich einmal vorgestellt hatte. Das machte ihm Angst. Und geradezu lähmend war der Gedanke, dass auch er einmal sterben muss und sein Leben begrenzt ist. Was war dann mit dem »ewigen Leben«, von dem in den frommen Liedern, die er so gerne sang, und in den Gebeten seiner Mutter die Rede war?

In dieser Zeit teilte er sein Zimmer mit seiner Zwillingsschwester Sabine. Abends, nachdem sie mit der Mutter gebetet und gesungen hatten, lagen sie noch lange wach in ihren Betten und nahmen sich vor, so lange an das Wort »Ewigkeit« zu denken, bis sie etwas von dieser Ewigkeit verspürten. Das machten sie so angestrengt, dass ihnen schwindlig wurde. Nach diesem täglichen Ritual, das ihr Geheimnis war, erlaubten sie sich jedoch noch nicht zu schlafen, weil jeder der Letzte sein wollte, der dem anderen eine »Gute Nacht« wünschte. Das ging lange hin und her, ehe beide vom Schlaf übermannt wurden.[23]

Der angstgeplagte, verschlossene Junge, das war der eine Dietrich. Der andere war der lebenslustige Junge, von dessen »strahlendem Wesen«[24] und Übermut alle beeindruckt waren, die ihn kennenlernten. Der Dietrich, der sich kaputtlachte, wenn er aus seinem Buch über die Streiche des Pinocchio vorlas; der im Garten mit Feuereifer eine Grube schaufelte, um seine Feinde in diese Falle zu locken. Der Dietrich, der sich völlig vergessen konnte, wenn er sich mit seinen Geschwistern verkleidete, um ein Märchen nachzuspielen, und der beim gemeinsamen Musizieren am Klavier saß und dazu sang. Nachdenklicher und ernst wurde er, wenn er in dem Buch *Onkel Toms Hütte* über die schwarzen

Sklaven auf den Baumwollfeldern in den Südstaaten Amerikas las oder über junge Leute, die bereit waren, ihr Leben zu verlieren, um anderen zu helfen.

Auf dem Gymnasium gehörte Dietrich wie selbstverständlich zu den Besten. Mit den Jahren wurde er sogar zum »eindeutigen Führer«[25] in seiner Klasse. Das gefiel nicht allen. Sein Mitschüler Ernst Abrahamsohn machte ihm diese Stellung streitig, und mit einigen Mitverschwörern lauerte er Dietrich eines Tages auf, um ihn zu verprügeln. Wie die Sache endete, ist nicht bekannt. Dietrich jedenfalls ging keiner Rauferei aus dem Wege. Sein Vater vermerkte sogar im Familienbuch mit einem gewissen Staunen, dass sein jüngster Sohn »gerne und viel« rauft.[26] So werden auch seine Gegner nicht ohne Beulen und blaue Flecken davongekommen sein.

Dieser Konflikt hat Dietrich lange beschäftigt. Noch am Ende seines Lebens hat er ihn in einem Roman verarbeitet. Die Kontrahenten darin heißen Hans und Paul. Nach einem dramatischen sportlichen Wettkampf, der eigentlich ein »Kampf um die Macht« war und bei dem der dreizehnjährige Hans verletzt wird, überwinden beide ihre Feindschaft und werden Freunde. Paul, hinter dem man Dietrich sehen darf, muss einsehen, dass er durch seine Dominanz die anderen in der Klasse in ihrer Entwicklung behindert hat. Einen Anführer, der andere dazu bringt, ihm willenlos zu folgen, lehnt er jetzt ab. Er will nun kein Halbgott mehr sein und begreift es als ein großes Glück, »dass er neben anderen Menschen leben und mit ihnen auskommen muss«, und er misstraut von nun an jedem, »der keinen Freund hat«.[27]

Der Schüler Dietrich Bonhoeffer ist allgemein beliebt, aber richtige Freunde hat er keine. Das »Happy End« in seinem Roman lässt sich verstehen als Wunsch, zwei sehr gegensätzliche Seiten an sich zu vereinbaren. Einerseits ist ihm durch seine Erziehung und durch das Elternhaus die Haltung wie eingeimpft, dass er zu einer Elite gehört, dass er in einer Gemeinschaft eine führende Rolle einnehmen muss und besondere Leistungen von ihm erwartet werden. Dadurch gerät er zwangsläufig in eine Distanz zu anderen Menschen, die ihm oft als Arroganz ausgelegt wird. Andererseits möchte er ein ganz normaler Junge sein, der sich nicht von anderen unterscheidet und der einen Freund hat, dem man alles, was einen bewegt, anvertrauen kann.

Im März 1916 zog die Familie in ein neues Haus. Es lag in der Wangenheimstraße im Stadtteil Grunewald, ein bevorzugtes Wohngebiet großbürgerlicher Familien, die im Grünen leben wollten, nahe der Stadt und doch weit genug entfernt von ihrem Lärm und ihren hässlichen Seiten. Das Haus war ähnlich groß wie die Villa in Breslau. In der Vorhalle war die Garderobe mit einer langen Reihe von Kleiderhaken, einen für jedes der acht Kinder.[28] Dahinter lag das riesige Wohnzimmer, das »Salon« zu nennen verpönt war. Seitlich davon das Esszimmer mit der langen Tafel, an der zwanzig Menschen Platz fanden. Für Dietrich Bonhoeffer strahlte alles, die Möbel, die Bilder, der Garten, »die warme Atmosphäre eines starken Familienlebens« aus. Man habe sich darin frei bewegt, »ohne Beklemmungen«, so schrieb er in einem literarischen Text über seine Kinderzeit, mit einem »unbefangenen Sinn für Freude und Behaglichkeit«.[29] Die Nachbarschaft der Bonhoeffers liest sich wie eine Liste von berühmten Persönlichkeiten der Zeit. Der Physiker Max Planck war darunter, der bald den Nobelpreis erhalten sollte. Der Theologe Adolf von Harnack, der Dietrichs Lehrer wurde, gehörte dazu, und der Historiker und Politiker Hans Delbrück. Direkt gegenüber wohnte die Familie von Richard Schöne, der Generaldirektor der Berliner Museen gewesen war. Zu den Schönes entwickelten die Bonhoeffers bald eine besonders herzliche Beziehung.

Auch die Familien im »Professorenviertel« im Grunewald wurden nicht von den zunehmenden Härten des Krieges verschont, vor allem, als der Kriegsgegner England mit einer Seeblockade das Land von der Versorgung abschnitt. Dietrich behauptete später, in diesen Jahren erfahren zu haben, was Hunger bedeutet.[30] Er, der gerne viel und gut aß, wurde zum Erstaunen seiner Eltern und Geschwister zum Experten, wenn es darum ging, herauszufinden, wo man noch Lebensmittel auftreiben konnte. Was er dann heranbrachte, war allerdings von schlechter Qualität. Die sechs Scheiben Brot, die man täglich bekam, schmeckten nach Sägemehl. Statt Fleisch, Fisch und Gemüse gab es zum Frühstück, zum Mittag- und Abendessen Rüben. Dietrich wusste, dass es seiner Familie noch vergleichsweise gut ging. Auch nach dem Umzug besuchte er weiterhin das Friedrich-Werdersche Gymnasium. Wenn er die Brücke über die Spree überquerte, sah er fast jeden Morgen eine Gruppe Leute am Fluss stehen. Dann wusste er, dass wieder ein Mensch aus Hunger und Verzweiflung Selbstmord begangen hatte.

Je länger der Krieg dauerte, desto wahrscheinlicher wurde es, dass auch die zwei ältesten Söhne der Bonhoeffers noch Soldaten werden. Paula Bonhoeffer wollte Karl-Friedrich und Walter bei Kräften halten und pflanzte im Garten Gemüse und Obst an. Sogar zwei Ziegen legte man sich zu, um frische Milch zu haben, und junge Hühner, von denen man sich Eier erhoffte. Vergeblich. Wie sich später herausstellte, waren es keine Hühner, sondern Hähne.[31]

Ende 1917 war es so weit: Der neunzehnjährige Karl-Friedrich meldete sich freiwillig. Und auch Walter, achtzehn Jahre alt, wurde nach dem Abitur eingezogen. Beide wollten zur Infanterie. Ihr Vater hätte seine Beziehungen nutzen können, um sie in eine weniger gefährliche Truppe zu verlegen. Aber das kam für ihn nicht infrage. Karl-Friedrich hatte vor, nach dem Krieg physikalische Chemie zu studieren. Der naturbegeisterte Walter wollte Förster werden. Am letzten gemeinsamen Abend saßen alle noch einmal im Wohnzimmer zusammen und der zwölfjährige Dietrich spielte für seine Brüder ein selbst komponiertes Stück am Klavier. Am nächsten Morgen begleitete die ganze Familie die beiden Brüder zum Bahnhof. Als der Zug schon anfuhr, lief Paula Bonhoeffer noch neben dem Fenster her und rief Walter zu: »Uns trennt ja nur der Raum!«

Walter kam im Frühjahr 1918 zur Ausbildung nach Spandau. Von dort schrieb er stolz an seine Eltern, dass er bei einem Preisschießen als bester Schütze ausgezeichnet worden war. Und Karl-Friedrich berichtete nach Hause, dass er bei einem Wettrennen der Unteroffiziere den ersten Preis bekommen hatte.[32] Ende April war Walter bei einem Vormarsch in Frankreich dabei. Mit seiner Truppe marschierte er auf einer Straße, als eine Granate einschlug. Mehrere seiner Kameraden wurden sofort getötet. Walter wurde durch Granatsplitter an den Beinen verletzt. Die Verwundung erschien anfangs harmlos, doch dann trat eine Infektion auf und er musste operiert werden. Nach der zweiten Operation diktierte er seinem Pfleger am 28. April einen Brief nach Hause, in dem sein kindliches Heimweh zum Ausdruck kommt, aber auch seine durch die väterliche Erziehung vermittelte Einstellung, selbst in extremen Situationen seine Gefühle und Schmerzen zu beherrschen: »Meine Lieben! Heute hatte ich die zweite Operation, die allerdings viel weniger angenehm verlief, weil tiefere Splitter entfernt wurden. […] Meine Technik, an den Schmerzen vorbeizudenken, muss auch hier herhalten. Doch gibt's jetzt in der Welt interessantere Sachen als meine Verwundung. […] Wie mag's den anderen Fahnenjunkern gehen? Voll Sehnsucht denkt an Euch alle, Ihr

Lieben, Minute um Minute der langen Tage und Nächte, Euer noch so weit entfernter Walter.«[33]

Einige Tage später, es war ein sonniger Maimorgen, wollte Karl Bonhoeffer gerade das Haus verlassen und in die Klinik fahren, als ein Bote ihm zwei Briefe überreichte. Der eine enthielt die diktierten Zeilen Walters aus dem Lazarett, in dem anderen wurde der Familie der Tod Walters mitgeteilt. Bonhoeffer wurde sehr blass, ging zuerst in sein Arbeitszimmer, um sich zu sammeln, und dann die Treppe hinauf in das Schlafzimmer seiner Frau.

Die Beerdigung Walters war die erste, die Dietrich und Sabine erlebten. Die Kameraden Walters trugen seinen Sarg. In der Kirche sang Dietrich laut und deutlich, wie er es von seiner Mutter gelernt hatte. Die ganz in ein schwarzes Trauertuch gehüllte Paula Bonhoeffer hatte bestimmt, dass das Lied *Was Gott tut, das ist wohlgetan* gespielt wird. Wie tief und unerträglich ihr Schmerz war, das sollte den Kindern verborgen bleiben. Sie zog in das Nachbarhaus zu den Schönes. Wochenlang bekamen Dietrich und seine Geschwister ihre Mutter nicht zu Gesicht.

Im Juni fuhr Maria Horn mit Dietrich, Sabine und Susanne nach Boltenhagen an der Ostsee. Die Kinder sollten nach diesen schweren Tagen wieder auf andere Gedanken kommen, schwimmen und Sandburgen bauen. Doch der Krieg holte sie auch hier ein. Dietrich schilderte seiner Großmutter in Tübingen in einem Brief, wie vor seinen Augen zwei Flugzeuge über das Meer herangeflogen kamen und das eine plötzlich hochschoss und dann abstürzte. Von den zwei Insassen konnte sich der eine retten, der andere verbrannte.[34] Dietrich konnte diese »dunklen Tage des Krieges«[35] nie mehr vergessen. Der Tod war allgegenwärtig. Abends, im Bett, beteten er und Sabine, dass bei der Beerdigung nicht Walter, sondern ein fremder Soldat im Sarg gelegen haben möge und Walter wiederkäme. Fünf Jahre später schrieb er in einem Lebenslauf, dass er zu dieser Zeit den inneren Entschluss gefasst habe, Theologie zu studieren.[36]

Was die Bäume erzählen

Warum Theologie? Dietrich hatte keine Erfahrung mit der Kirche. Und der Konfirmationsunterricht, den er mit fünfzehn Jahren besuchte, hat bei seiner Entscheidung keine Rolle gespielt. Vielmehr waren es die großen Fragen, die ihn beschäftigten, die er in den Büchern von Hermann Hesse oder Hendrik Ibsen wiederfand und auf die er durch persönliche Erlebnisse gestoßen wurde: der Tod des Bruders, die Trauer der Mutter, deren Frömmigkeit und Jenseitshoffnung und die nüchterne, wissenschaftliche Einstellung des Vaters. Theologie, das war der Inbegriff für alles, was Dietrich beschäftigte und was ihn von anderen unterschied. Insofern kann man den zunächst noch geheim gehaltenen Wunsch, Theologie zu studieren, verstehen als ersten Versuch, innerhalb der Familie einen eigenen Platz zu finden. An diesem Eigenen wollte er jetzt offenbar festhalten. Insofern trifft es wohl zu, wenn sein späterer Freund Eberhard Bethge behauptete, dass am Anfang von Dietrichs eigenem Weg ein »elementarer Drang nach Selbstständigkeit« stand. Darin zeigte sich nach Bethge schon sehr früh ein Charakterzug Dietrichs, der ihn sein ganzes Leben lang auszeichnete, nämlich »das Verlangen nach unverwechselbarer eigener Verwirklichung«.[37]

In den Straßen Berlins herrschte an diesem 9. November 1918 Chaos. Der Krieg war verloren. Eine Delegation des Reichstags hatte am Vortag in einem Eisenbahnwaggon in Nordfrankreich die für Deutschland erniedrigenden Bedingungen für einen

Waffenstillstand unterzeichnet. Viele Menschen in Deutschland leugneten eine militärische Niederlage und machten für die Kapitulation linke und demokratische Politiker verantwortlich, die fortan als Vaterlandsverräter und »Novemberverbrecher« galten. Der Kaiser war ins Exil geflohen. Mit ihm schien die »Welt von gestern« unterzugehen. Alle Ordnung löste sich auf. Alle Werte, auf die man sich jahrzehntelang gestützt hatte, waren hinfällig. Und was war ein Gott noch wert, den man auf seiner Seite geglaubt und in dessen Namen man die Waffen gesegnet hatte? In Berlin zogen ziellos Soldaten umher, deren Einheiten sich aufgelöst hatten. Manche warfen ihre Gewehre weg. Anderen wurden die Waffen von ausgehungerten Arbeitern entrissen, die Plakate bei sich trugen, auf denen stand: »Nicht schießen!« Kommunisten hielten die Stunde für gekommen, eine Räterepublik zu errichten. Liberale Kräfte wollten dagegen nach dem Zusammenbruch des Kaiserreichs endlich auch in Deutschland eine Demokratie einführen.

Wie an jedem Tag ging Karl Bonhoeffer zur Charité-Klinik. Vor dem Eingang stellte sich ihm der Pförtner in den Weg und wollte ihm anscheinend den Zutritt verwehren. Er trug eine Kokarde an der Brust, das Zeichen der Revolutionäre, die nun alte Autoritäten nicht mehr anerkennen wollten. Bonhoeffer grüßte ihn wie immer höflich und ging ungerührt weiter, worauf auch der Pförtner auf seine kleine Rebellion verzichtete.[38] Der Chefarzt und Geheimrat Bonhoeffer unterstützte die sogenannte Weimarer Republik. Er hielt jedoch weiter an der Überzeugung fest, dass es eine natürliche Ungleichheit gibt und die Masse von einer Elite geführt werden muss, die feste Maßstäbe hat, nach denen sie lebt und für die sie eintritt.

Dietrich übernahm die Ansichten des Vaters und sah in den linken Revolutionären und protestierenden Arbeitern in erster

Linie eine Gefahr für die Ordnung. Als Kommunisten versuchten, den nahe gelegenen Bahnhof Halensee einzunehmen, berichtete er zufrieden an seine Großmutter, dass »diese Kerle« zurückgeschlagen worden seien und sich »blutige Köpfe« geholt hätten.[39] Er fand auch nichts dabei, weiterhin Schlachtpläne des Krieges nachzuspielen und am gleichen Tag seinen im Krieg verwundeten Cousin im Krankenhaus zu besuchen. Der Rebell in der Familie wurde sein älterer Bruder Karl-Friedrich. Er war verletzt aus dem Krieg zurückgekehrt und hatte nun »linke« Überzeugungen. Nach seiner Genesung wollte er sich den aufständischen Arbeitern anschließen. Er las die Bücher von Karl Marx und vertrat die Ansichten des Religionskritikers Ludwig Feuerbach, wonach Gott nichts anderes ist als ein Hirngespinst, gemacht aus den Wünschen und Sehnsüchten der Menschen. Bei einem Hausmusikabend bei den Bonhoeffers scheint es zu einem Eklat gekommen zu sein. Mitten während der Darbietungen zog Karl-Friedrich ein Buch heraus und begann darin zu lesen. Auf die Zurechtweisung des Vaters antwortete er, dass er von einem »künstlichen Hochzüchten musikalischer Leistungen« nichts halte und man das Geld lieber wirklich begabten Kindern aus der Arbeiterklasse geben solle.[40]

Von einem »künstlichen Hochzüchten« konnte bei Dietrich nicht die Rede sein. Er war ohne Zweifel musikalisch begabt und spielte auf dem Klavier ohne großes Üben alles, was man ihm an Noten vorsetzte. Seine Eltern erwogen sogar eine Karriere als Musiker für ihren jüngsten Sohn und ließen ihn von einem bekannten Pianisten prüfen. Der war zwar beeindruckt von den technischen Fähigkeiten Dietrichs, sein Spiel war ihm jedoch nicht ausdrucksvoll genug, weswegen er von diesen Berufsplänen abriet. Dietrich war nicht enttäuscht. Vermutlich war er sogar froh, dass er weiter an seinem Vorsatz, Theologe zu werden, festhalten konnte. Auch war er so ehrgeizig, dass er nicht etwas machen wollte, wo er es nur zum Mittelmaß bringen konnte. Das galt auch im Sport. Dietrich konnte es nur schwer hinnehmen, wenn er beim Tennis als Verlierer vom Platz ging. Am Reck turnte er die waghalsigsten Übungen. Im Sommer ruderte er auf der Spree, und im Winter imponierte er seinen Schwestern beim Eislaufen mit den tollsten Sprüngen.

Zu Ostern 1919 wechselte Dietrich auf das Grunewald-Gymnasium, das nur zehn Minuten Fußweg von seinem Elternhaus entfernt war. In seiner Klasse waren zwei Mädchen. Das eine war Maria Weigert, Tochter des Landgerichtsdirektors Erich Weigert, der mit seiner Familie in der Wangenheimstraße direkt neben den Bonhoeffers wohnte. Maria war das erste Mädchen an einem preußischen Jungengymnasium und hochbegabt. Dietrich fiel es nicht leicht zuzugestehen, dass sie bessere Noten hatte als er. Es ist allerdings auch bezeichnend für ihn, dass er keinerlei Neidgefühle zeigte, sondern gemeinsam mit ihr Hausaufgaben machte und sie zusammen musizierten. An seine abwesenden Eltern schrieb er in der für die Familie typischen Mischung aus Stolz und Bescheidenheit: »Im Ganzen bin ich mit der Maria zusammen wohl der Beste. Die Klasse ist eben einfach wahnsinnig schlecht. Sie kann einfach nichts, Geschichte ein bisschen.«[41]

Geschichte war für Dietrich deshalb so wichtig, weil er nun die Erfahrung machte, dass sich mit der Geschichte auch die Werte ändern. Die Generation vor dem Weltkrieg hatte noch eine ganz andere Weltsicht als die jungen Männer, die aus dem Krieg zurückkamen. Und deren Werte und Erfahrungen unterschieden sich wieder erheblich von den Normen derjenigen, die nach dem Krieg aufwuchsen. Klaus Mann, der Sohn von Thomas Mann und genauso alt wie Dietrich, war überzeugt, dass er als Dreizehnjähriger von ganz anderen Sorgen und Nöten geplagt wurde

als die Generationen vor und nach ihm. Als Sprecher einer re-
bellischen Jugend glaubte er sich erfasst von der »kolossalen
moralischen Krise der Zeit«[42]. Sinnliche Fantasien wühlten ihn
ebenso auf wie die Frage nach der »moralischen Bestimmung
des Menschen«. Auf der Diele seines Elternhauses schrieb er
heimlich ein Manifest, in dem er bekannte, nicht mehr an Gott
zu glauben. Wer konnte noch ernsthaft an einem gütigen Gott
festhalten angesichts der Katastrophe des Weltkrieges und des
folgenden Massenelends? »Ich spürte«, so schrieb Klaus Mann
in seinen Erinnerungen, »dass etwas vorging mit diesen Werten, dass man sie revidierte, dass man einen Gerichtstag über sie
hielt, wie sie ihn seit Beginn des Christentums nicht auszuste-
hen gehabt hatten.«

Auch Dietrich Bonhoeffer sah sich wie Klaus Mann als »Kind
dieser Zeit«, mehr oder weniger bewusst das aufnehmend, was in
den Jahren nach Kriegsende an Stimmungen in der Luft lag. Was
sich für ihn gerade in der Zeit der Revolution ereignete, beschrieb
er später als eine »nie dagewesene Umwälzung der Moral«[43]. Alles Feste sei unsicher, alles Selbstverständliche sei fragwürdig geworden. Alles schien beliebig. Dem Chaos war Tür und Tor geöffnet. Gleichzeitig entstand das Bedürfnis, unter dem Schutthaufen
verbrauchter und weggeworfener Werte wieder *die* Wahrheit zu
finden. Klaus Mann gehörte zu denjenigen Künstlern, die nun
diese Wahrheit zu entdecken hofften in Erfahrungen, die vorher
verpönt und moralisch verboten gewesen waren. Er suchte den
Rausch, das Exzessive, das Irrationale, das Maß- und Haltlose.

Dietrich Bonhoeffer hatte durchaus Verständnis für solche
Wahrheitssucher, zu denen auch Künstler wie Georg Trakl oder
Gottfried Benn gehörten. Aber es war nicht sein Weg. Die »Hemmungen«, die ihm durch seine Erziehung in Fleisch und Blut übergegangen waren, verhinderten, dass er ebenfalls diesen »Weg ins

Chaos« ging. Sicher bewirkten diese »Hemmungen« auch, dass Dietrich viel an Emotionalität und Gefühlen unterdrückte. Andererseits empfand er diese Zurückhaltung nicht als Hindernis oder Einschränkung, sondern als eine dem Leben angemessene Einstellung, als Halt und Schutz vor gefährlichen Untiefen. Gerade aus Respekt vor dem menschlichen Leben sollten bestimmte Dinge verhüllt bleiben, und aus dem gleichen Grund sollte man darauf verzichten, zu tief in das Innere eines Menschen einzudringen. Diese Haltung des Verzichts und der Distanz war das Erbe des Vaters, und die Kontinuität von Dietrichs Leben bestand darin, dass er an dieser Haltung festhielt. Gleichzeitig war ihm bewusst, dass er in einer Zeit des Umbruchs lebte und viele Werte der Vätergeneration nicht mehr gültig waren. Es galt, etwas Neues zu finden. Neue Werte, eine neue Ethik, ein neues Gottesbild.

Von der Kirche erwartete er sich keine Hilfe. Statt am Sonntagvormittag in den Gottesdienst zu gehen, zog er mit den Pfadfindern durch die Gegend. Das fand er anfangs noch »sehr nett«[44], nach ein paar Monaten aber hatte er genug davon. Mag sein, dass für ihn die Zeit der »Kriegsspiele« endgültig vorbei war. Vielleicht auch war er durch seine Erziehung gefeit gegen Lagerfeuerromantik, pathetisches Auftreten und phrasenhafte Bekenntnisse. Lieber als in der Kolonne zu marschieren, machte Dietrich lange Ausflüge zu Fuß oder mit dem Rad. Dabei lernte er ganz andere Leute kennen, als er es im Professorenviertel im Grunewald gewohnt war. Angeblich saß er bei Bauern mit der ganzen Familie rund um den Ofen in der guten Stube. Auch hier vergaß er nicht, woher er kommt und was er seiner Herkunft schuldig ist. Als er in Nordhausen das erste Mal eine katholische Kirche betrat, war er zuerst beeindruckt von der ganzen »Pracht« und den vielen Heiligen- und Marienbildern, ehe sich sein Argwohn gegen alles Übertriebene, Gefühlsbetonte meldete. »Da versteht man erst, wie so etwas die kleinen Leute ziehen kann«, schrieb er an seine Eltern.[45]

Wovon wurde er, Dietrich, der Sohn »großer Leute«, angezogen? Jedenfalls nicht von der evangelischen Kirche. Im Konfirmationsunterricht bei Hermann Priebe, dem Pfarrer der Grunewaldkirche, langweilte er sich. Er las bereits anspruchsvolle theologische Werke und hatte in der Schule Hebräisch als Wahlfach gewählt. Die Belehrungen des Pfarrers empfand er als ziemlich banal. Als er am 15. März 1921 konfirmiert wurde, schenkte seine Mutter ihm die Bibel, die sein verstorbener Bruder Walter zur Konfirmation bekommen hatte. Dietrich behielt sie sein Leben lang. Immer wenn er darin las, erinnerte er sich an seinen Bruder und wie er gestorben war. Der Konfirmationsspruch für Dietrich war eine Stelle aus dem Römerbrief des Apostels Paulus: *Denn ich schäme mich des Evangeliums von Christo nicht, denn es ist eine Kraft Gottes, zum Heil für jeden, der daran glaubt.*

Hatte Dietrich sich diesen Bibeltext selbst ausgesucht? Wahrscheinlicher ist, dass Pfarrer Priebe ihn für Dietrich bestimmt hat. Dann kannte der Pfarrer seinen Konfirmanden doch vielleicht besser als gedacht. Denn der Spruch passte zu Dietrich. Seine Absicht, Theologie zu studieren, stand für ihn fest, in der Familie wusste man um seinen Wunsch, aber eine Entscheidung war noch nicht gefallen. Schämte sich Dietrich dafür, dass er sich noch nicht öffentlich zu seinem Entschluss bekannt hatte? Zweifelte er an seinem Glauben, weil er nicht die Kraft fand, zu seiner Entscheidung zu stehen? In der Familiengeschichte der Bonhoeffers hatte es Theologen und Pfarrer gegeben, aber besonders angesehen waren diese Berufe in diesen Kreisen nicht.

Für Dietrichs Brüder war Theologie kein ernst zu nehmendes Studienfach. Klaus hatte sich für Jura entschieden. Karl-Friedrich studierte bereits seit einigen Semestern sehr erfolgreich

Physik und Chemie. Gerade für ihn, das »Familienhuhn«[46], waren die Pläne des kleinen Bruders unverständlich. Er hielt die Kirche für ein »schwächliches Gebilde« und Theologie für keine richtige Wissenschaft, weil sie es nur mit Spekulationen zu tun habe und keine nachprüfbaren Fakten vorweisen könne. Am ehesten noch dürfte Paula Bonhoeffer Verständnis für ihren Jüngsten aufgebracht haben. Wichtiger für Dietrich war jedoch die Meinung des Vaters. Karl Bonhoeffer hielt sich mit Ratschlägen zurück. Unerbittlich war er in der Überzeugung, dass man nicht über eine Sache urteilen sollte, von der man nichts verstand. Daran hielt er sich auch selbst. Im Stillen aber, so bekannte er später, habe er gedacht, dass ein beschauliches Dasein als Pfarrer oder Theologe für Dietrich »fast zu schade« sei.[47]

Dietrich brauchte kein offenes Wort vom Vater, um dessen Einstellung zu kennen. Hatte er doch am Familientisch oft genug erlebt, wie skeptisch und zurückhaltend Karl Bonhoeffer reagierte, wenn das Gespräch auf Dinge kam, die mit seiner Vorstellung von Sachlichkeit und Vernunft nicht vereinbar waren. »Davon verstehe ich nichts«, war stets sein knapper Kommentar.[48] Unter dem Eindruck des Vaters lernte Dietrich, hohle, nichtssagende aufgeblähte Worte zu vermeiden und einen Blick für die Tatsachen zu bekommen. Er vollzog, wie er später einmal sagte, »die Abkehr vom Phraseologischen zum Wirklichen«[49]. Wie nachhaltig diese Abkehr war, zeigte sich, als Dietrich in der Schule einen Aufsatz über das Thema »Was mir die Bäume erzählen« verfassen sollte. Der Großmutter in Tübingen teilte er mit, was er von der Idee des Lehrers hielt: »Da will er natürlich furchtbares Phrasenzeug haben. Ich lass mir aber von Christel den Aufsatz machen und zwar ganz wissenschaftlich über Anatomie und Physiologie der Bäume. Und das erzählen mir dann eben die Bäume.«[50]

Statt über die Sprache der Bäume redete Dietrich mit seinem Vater über das aktuelle politische Geschehen und teilte ihm seine Meinung mit über den Vertrag von Versailles. Dabei war Dietrich weit entfernt davon, Deutschland nur als Opfer der Siegermächte zu sehen und Rachegedanken zu schüren. Obwohl er den Friedensvertrag für eine Ungerechtigkeit hielt, war er dafür, die Forderungen zu erfüllen, um nicht noch mehr Repressionen zu provozieren. In diesem Punkt war Dietrich auf der Seite der neuen demokratischen Regierung unter dem Reichspräsidenten Friedrich Ebert, der den Ausgleich mit den Nachbarstaaten suchte. Für Dietrich waren Politiker wie Ebert keine Vaterlandsverräter oder »Novemberverbrecher«. Im Gegenteil, er misstraute den Fanatikern von links und rechts, die alles taten, um die neue Ordnung zum Einsturz zu bringen.

Wie gefährdet die neue demokratische Regierung war, erfuhr Dietrich hautnah am 24. Juni 1922, als er auf dem Hof des Grunewald-Gymnasiums einen lauten Knall hörte. Wie er später erfuhr, war der Knall ein Schuss, mit dem der Reichsaußenminister Walther Rathenau keine dreihundert Meter von der Schule entfernt von Rechtsextremisten ermordet worden war. Dietrich war empört. »Ein Schweinevolk von Rechtsbolschewisten«, schrieb er an seine Schwester Sabine, die in Tübingen studierte. »Bloß, weil er einem Gecken, einem blödsinnigen, nicht behagt, wird so einer umgebracht!«[51]

Wenn Dietrich hier von blödsinnigen »Gecken« spricht, mag er an eine persönliche Erfahrung mit solchen Leuten gedacht haben: Damals war er noch ein kleiner Junge gewesen, hat aber diesen Zwischenfall nie wieder vergessen können. Es war, als die Familie noch in Breslau lebte und sie ihre Ferien im Sommerhaus in Wölfelsgrund verbrachten. Ihre Mutter hatte ihnen erlaubt, in einem nahen See zu baden, als plötzlich ein Forstgehilfe in gelben Stiefeln und mit Reitpeitsche auftauchte, der sie wüst bedrohte und ihnen schreckliche Schimpfwörter an den Kopf warf. Seine Mutter und die älteren Brüder waren diesem »kostümierten Fatzke« höflich, aber entschieden entgegengetreten. Dietrich allerdings hatte einen Eindruck davon bekommen, was passieren kann, wenn Menschen Macht erhalten, die sie missbrauchen. Harmlose, gutmütige Familienväter werden dann zu »Teufeln«, zu »großen oder kleinen Plagegeistern der Menschen«. Diese kleinen Gewalttäter sind gefährlicher als die großen Verbrecher, weil sie schwerer zu fassen sind und wie »Bazillen« großen Schaden und Unheil anrichten.[52]

Jetzt, im Sommer 1922, begegnete Dietrich wieder einem dieser gefährlichen Geister. Im Zug von Berlin nach Tübingen saß der Mann im selben Abteil und drängte Dietrich seine »ganz bornierten« politischen Ansichten auf.[53] Er war begeistert von den Ansichten und Zielen einer Partei, die Anfang 1920 in München gegründet worden war und sich »Nationalsozialistische Deutsche Arbeiterpartei« nannte. Die Armbinde mit dem Hakenkreuz, das Kennzeichen der Parteimitglieder, hatte der Mann nur vergessen. Dietrich wollte ihm antworten, ließ es aber dann doch sein.

Die Tage in Tübingen waren für Dietrich ein Vorgeschmack auf das Studium. Sein Vater hatte hier studiert und erwartete von seinen Kindern, dass auch sie ihre akademische Laufbahn an der Universität Tübingen beginnen. Karl-Friedrich, Klaus und Christel hatten ihre ersten Semester in Tübingen absolviert. Für Dietrich war es keine Frage, dass auch er diese väterliche Tradition fortsetzt. Er ging sogar noch einen Schritt weiter als seine Brüder und wollte in die Studentenverbindung »Igel« eintreten, der sein Vater als junger Mann angehört hatte und in der Karl Bonhoeffer immer noch als »Alter Herr« Mitglied war. Dietrich scheint es wichtig gewesen zu sein, wenigstens äußerlich dem Vorbild des

Vaters zu folgen, auch wenn er wusste, dass er innerlich ganz anders war. Das Fach Theologie spiegelt diesen Zwiespalt wider. Einerseits ist es Wissenschaft und gehört damit in die Welt des Vaters. Andererseits beschäftigt es sich mit Dingen, mit denen der Vater nichts anfangen kann und die Dietrich von ihm trennen. War es deshalb für Dietrich so schwer und bedeutsam, sich vor sich und anderen zu seinem Entschluss zu bekennen?

Dietrichs großer Moment kam kurz vor dem Abitur, als der Lehrer alle in der Klasse fragte, was sie denn studieren wollten. Dietrich hat sich später an diese Schulstunde erinnert und literarisch zu schildern versucht, was in diesen Augenblicken in ihm vorging.[54] Die Frage wurde auch an ihn gestellt. Er wurde rot und sagte hastig, er wolle Theologie studieren. Kaum hatte er das gesagt, glaubte er den erstaunten Blick des Lehrers und die neugierigen, misstrauischen, spöttischen Blicke der ganzen Klasse auf sich zu spüren. Dietrich war hin- und hergerissen zwischen dem Stolz, sich endlich zu seinem Ideal bekannt zu haben, und dem Gefühl, sich nur aus erbärmlicher Eitelkeit in den Mittelpunkt zu stellen. Über sich in der Er-Form schrieb er: »Es war etwas ganz Außerordentliches geschehen und er genoss dies Außerordentliche tief und schämte sich zugleich. Jetzt wussten sie es alle. Jetzt hatten sie es hören müssen, schweigend hören müssen, jetzt hatte er es ihnen allen gesagt, jetzt musste sich ihm innerlich das Rätsel seines Lebens lösen, jetzt stand er feierlich vor seinem Gott, vor seiner Klasse, jetzt war er Mittelpunkt ...«

Der gerade erst siebzehn Jahre alt gewordene Dietrich bestand das Abitur mit guten und sehr guten Noten. Nur in Handschrift hatte er ein »Nicht genügend«. Auf dem Abiturzeugnis vom 1. März 1923 ist auch vermerkt, dass Dietrich Bonhoeffer beabsichtige, Theologie zu studieren. Ende April 1923 fährt Dietrich Bonhoeffer zusammen mit seiner Schwester Christine mit dem Zug von Berlin nach Tübingen. Sie müssen oft umsteigen und verpassen manchen Anschluss, sodass die Fahrt achtundvierzig Stunden dauert. Die erste Zeit will Dietrich bei seiner Großmutter wohnen, bis er eine eigene Bude gefunden hat. Anfang Mai schreibt er an seine Eltern: »Meine Vorlesungen haben seit Mittwoch angefangen …«

»Ihr werdet ja inzwischen meinen Brief bekommen haben und heute bin ich nun schon Soldat«, schrieb Dietrich am 16. November 1923 an seine Eltern. Und er berichtete ihnen auch, dass er nun eine Uniform bekommen habe und mit einem Gewehr und Granaten ausgerüstet worden sei. Die Eltern sollten auch nicht mehr an den »Theologiestudenten« Dietrich Bonhoeffer schreiben, sondern an den »Jäger« Bonhoeffer, Adresse: *Ulm, 13. Inf. Reg, 10. Kompagnie, 1. Korporalschaft.*[55] Wie war aus dem Studenten ein Soldat geworden?

Der Vertrag von Versailles gestand Deutschland nur noch ein sehr kleines Heer zu. Diese Reichswehr war kaum in der Lage, die Ordnung im Land aufrechtzuerhalten. Radikale Gruppen wollten diese militärische Schwäche ausnutzen, um sich zu bewaffnen und die Macht an sich zu reißen. In München hatten am 9. November Adolf Hitler und General Ludendorff einen Putschversuch unternommen. Der war zwar blutig gescheitert, aber es war zu befürchten, dass weitere, besser organisierte Versuche unternommen werden würden, die Berliner Regierung zu stürzen. Man war daher dazu übergegangen, heimlich und vertragswidrig Freiwillige militärisch auszubilden und sie im Notfall einzusetzen. Auch Studenten meldeten sich zur sogenannten »Schwarzen Reichswehr«. In Tübingen wollten alle Mitglieder der Studentenverbindung »Igel« an den zweiwöchigen Übungen teilnehmen. Einzig Dietrich Bonhoeffer zögerte, weil er sein Studium nicht unterbrechen wollte, und vor allem, weil er ohne die Einwilligung seiner

Eltern eine solche Entscheidung nicht treffen wollte. Schließlich war seine Mutter noch nicht lange über den schlimmsten Trauerschmerz hinweggekommen und sollte nicht durch neue Sorgen beunruhigt werden.

Dietrich hatte die Erlaubnis seiner Eltern nicht abwarten können, weil die Ausbildung vorverlegt werden musste, um den angekündigten Kontrollen der Siegermächte zu entgehen. Am 15. November war er mit den anderen Studenten nach Ulm in die Wilhelmsburg gebracht worden. Dietrich, der sich in Tübingen immer am wohlsten fühlte, wenn er alleine in seiner kleinen Studentenbude in der Uhlandstraße war, musste jetzt ein Zimmer mit dreizehn anderen teilen. Während seine Kameraden in der Freizeit Karten spielten, las er in seinen Lehrbüchern. Er war ein Einzelgänger, aber kein Außenseiter. Er war gern in Gesellschaft und ein beliebter, humorvoller Gesprächspartner. Ab und zu aber wurden ihm die Menschen zu viel und er brauchte die Einsamkeit. Schon bei den Familienfesten zu Hause hatte er oft mitten in der lebhaftesten Unterhaltung das Zimmer verlassen, um für eine halbe Stunde allein zu sein.[56]

Das Leben in der Kaserne und im Gelände gefiel Dietrich besser als gedacht. Vielleicht, weil es eine Gelegenheit war, eine Erfahrung nachzuholen, die ihm seine Brüder vorausshatten. Die waren Soldaten gewesen und hatten ihm oft das Gefühl gegeben, dass er noch zu den Kleinen gehöre und bei so ernsten Dingen wie Krieg nicht mitreden könne. Nun wollte er wenigstens unter kriegsähnlichen Bedingungen zeigen, dass auch er ein guter Soldat sein kann. Verwundert und leicht enttäuscht zeigte er sich von einer Bemerkung des Vaters, der Zweifel hatte, ob Dietrich dem harten Soldatenleben gewachsen war. Unter allen Studenten in seiner Stube, so schrieb er ihm, habe er die Anstrengungen am leichtesten ausgehalten. Und nicht ohne Stolz schilderte er seiner Schwester Sabine, wie er sich beim Sturmangriff im Gelände »mit Gewehr und Tornister« auf den harten Ackerboden geworfen hatte.[57] Nach den zwei Wochen Ausbildung hatte Dietrich zwar Blasen an Händen und Füßen, war aber kräftiger und abgehärteter geworden. Froh war er allerdings dann doch, als er in Tübingen wieder an einem gedeckten Tisch mit Messer und Gabel essen und in seinem Bett schlafen durfte.

Dietrich war ein fleißiger Student. Er belegte theologische und philosophische Kurse und Vorlesungen. Doch man merkt seinen Berichten nach Hause an, dass er das, was er in den Hörsälen lernte, noch nicht mit seinen persönlichen Fragen verbinden konnte. Seine Freizeit verbrachte er meistens im Verbindungshaus des »Igel«. Ein begeisterter Burschenschaftler wurde er nicht. Manche seiner Mitbrüder dürften den Eindruck gehabt haben, dass Dietrich oft nur in das »Igelhaus« kam, weil dort ein Klavier stand und eine Tischtennisplatte. Trotzdem wurde er geschätzt, von manchen sogar bewundert, weil er so selbstsicher auftrat, in keiner Weise arrogant war und über sich selbst lachen konnte. Bei den langen Abenden in den Kneipen sah man ihn selten, lieber ruderte er mit ein paar seiner »Igel«-Freunde auf dem Neckar oder lief im Winter auf dem zugefrorenen Fluss Schlittschuh. Einmal, es muss Ende Januar 1924 gewesen sein, übertrieb er es auf dem Eis mit den Sprüngen und Drehungen. Er stürzte auf den Kopf und war längere Zeit bewusstlos. Als die Eltern davon erfuhren, reisten sie nach Tübingen, mit einer Gitarre im Gepäck, die sie ihrem Sohn zu seinem achtzehnten Geburtstag schenken wollten. Die Gitarre blieb nicht das einzige Geschenk.

Dietrich, der eine leichte Gehirnerschütterung davongetragen hatte und einige Tage Bettruhe verordnet bekam, erzählte seinen Eltern, wie sehr er es sich wünsche, ein Semester im Ausland verbringen zu dürfen, in Rom. Der Vater konnte sich nur zu einer halben Zusage durchringen, zu früh erschien ihm diese Unterbrechung des Studiums und sein Sohn zu jung. Andererseits freute es ihn, dass Dietrich so abenteuerlustig war und allein schon der Gedanken an die südliche Fremde ihn überglücklich machte. »Denk bloß mal«, schrieb Dietrich an Sabine, »es ist nicht ausgeschlossen, dass ich nächstes Semester – in Rom studiere. Es ist ja natürlich noch gar nicht sicher, aber es wäre doch überhaupt das Fabelhafteste, was mir blühen könnte.«[58]

Dietrich war den Eltern unendlich dankbar, dass sie ihn unterstützten, trotz der schwierigen Zeiten. Durch die Währungsreform war die Inflation beendet. Aber im Frühjahr 1923 hatte Dietrich für ein Buch über Kirchengeschichte noch siebzigtausend Reichsmark bezahlt, und für eine Wurst, die ihm dann seine »Igel«-Freunde wegaßen, vierzehntausend. Er hatte auch sein Zimmer wegen der Teuerung wieder aufgeben müssen und war zu seiner Großmutter zurückgezogen. Karl Bonhoeffer konnte sich die Ausbildung seiner Kinder nur leisten, weil er Patienten hatte, die in ausländischer Währung bezahlten. Das Geld investierte er gern in die Bildung seiner Kinder, und dazu gehörte es für ihn, dass sie ihren Horizont erweiterten und etwas von der Welt sahen. Klaus hatte sein juristisches Examen bestanden und wollte als Belohnung ebenfalls nach Italien. Was lag näher, als dass beide Brüder die Reise zusammen unternahmen. Die Eltern waren mit dieser Lösung einverstanden. Dietrich sollte sein Studium im Juni in Berlin fortsetzen. Bis dahin konnte er in Italien bleiben.

Dietrich fing an, Italienisch zu lernen, und den Reiseführer kannte er bald auswendig. Aber Bildungswissen im Kopf zu haben ist eine Sache, eine ganz andere ist es, die Orte, Menschen und Kunstwerke wirklich zu sehen und zu erleben. Dieser Unterschied ging Dietrich schon auf, als er am 3. April am Brenner die Grenze nach Italien passierte: »Die Fantasie fängt an sich in

Wirklichkeit zu verwandeln«, schrieb er in sein Tagebuch. Und auf die selbst gestellte Frage, ob seine Erwartungen vielleicht enttäuscht werden, meinte er: »Aber die Wirklichkeit ist eben immer schöner als die Fantasie.«[59]

Von der Wirklichkeit wurde Dietrich geradezu überrollt. Schon auf der Fahrt nach Florenz war der Zug voll von lebhaften Italienern, die freundlich und ungezwungen mit den beiden deutschen Studenten »schwatzten«, wobei es Dietrich war, der sein gelerntes Italienisch ausprobierte und Klaus sich »in vornehmer Unkenntnis der Sprache« zurückhielt. Als die beiden nachmittags in Rom ankamen, konnten sie alles Neue, das auf sie eindrang, kaum verkraften. Sie kamen selber aus einer Großstadt, aber diesen Tumult und diesen Lärm waren sie nicht gewohnt: »[…] ungeheures Getriebe auf den Straßen. Autos in rasendem Tempo, Ausschreier, bei deren Rufen man an furchtbare Hilferufe denkt, […] Läden bis auf die Straße gebaut, Frauen mit Blumenkörben, die bunten Ölwagen, mit großem Geschrei und Geschicklichkeit durch die Menge jongliert.«[60]

Klaus und Dietrich waren in einer Herberge nahe dem Pincio-Hügel untergebracht. Die anderen Gäste kamen aus aller Herren Länder. Während in Deutschland durch den Nationalismus die Köpfe immer verengter wurden und man sich schon verdächtig machte, wenn man sich mit einem »Merci« bedankte oder einem »Adieu« verabschiedete, saß Dietrich hier am Tisch mit Russen, Franzosen, Engländern und Griechen. Es fiel ihm leichter, sich auf alles Neue einzulassen und Kontakte zu knüpfen, als Klaus. Auch die Interessen waren verschieden. Klaus interessierte sich für die römischen Altertümer, während es Dietrich zu den Kirchen zog.

Als er das erste Mal im Petersdom stand, war er beeindruckt, aber auch verunsichert. Er hatte sich jahrelang diesen Bau in den

»buntesten Farben« vorgestellt, doch nun, in der Realität, verblassten diese Farben und diese gewaltige Kirche erschien ihm viel natürlicher, wirklicher. Überhaupt kam ihm alles, was er über Italien und Rom gelesen hatte, jetzt vor wie ein übertrieben buntes Gemälde, das immer auf »heimatlicher Leinwand«[61] gemalt war. Erst wenn dieser heimatliche Hintergrund wegfällt und die Vorurteile abgelegt werden, so sinnierte Dietrich, kann man sich dem Neuen öffnen und ganz andere Maßstäbe gewinnen.

Mit jedem Tag, den Dietrich in Rom war, wurde er offener und entspannter. Dass er in Rom auch theologische Seminare und Vorlesungen besuchen wollte, schien er vergessen zu haben. Es gab so viel zu sehen und zu erleben, dass er abends zu müde war, um in seinen mitgebrachten Lehrbüchern zu lesen. Zwar blieb er noch der deutsche Theologiestudent mit blonden Haaren und strengem Scheitel, der mit seinem Kunstführer durch die Museen, Gemäldesammlungen und antiken Stätten lief. Doch dann saß er, mit einem Käse und einem guten Landwein im Magen, auf einer umgestürzten Säule, träumte vor sich hin und war verzückt darüber, wie sich die Färbungen des Himmels veränderten. War der Achtzehnjährige auch verzückt von den weiblichen Schönheiten, denen er in der ewigen Stadt unweigerlich begegnet sein musste? Davon erfährt man nichts. Nur die Heimat holte ihn wieder ein in Person seiner Klassenkameradin Maria Weigert, die zur selben Zeit in Rom war. Zwischen den beiden Klassenbesten scheint es gleich wieder zu einem konkurrierenden Verhältnis gekommen zu sein. Dietrich fand Maria zwar »erstaunlich wenig unangenehm«, ihre akademische Art über Kunst zu sprechen, langweilte ihn jedoch auf die Dauer. Dietrich selbst war inzwischen dazu übergegangen, Kunst nicht mehr bildungsbeflissen zu betrachten, sondern »intuitiv« und »sentimentalisch«.

Vor allem seine religiösen Gefühle wurden angesprochen

durch die vielen Kirchen, die er besuchte, und die Messen, denen er beiwohnte. In der Kirche Trinità dei Monti war er beeindruckt von der tiefen Frömmigkeit der Nonnen. Immer wieder zog es ihn in den Petersdom, wo er alle Messen zum Osterfest besuchte. Er hatte einen deutschen Priesterseminaristen namens Platte-Platenius kennengelernt, der ihm beim Hochamt die Abläufe und symbolischen Handlungen erklärte. Dietrich glaubte nun langsam zu verstehen, was der Katholizismus war und was Kirche bedeutete. Im Vergleich dazu komme ihm die protestantische Kirche »wie eine kleine Sekte vor«, schrieb er an die sicher erstaunten Eltern.[62]

Kirche hatte er bisher nur am Rande wahrgenommen als eine ziemlich entbehrliche Angelegenheit. Glaube war in seiner Lebenswelt eine Privatsache, die wenig mit dem sonstigen Leben zu tun hatte. »Bei uns geht man eben in die Kirche«, so schrieb er an seine Eltern, »und wenn man zurückkommt, beginnt wieder ein ganz anderes Leben.«[63] In Rom erlebte er, dass Kirche, Glaube und Leben eine Einheit sein können. Kirche zeigte sich als eine weltweite Gemeinschaft, in der man sich aufgehoben fühlen konnte. Gleichzeitig war in ihr eine persönliche Frömmigkeit möglich, für die es Formen und Rituale gab und die sich sehr sinnlich ausdrücken konnte, ohne dass man diese Gefühle verdecken musste. Was Dietrich so faszinierte, war, dass Gott hier keine Idee war, keine Gestalt irgendwo im Jenseits, sondern erfahrbare Wirklichkeit, erfahrbar in Musik, Zeichen, Worten und Handlungen.

Dietrichs Begeisterung ging so weit, dass der katholische Priesterseminarist schon glaubte, ihn auf einem abendlichen Spaziergang bekehren zu können. Doch da hatte er den Protestanten in Dietrich unterschätzt. Sosehr ihn der gelebte Glaube beeindruckte, so wenig konnte er auf Vernunft und wissenschaftliche

Rationalität verzichten. Die Argumente, die der angehende Priester anführte, zerpflückte er eines nach dem anderen. So billig war er nicht einzufangen. »Durch diese Unterhaltung bin ich in meiner Sympathie doch wieder weit zurückgegangen«, notierte er.[64] Gelebte Kirche und gedachte Kirche waren doch zwei sehr verschiedene Dinge. Ob Dietrich schon mit dem Gedanken spielte, beides eines Tages zusammenzubringen?

Nach über zwei Wochen in Rom wollten die zwei Brüder einen Abstecher nach Sizilien machen. In Neapel bestiegen sie das Schiff nach Palermo. Für beide war es die erste Seereise, und das unruhige Meer habe, so schrieb Dietrich an seine Eltern, seinen »Tribut« gefordert, was hieß, dass sie die vorher genossene Mahlzeit schnell wieder loswurden. In Girgenti trafen sie einige deutsche »Wandervögel«, mit denen sie viel unternahmen. Im Gespräch entstand der fantastische Gedanke, ob man, wenn man schon einmal so weit südlich war, nicht gleich den Sprung nach Afrika wagen sollte. Mit dieser verrückten Idee wurde es ernst, als ein Italiener ihnen anbot, die nötigen Papiere zu beschaffen. Und am 21. April saßen Dietrich und Klaus tatsächlich im Zwischendeck eines Frachters, der nach Libyen fuhr, zusammen mit italienischen Soldaten, Türken und Arabern. Es muss eine lustige Überfahrt gewesen sein. Dietrich griff zur Gitarre und die ganze bunte Gesellschaft sang oder grölte dazu Volks- und Liebeslieder.

In Tripolis betrat Dietrich eine völlig andere Welt. Die Gerüche, das Licht, die Geräusche, der Sternenhimmel – alles war märchenhaft schön, aber furchtbar fremd. Hatte Dietrich schon in Rom Mühe gehabt, alles Erlebte zu verarbeiten, so war er hier den Eindrücken hilflos ausgeliefert. Umso bemerkenswerter ist es, dass die Brüder allem gegenüber offen waren und sich auf Abenteuer einließen, von denen sie den Eltern in Berlin lieber nichts berichteten. Libyen war zu dieser Zeit teilweise von Italien

besetzt und Dietrich und Klaus fuhren mit Soldaten ins Landes-
innere, zu einer Oase am Rand der Wüste. Sie sahen Familien,
die in Höhlen hausten. Sie waren Gäste bei einem Pferderennen
der Beduinen und erhielten die Erlaubnis, eine Moschee zu betreten. Auf dem Markt, wo die ankommenden Karawanen ihre
Waren verkauften, fühlte sich Dietrich ins alte Israel versetzt.

All das konnte er nur passiv aufnehmen, ohne »mitempfin-
den« zu können, weil ihm die Maßstäbe fehlten. Dieses fehlende
Verständnis für das Land führte dann auch dazu, dass die Reise
abrupt und unerfreulich endete. Nach einem Zwischenfall bei einer Einladung wurden die beiden Brüder mit einem Offiziersauto
als »unliebsame Gäste« abtransportiert. Was passiert war, wollten
Dietrich und Klaus nie verraten. Sicher ist, dass Dietrich es empö-
rend fand, in welch »dummer, taktloser und brutaler Weise« die
italienischen Besatzer die einheimischen Araber behandelten.[65]
Vielleicht hatte Dietrich seine Meinung zu unvorsichtig geäußert.

Mitte Mai waren die Brüder wieder in Rom. Für Klaus war die
Zeit in Italien abgelaufen. Er musste nach Deutschland zurück.
Dietrich konnte bleiben. Bis zum Semesterbeginn im Juni hatte er
noch vier herrliche Wochen vor sich. Er war verliebt in die Stadt,
und der Gedanke, dass er sie einmal verlassen muss, machte ihn
ganz wehmütig. Rom schien unerschöpflich. Manchmal glaubte
Dietrich, schon alles gesehen zu haben, dann brauchte er nur um
die nächste Ecke zu biegen, und schon bot sich ihm wieder etwas
Neues, Aufregendes. Wenig aufregend war dagegen eine Audienz
bei Papst Pius XI., der keinen Eindruck auf ihn machte.

Irritierend waren andererseits Leute, denen er manchmal in
den Straßen Roms begegnete. Es waren die sogenannten Schwarz-
hemden, italienische Faschisten. Schon zu Beginn seines Aufent-
haltes hatte er »Facisten« beobachtet, die aus Autos Flugblätter
unter die Leute warfen. Dietrich hatte damals nur Augen und

Ohren für Kunst und Kirchen gehabt. Dass in Italien Wahlen zum Parlament stattfanden, aus denen die Faschisten, auch dank offensichtlicher Fälschungen, als Sieger hervorgingen, erwähnt er in seinem Tagebuch mit keinem Wort. Am Tag der Parlamentseröffnung am 24. Mai stand Dietrich in der Menschenmenge, die den feierlichen Zug der Königsfamilie und der Regierungsmitglieder zum Reichstag verfolgte. Im Festzug war auch Benito Mussolini, der »Duce«, der Führer der italienischen Faschisten, der die Gunst des Königs Viktor Emanuel III. genoss und auch vom Vatikan unterstützt wurde. Nach seinem »Marsch auf Rom« hatte der König ihn zum Ministerpräsidenten ernannt, was Mussolini nicht daran hinderte, durch Schlägertrupps missliebige politische Gegner, Kommunisten und Gewerkschaftler beseitigen zu lassen. Die Menge jubelte dem Vorbeiziehenden zu. Dietrich beobachtete einen Mönch, der sein Gebet unterbrach, um begeistert zu klatschen.

Anfang Juni ist auch Dietrichs Zeit in Rom vorbei und er muss den »Leidensweg«[66] zurück nach Deutschland antreten. Worauf er sich nach so viel Sonne und Wüste einzig freut, ist ein nass geregneter deutscher Wald. Er ist voller Bilder, Eindrücke, Erfahrungen, die er jetzt auch im Studium gedanklich vertiefen will. Dietrich, der schon als Kind wissen wollte, wie sich das, was sich hinter Wörtern wie »ewig« verbirgt, anfühlt, kann nun auch mit dem Wort »Kirche« etwas anfangen. Es ist ein Ort und eine Gemeinschaft, wo Gott sichtbar und spürbar werden kann. Es wird allerdings nicht lange dauern, bis er den Prunk in der katholischen Kirche, der ihn in Rom noch so beeindruckt hat, mit sehr kritischen Augen sieht und sich einem Gott zuwendet, der durch solche Äußerlichkeiten nicht zu fassen ist.[67]

Auf dem Weg zu diesem Gott war Rom eine gute Schule. Dietrich hat gelernt, dass man die »heimatliche Leinwand« hinter sich lassen muss, um sich auf eine ungewohnte Welt einlassen zu können. Die eigenen fantastischen Vorstellungen bleiben immer behaftet mit alten Gewohnheiten, eingefahrenen Sichtweisen, anerzogenen Wertungen, eigenen Wünschen und Hoffnungen. Erst wenn die »heimatlichen Vorurteile« gefallen seien, so schreibt Dietrich in seinem Tagebuch, stehe man »vor etwas ganz und gar Neuen, mit unseren Maßstäben Unmessbaren«. Eine neue Welt tut sich auf: »[…] alte Schleier fallen und weit schönere Dinge werden wirklich.«[68]

Die Erfahrung von Fremde wird für Dietrich eine Voraussetzung für ein neues Gottesbild. Bald wird er alte Schleier wegreißen und dahinter etwas entdecken, das zu verstehen ein ganzes Leben dauern wird: einen Gott, der ganz wirklich ist und doch ganz anders – so anders, dass alle unsere menschlichen Maßstäbe an ihm scheitern.

V. Der feste Boden und der ferne Gott

Das Berlin, in das Dietrich Bonhoeffer aus Italien zurückkehrte, war eine hektische Metropole, die drittgrößte Stadt der Erde mit unzähligen Cafés, Bars, Nachtklubs, Theatern, Lichtspielhäusern, Jazzkellern und Lokalen, wo der neueste Import aus Amerika, der Charleston, getanzt wurde. Überschäumende Lebensfreude paarte sich mit fatalistischer Stimmung und tiefer Zukunftsangst. Schriftsteller wie Ernest Hemingway prägten das Schlagwort von der »lost generation«. Verloren war demnach gerade die junge Generation, die den Zusammenbruch der alten, väterlichen Welt nach dem Weltkrieg erlebt hatte und nun orientierungslos war. Den jungen Menschen fehle, so schrieb es Klaus Mann, der sich als Sprecher dieser Generation verstand. »der Boden unter den Füßen« und sie seien »hilflos zwischen alle Extreme gestellt«.[69]

Für Dietrich Bonhoeffer war die Großstadt der Ort, wo am deutlichsten zu spüren war, was den Menschen fehlte und wonach sie sich sehnten. Hinter dem Wunsch nach Unterhaltung und Abwechslung vernahm er eine verzweifelte Suche nach Lebenssinn, einen großen »Durst«, der durch das »marktschreierische Anpreisen neuer Mittel und Wege« gestillt werden sollte. »Mitten in unsere Großstädte«, so meinte er, »in das größte wildeste Treiben ungezählter Menschenmassen ist die große Not der Vereinsamung und der Heimatlosigkeit hereingebrochen.«[70]

Vom »wilden Treiben« in Berlin bekam Dietrich wenig mit. Dietrich kehrte wieder in den Schoß der Familie zurück, in die geschützte Welt des elterlichen Hauses im Professorenviertel im

Grunewald. Von dem Dietrich, der noch wenige Wochen zuvor wie berauscht durch die Straßen Roms flaniert war und vom Farbenspiel des Meeres und des südlichen Himmels geschwärmt hatte, war wenig übrig. Sein Studentenleben war ganz auf das Studium abgestellt. Vom vielen Sitzen nahm er zu, was zu spitzen Bemerkungen seiner Schwestern führte. Um deren »Schönheitsempfinden«[71] zu entsprechen, machte Dietrich Spaziergänge und trieb ein wenig Sport. Manchmal ging er mit einer seiner Schwestern ins Theater oder mit seiner Großmutter in eine Operette. Julie Bonhoeffer, an der Dietrich mit großer Liebe hing, war von Tübingen nach Berlin gezogen und lebte nun bei der Familie.

In der großen Villa in der Wangenheimstraße waren zeitweise vier Generationen versammelt. Ursula, die Älteste der Töchter, war inzwischen verheiratet mit Rüdiger Schleicher, einem Juristen und Sohn eines alten Studienfreundes von Karl Bonhoeffer. Weil es noch keine geeignete Wohnung gefunden hatte, lebte das junge Paar mit seinem ersten Kind Hans-Walter im Dachgeschoss des Hauses. Christine, Christel genannt, war verlobt mit ihrem Schulfreund Hans von Dohnanyi. Und auch Sabine, Dietrichs Zwillingsschwester, hatte sich verlobt mit dem Juristen Gerhard, genannt Gert Leibholz. Die Eltern waren anfangs wenig erfreut über diese Verbindung. »Was machst du denn für Geschichten?«, meinte der Vater zu Sabine. Er mochte den jungen Leibholz, machte sich aber Sorgen um dessen Karriere, weil er aus einer jüdischen Familie stammte.

Karl Bonhoeffer hatte schon seine Erfahrungen mit Judenfeindlichkeit in Deutschland gemacht. Vergeblich hatte er versucht, einen jungen jüdischen Kollegen zu unterstützen, und war dabei auf vehemente antisemitische Vorurteile gestoßen. Bei Dietrich war an Verlobung oder gar Heirat noch nicht zu denken. Er war zu jung und ungesichert für eine eigene Familie und ließ, so freundlich und umgänglich er auch war, niemanden nah an sich heran. Einen richtigen Freund hatte er noch immer nicht, geschweige denn eine Freundin. Bei einem Faschingsfest der Familie hatte er sich als Amor verkleidet und auf die Gäste mit Pfeilen geschossen. Aber ein Amor wird eben selbst nicht von Liebespfeilen getroffen.

Die Familie war für Dietrich der feste Boden unter den Füßen. Gleichzeitig sehnte er sich nach einem »Bruch« in seinem Leben.[72] Es drängte ihn danach, diesen festen Boden einmal zu verlassen und, wie er einmal sagt, hinaus aus dem gewohnten Lebenskreis zu kommen und »völlig auf eigenen Füßen zu stehen«.[73] Das galt auch und besonders für sein Studium. Bisher hatte er das getan, was in der Familie von seinen Brüdern wie auch von ihm erwartet wurde, nämlich zügig und erfolgreich zu studieren. Dietrich war im Vergleich zu seinen Mitstudenten ein Überflieger. Aber hatte er nicht Theologie gewählt, weil er seinen persönlichen Glauben vertiefen und einen ganz eigenen Standpunkt finden wollte?

Die Berliner Fakultät war eine Hochburg der liberalen Theologie und ihr Aushängeschild war der allseits geachtete und hochverehrte Adolf von Harnack. Harnack stand für die feste Bindung der Theologie an die Wissenschaft. Seinem Credo zufolge blieb alles nur Gefühlsmäßige, Unbewusste »untermenschlich«, solange es nicht von der Vernunft begriffen und »gereinigt« wurde. Eine Theologie, die sich von der Vernunft trennte, durfte es für ihn nicht geben. Harnack war bereits über siebzig Jahre alt und aus dem akademischen Betrieb ausgeschieden. Nur für einen erlesenen Kreis hielt er noch eine Vorlesung und ein Seminar. Dietrich wurde zu diesem Kreis eingeladen und beeindruckte die Teilnehmer schon bei den ersten Sitzungen durch sein Wissen.

Adolf von Harnack lebte mit seiner Familie auch im Professorenviertel im Grunewald, gleich in der Nachbarschaft der Bonhoeffers. Dietrich begleitete ihn oft zum Bahnhof Halensee, wenn beide zur Universität eilten. Harnack verkörperte für Dietrich alles, was er von seinem Elternhaus kannte – den Glauben an die Wissenschaft, die Skepsis gegenüber Phrasen, die Bedeutung von Religion in einem bildungsbürgerlichen Milieu. Bei Harnack lernte Dietrich auch, wie man wissenschaftlich mit der Bibel umgeht. Für liberale Theologen wie ihn war die Bibel nicht unmittelbar Gottes Wort, sondern sie bestand aus von Menschen zu einer bestimmten Zeit verfassten Texten. Somit muss man sie behandeln wie historische Dokumente und die zeitbedingten Einflüsse erforschen, um dann freilegen zu können, was die ursprüngliche christliche Botschaft ist. Dietrich erwies sich als ein gelehriger Schüler. Harnack war von einer Seminararbeit so angetan, dass er die Hoffnung äußerte, Dietrich werde einmal Professor für Kirchengeschichte werden.[74] Als Achtzehnjähriger solch ein Lob von einer Koryphäe wie Harnack zu bekommen, war wie ein Ritterschlag. Aber war eine solche Karriere wirklich sein Ziel?

Harnack muss verwundert, ja irritiert gewesen sein, als sein Musterschüler plötzlich ein anderes Gesicht zeigte. Dietrich tat etwas, was bei den Teilnehmern des Seminars als undenkbar galt. Er widersprach seiner »Exzellenz von Harnack«. Und als der Professor höflich antwortete, gab sich dieser aufmüpfige Student nicht zufrieden, sondern widersprach erneut. Dietrich verteidigte doch tatsächlich die Ansichten eines Theologen, mit dem Harnack in einem erbitterten Streit lag. Er hieß Karl Barth und Harnack machte ihn für den Niedergang der Theologie verantwortlich.

Karl Barth war so ziemlich in allem das Gegenteil von Harnack. Bevor er Professor in Göttingen wurde, war er lange Jahre Pfarrer in dem kleinen Ort Safenwil im Kanton Aargau gewesen. Dort hatte man von ihm erwartet, dass er die Fabrikarbeiter über ihr kümmerliches Dasein hinwegtröstet. Stattdessen schlug sich Barth auf die Seite der Arbeiter und wurde von seinen Gegnern als »roter Pfarrer« beschimpft. Diese Erfahrung hatte Barths Gottesbild radikal verändert. Er quälte sich jeden Sonntag mit der Frage, ob er in seinen Predigten den Menschen wirklich noch etwas zu sagen hatte. Auf alle Fälle wollte er zu ihnen nicht mehr von einem Gott reden, der von Menschen vereinnahmt wird, um ihren Handlungen einen moralischen Deckmantel zu verschaffen. Besonders verwerflich war für Barth, dass sich unter den schlimmsten Kriegstreibern so viele Kirchenmänner und Theologen befunden hatten. Statt auf Distanz zu den Mächtigen zu gehen und die Werte der Bibel zu verteidigen, hatten sie dem Krieg eine höhere Weihe verliehen, Kanonen gesegnet, das Töten geheiligt und die Gegner Deutschlands verteufelt. Mit anderen Worten, sie hatten sich für ihre Zwecke einen Gott zurechtgemacht, der nach Ansicht Karl Barths mit dem Gott der Bibel nichts zu tun hatte.

In seinen zahlreichen Büchern wollte Barth Gott vor diesem menschlichen Missbrauch schützen. Er ging so weit zu behaupten, dass zwischen den Menschen und Gott ein unüberbrückbarer Gegensatz besteht. Diesen Abgrund können Menschen nie überwinden, nur Gott kann das, indem er sich dem Menschen aus freien Stücken zuwendet oder, theologisch gesagt, sich offenbart – in Jesus und in den Schriften der Bibel. Es gebe, so wird es Dietrich Bonhoeffer einmal sagen, »keinen Weg des Menschen zu Gott«, nur »den Weg Gottes zu den Menschen«.[75] Daher kann der Mensch immer nur Empfangender, Hörender sein. Zu meinen, dass er über Gott verfügen kann, ist demnach die größte Sünde. Auch mit Vernunft und Wissenschaft kann man ihn nicht in den Griff bekommen. Wenn man über Gott redet, muss man im gleichen Atemzug darauf hinweisen, dass man eigentlich über ihn nicht reden kann. Dermaßen in Gegensätzen zu denken und zu sprechen heißt, »dialektische Theologie« zu treiben.

Karl Barths Gedanken wurden gerade unter jungen Leuten begierig aufgenommen – und das nicht nur unter Theologen. Dietrichs Cousin Hans-Christoph von Hase, der in Göttingen Physik studierte, war von Barth so beeindruckt, dass er auf Theologie umsattelte. Auf gemeinsamen Wanderungen redeten er und Dietrich sich die Köpfe heiß über diesen »fröhlichen Partisan Gottes«, der jeden Tag Mozart hörte, der seine Pfeife und Frauen liebte und für den es nichts Schlimmeres gab als verdrießliche Gedanken und langweilige Predigten. Für Dietrich war Barth eine Erlösung. Hatte er doch immer seine Berufswahl verteidigen müssen, gegenüber dem Vater, den Brüdern, der Wissenschaft. Barth hatte die »Sache mit Gott« von allen Bindungen und Abhängigkeiten befreit. Um seine Daseinsberechtigung als Theologe bescheinigt zu bekommen, musste man nicht mehr seine Wissenschaftlichkeit nachweisen oder seinen Nutzen für die Gesellschaft unter Beweis stellen. Allein das Wort Gottes zu vertreten, war Rechtfertigung genug. Dietrich konnte mit neuem Selbstbewusstsein auftreten. Wenn er Barth folgte, musste er allerdings irgendwann auch das bildungsbürgerlich geprägte Christentum, das er seit Kindertagen kannte, infrage stellen.

Das aber war nicht so einfach. Dietrich war tief verwurzelt in seiner Familie und ihren Werten. Es gab keinen Grund, dagegen zu rebellieren, zumal seine Eltern regen Anteil nahmen an seinem Studium und er ihren Rat sehr schätzte. Seine Mutter las sogar die Bücher, für die sich Dietrich interessierte, um zu wissen, womit sich ihr Sohn geistig beschäftigte. Und der Vater kannte alle Professoren, bei denen Dietrich studierte, und erkundigte sich bei ihnen über dessen Fortschritte. Auf den »festen Boden«

seiner Herkunft konnte und wollte Dietrich nicht verzichten. Dadurch geriet er jedoch in einen tiefen inneren Konflikt. Er wollte die bürgerliche Sicherheit nicht loslassen und versuchte zugleich mit ihr zu brechen. Er hielt an der Welt, aus der er kam, fest und wollte aus ihr aussteigen. Er wollte ein anerkannter Wissenschaftler sein und zugleich ein frommer Rebell, für den nur das Wort Gottes zählt. Er wollte der folgsame Sohn sein und seinen eigenen Platz in der Welt finden. Schließt das eine das andere aus? Oder kann man beides miteinander verbinden?

Dietrich versuchte es. Er blieb der hochbegabte Student. Acht Seminararbeiten und zahlreiche Referate verfasste er in drei Studienjahren. Dazu noch eine Doktorarbeit. Doch das alles war für ihn keine rein »akademische Angelegenheit«[76] mehr. Wenn er über »Luthers Stimmungen« schrieb, so merkt man, dass hier einer auch seine eigenen Lebensfragen mit hineinbringt. Luthers Schwanken zwischen dem »Hochgefühl«, ein Berufener zu sein, und vernichtenden Selbstzweifeln, das kannte auch Dietrich. Die »inneren Feinde«, so schrieb er, seien »immer schlimmer als die äußeren«.[77] Nur wenige wussten oder ahnten, dass Dietrich oft unter Depressionen litt. In der Wangenheimstraße wurde über solche persönlichen Probleme nicht geredet. Das machte man mit sich selber aus.

Allein war Dietrich auch mit seinen Zweifeln an seinem Studium. Als er es riskierte, sie in einem Referat zu äußern, kassierte der sonst so Erfolgsverwöhnte prompt die schlechteste Note. Dietrich hatte die wissenschaftliche Methode kritisiert, die Bibel wie einen historischen Text zu lesen. Was dabei übrig bleibe, so meinte er, sei ein Trümmerfeld mit »Schutt und Splittern«.[78] Was Dietrich suchte, war nicht ein unverbindliches Wissen, bei dem er seine eigene Existenz ausklammern musste. Er suchte nach einem lebendigen Gotteswort, auf das man sein Leben stützen und sein

Heil gründen kann. Die Worte der Bibel, davon war er überzeugt, bleiben tot, wenn man sie nur als Auskunft über vergangene Ereignisse betrachtet und nicht den Geist dahinter wahrnimmt, der zu jeder Zeit das Leben eines Menschen verändern kann. Ganz in Sinne seines neuen Vorbildes Karl Barth meinte Dietrich, dass Gottes Wort zwar unbegründbar ist, aber »erlebbar und aussagbar«. Dort ist Offenbarung, »wo der Mensch sie hört, wo Menschenwort Gotteswort wird, wo Zeit Ewigkeit wird.«

Dietrich hatte das Referat bei dem Dogmatik-Professor Reinhold Seeberg gehalten. Seeberg, der einer der fleißigsten Kriegsredner gewesen war und wie kein anderer die unheilvolle Allianz von Religion und Nationalismus repräsentierte, hatte an den Rand der Arbeit viele Fragezeichen und »Nein!« geschrieben. Umso überraschender war es, dass Dietrich ausgerechnet ihn als Doktorvater wählte. Bei einem gemeinsamen Spaziergang war Seeberg zu Dietrichs Erstaunen plötzlich überzeugt von dessen Fähigkeiten. Der Sinneswandel kam wohl daher, dass Seeberg Dietrichs Vater kannte und mit ihm ein ausführliches Gespräch über den Sohn geführt hatte. Auch mit dem Thema der geplanten Doktorarbeit war Seeberg einverstanden. Dietrich wollte über »religiöse Gemeinschaft« schreiben.

Was Seeberg nach eineinhalb Jahren Arbeit in Händen hielt, war eine umfangreiche Schrift mit dem Titel *Sanctorum Communio*, also »Gemeinschaft der Heiligen«. Es war, so könnte man sagen, eine Mischung aus Harnack und Barth. Von Barth übernahm Dietrich die Idee eines fernen Gottes. Für Dietrich wichtiger war allerdings die Frage, wie und wo sich dieser Gott, der sich von sich aus dem Menschen zuwendet, in der konkreten Wirklichkeit zeigt. Seine Antwort war nicht der einzelne Mensch mit seinen religiösen Gefühlen, sondern die Kirche, verstanden als Gemeinschaft der Gläubigen. Was diese Gemeinschaft von

Gemeinschaften wie einem Sportverein, einer politischen Partei oder einer Familie unterscheidet, ist, dass es hier keinen Zweck gibt, der die Mitglieder zusammenhält, sondern dass hier Gottes Geist wirkt. Für Dietrich ist das eine Realität, die zwar nicht objektiv beweisbar ist, sich aber allen erschließt, »die Augen haben zu sehen und Ohren haben zu hören«.[79] Geglaubte Realität ist für Dietrich genauso wirklich wie greifbare und sichtbare Tatsachen. Mehr noch: Die durch die göttliche Zuwendung an die Welt geschaffene Wirklichkeit ist für Dietrich die eigentliche Wirklichkeit. Ohne den Glauben an diese Realität gibt es für ihn kein Christentum.

Das Besondere an dieser kirchlichen Gemeinschaft ist nun, dass zwar alle durch einen Geist verbunden sind, aber der Einzelne nicht in der Masse verschwindet. Im Gegenteil. Für Dietrich ist Kirche nur dann richtige Gemeinschaft, wenn die Individualität jedes Menschen so ausgeprägt wie möglich erhalten bleibt und gefördert wird. »Gott will nicht eine Gemeinschaft, die den Einzelnen in sich aufsaugt«, heißt es bei Dietrich Bonhoeffer, »sondern eine Gemeinschaft von *Menschen*.«[80]

Diese Gemeinschaft darf sich nicht abkapseln gegenüber Staat und Kultur, sollte aber auch nicht in diesen aufgehen. Indem die Kirche das Wort Gottes vertritt, bleibt sie eine kritische Instanz gegenüber Politik und Gesellschaft. Ist es nun denkbar, dass die kirchliche Gemeinschaft ihren Sinn verfehlt und ihrer Aufgabe, die Werte der Bibel aufrechtzuerhalten, nicht gerecht wird? Dietrich bejaht diese Frage. Letztlich ist der Mensch nur Gott verpflichtet, die Kirche ist nur Vermittlerin. Die Bindung an die Kirche wird dann zerrissen, wenn sie der absoluten Gebundenheit gegenüber Gott »im Wege steht«.[81]

Dass Dietrich das Thema Gemeinschaft und Kirche so wichtig war, hängt sicher mit seinen Erlebnissen in Rom zusammen, ist aber auch Ausdruck seiner Sehnsucht nach Nähe und Freundschaft. Das Studium bot ihm die Gelegenheit, nicht nur theoretisch über Gemeinschaft nachzudenken, sondern sie auch praktisch zu erleben. In der Grunewaldkirche übernahm er die Gottesdienste für Kinder. Und siehe da, Dietrich, der als reserviert und verschlossen galt, wurde zum Liebling der Kinder. Jetzt zahlte sich auch der Religionsunterricht durch seine Mutter aus. Wie sie erzählte Dietrich die biblischen Geschichten spannend und rätselhaft wie Märchen. Die Älteren lud Dietrich zu sich nach Hause in die Wangenheimstraße ein, wo sie über Gott und die Welt sprachen und er ihnen auf dem Klavier vorspielte.

Unter Erwachsenen fiel es Dietrich schwerer, sich so zu öffnen. Außerhalb der Familie duzte er kaum jemanden. Eberhard Bethge, der später sein bester und vielleicht einziger Freund war, hat Dietrich als einen Menschen beschrieben, der zeit seines Lebens einsam war. Dietrich hat sich aber zu dieser Einsamkeit bekannt und sie verteidigt. Er hat sogar davor gewarnt, sich einer Gemeinschaft anzuschließen, wenn man nicht alleine sein könne. Im Verhältnis zu einem anderen Menschen blieb für ihn ein letzter Rest von Fremdheit. Diese Fremdheit gilt es zu respektieren. Sie verbietet es, einem anderen zu nahe kommen zu wollen. Eine gewisse Grenze darf man nicht überschreiten.

Ob Dietrich diese Grenze für sich zu eng gezogen hat? Jedenfalls verhinderte sie, dass seine erste große Liebe einen glücklichen Ausgang nahm. Sie hieß Elisabeth Zinn, war ein Jahr jünger und eine der wenigen Frauen, die evangelische Theologie studierten. Beide mochten sich sehr und gingen zusammen ins Theater oder in Ausstellungen. Sie sprachen viel über Theologie und Kunst, aber nie über ihre Gefühle. Das hatte Dietrich nicht gelernt. So kam es, dass sie zwar ein Liebespaar waren, aber keiner vom anderen wusste, dass er sie und sie ihn liebte. Das ging lange so, viele Jahre. Und als sie endlich über ihre Gefühle sprechen konnten, war es zu spät. Die Sprachlosigkeit hatte zu einer Entfremdung geführt. Dietrich schrieb später darüber: »Wir hatten zu lange aneinander vorbeigelebt und uns missverstanden. Wir konnten uns nie mehr ganz verstehen. Ich habe ihr das damals gesagt. Zwei Jahre später heiratete sie, da wich allmählich die Last, die auf mir lag. Wir haben uns nie wieder gesehen noch auch geschrieben. Ich spürte damals, dass, wenn ich einmal heiraten sollte, es nur ein sehr viel jüngeres Mädchen sein könne [...].«[82]

Mitte Dezember 1927 bestand Dietrich Bonhoeffer seine Promotion mit der bestmöglichen Note *summa cum laude*. Er war erst einundzwanzig Jahre alt. Einige Wochen später legte er auch das erste kirchliche Examen ab. Jetzt stand es ihm offen, entweder eine akademische Karriere an der Universität zu machen oder in den kirchlichen Dienst zu gehen. Für seine Familie war es selbstverständlich, dass er eine Laufbahn als Hochschullehrer einschlagen würde. Dietrich selbst war sich unsicher. Er beriet sich viele Abende mit seinen Eltern. Dabei hatte er allerdings das Gefühl, dass der wichtigste Punkt nicht zur Sprache kam: dass es nämlich für ihn wichtig sei, »einmal von vorne anzufangen«[83]. Bisher hatte er die Erwartungen seiner Eltern immer erfüllt. Alles hatte sich wie von selbst ergeben, ohne dass er mit einem klaren Ja oder Nein die Richtung bestimmt hätte. In sein Tagebuch schrieb er: »Es ist mir in der letzten Zeit immer wieder aufgefallen, dass alle Entscheidungen, die ich zu treffen hatte, nicht eigentlich meine eigenen Entscheidungen waren.«[84]

Schon im November hatte sich der Berliner Superintendent Max Diestel telefonisch bei Dietrich gemeldet und ihn gefragt, ob er nicht als Vikar nach Barcelona gehen möchte. Dietrich konnte sich nicht entscheiden, aber er wusste instinktiv, dass er diese Gelegenheit beim Schopf packen sollte, um einmal ganz aus dem gewohnten Lebenskreis hinauszukommen. Es gab ein Abschiedsfest nach dem anderen. Dietrich machte noch viele Besuche. Am 8. Februar 1928 war es dann so weit. Die Eltern und alle Geschwister versammelten sich zu einem Abschiedsessen in der Wangenheimstraße. Um zehn Uhr abends wurden dann zwei Taxis bestellt und alle begleiteten Dietrich zum Bahnhof. Nur die Großmutter Julie blieb zu Hause. Der Abschied von ihr fiel Dietrich besonders schwer. Auf dem Bahnsteig gab es noch manche Träne und weiße Taschentücher wurden geschwenkt. »Um 11 Uhr pfiff es und der Zug ging los.«

Über zwei Jahre vor Dietrichs Abreise, am Abend des 9. November 1926, war ein kleiner, hinkender Mann am Anhalter Bahnhof in Berlin aus dem Zug ausgestiegen. Es war Joseph Goebbels. Er war von Adolf Hitler zum Gauleiter von Berlin ernannt worden mit dem Auftrag, diese »rote«, von Kommunisten beherrschte Stadt für die NSDAP zu gewinnen. Die Nationalsozialisten waren in Berlin ein kleiner zerstrittener Haufen, dem niemand Beachtung schenkte. Goebbels brachte die Parteizentrale in der Potsdamer Straße auf Vordermann und machte sich daran, mithilfe der SA die Straßen zu erobern.

Goebbels hatte seinen eigenen »Glauben«. Man müsse, so seine Überzeugung, eine Idee haben, und wenn man nur fest genug, fanatisch, an diese Idee glaube, könne man sie verwirklichen. Der Grundsatz, nach dem er vorging, war demnach denkbar einfach. Er hatte ein Ziel, nämlich die Nationalsozialisten zur stärksten Kraft in der deutschen Hauptstadt zu machen. Jedes Mittel, das diesem Ziel diente, war gut, und jedes Mittel, das diesem Ziel nicht diente, war schlecht. Das Erfolgreiche war das

Gute. Erfolgreich konnte nach Goebbels nur sein, wer Aufmerksamkeit erregte, egal wie. Also ließ er SA-Trupps singend und mit Hakenkreuzfahnen durch die roten Bezirke der Stadt marschieren und provozierte so Schlägereien, die für Schlagzeilen in den Zeitungen sorgten. Der Student Horst Wessel kam bei einem dieser Zwischenfälle ums Leben. Aus ihm machte Goebbels den ersten nationalsozialistischen Märtyrer. Bei den Wahlen zum Reichstag am 20. Mai 1928 kam die NSDAP auf 2,6 Prozent. Das war wenig. Immerhin durften zwölf Abgeordnete der Partei in den Reichstag einziehen. Die nahmen sich vor, als Feinde der Weimarer Republik die Demokratie von innen her zu zerstören. »Wie der Wolf in die Schafherde einbricht, so kommen wir«, verkündete Goebbels in der Parteizeitung *Angriff*.

Bonhoeffer hat später einen »Glauben«, wie ihn Joseph Goebbels vertrat, verurteilt. Für ihn war das Gute nicht das Nützliche, Zweckmäßige, und das Wort Gottes keine »Idee«. Das Wort Gottes achte den Widerstand und kenne Schwäche. Eine Idee fordere dagegen »Fanatiker, die keinen Widerstand kennen und achten«.[85] Für Bonhoeffer ist jeder Fanatiker von einer »kranken Unruhe« befallen, die ihn dazu treibt, nicht eher zu ruhen, bis er seine Idee verwirklicht, sein Ziel erreicht hat – und wenn er dabei über Leichen gehen muss.

»Señor Die…?«, »Señor Ditich…?« Nein, die drei spanischen Frauen schafften es einfach nicht, den Namen »Dietrich« auszusprechen. Sie führten die Pension in der Calle San Eusebio, wo Dietrich ein Zimmer bekommen hatte. Das Angebot, in einer deutschen Familie unterzukommen, hatte er abgelehnt. Er wollte unter Einheimischen leben und schnell Spanisch lernen. Sein Zimmer im ersten Stock war sehr einfach, mit einem Steinboden, einem Bett, einem Tisch und zwei Stühlen. Waschen konnte er sich nur in der gemeinsamen Toilette, die sich, wie sein Bruder Klaus meinte, der ihn im Frühjahr besuchte, von einer Toilette in einem Zug wenig unterschied, außer dass es nicht schaukelte.[86]

Von seiner Pension waren es nur ein paar Minuten bis zur Kirche der deutschen lutherischen Gemeinde in Barcelona. Der Pfarrer der Gemeinde, Fritz Olbricht, war ein gebürtiger Westfale mit breiten Schultern und einem massigen Schädel, den man nie ohne Zigarre im Mund sah, der einen guten Schluck Wein schätzte und leidenschaftlich gern Skat spielte. Dietrich fand ihn von Anfang an sympathisch, weil er nicht etwas sein wollte, was er nicht war. Bald wusste er, was er von seinem Lehrpfarrer Olbricht erwarten konnte und was nicht. Über theologische Themen sprachen sie nie, und die Predigten Olbrichts fand Dietrich »skandalös langweilig«. Aber Olbricht konnte gut mit den Leuten umgehen, er war beliebt und Dietrich konnte von ihm viel über die praktischen Aufgaben eines Pfarrers lernen.

In Berlin hatte Dietrich noch hochfliegende Theorien über die Kirche entworfen. Jetzt lernte er eine wirkliche Gemeinde kennen und die war alles andere als eine »Gemeinschaft der Heiligen«. Die meisten Mitglieder waren Kaufleute, die in erster Linie ihr Geschäft im Sinn hatten und für die der Tennisverein wichtiger war als die Kirchengemeinde. Für sie war Kirche so etwas wie das »gute Zimmer«, in dem man gerne ein paar angenehme Stunden verbringt, ehe man wieder zum richtigen Leben in die Arbeitsstube zurückkehrt.[87] Sogar die Jugendlichen hatten keinen anderen Ehrgeiz, als später einmal das Geschäft des Vaters zu übernehmen. Die Leute seien »verdammt materialistisch« eingestellt und ihnen fehle der geistige »Schwung«, schrieb Dietrich an seine Schwester Sabine.[88]

Dietrichs Studienkollege Richard Widmann hatte es in die schwäbische Provinz verschlagen, und er beklagte sich in Briefen an Dietrich, dass er als intellektueller Pfarrer zu einer »tragischen Einsamkeit« verdammt sei. Dietrich war immerhin ein Doktor der Theologie, aber einsam war er in Barcelona nicht. Er wartete nicht darauf, dass die Leute auf ihn zukamen, sondern er ergriff selbst die Initiative. Er trat dem Tennisclub und dem Gesangsverein bei und lernte sogar Skat, um bei den Kartenabenden bei Pfarrer Olbricht mitspielen zu können. Da Pfarrer Olbricht nicht viel mit Kindern und Jugendlichen anzufangen wusste, übernahm Dietrich den Kindergottesdienst. Ein einziges Mädchen saß beim ersten Mal vor ihm. Beim zweiten Mal waren es schon fünfzehn Kinder und dann dreißig. Gerade solche Kinder, die in der Schule und zu Hause als schwierig, faul und aufmüpfig galten, strömten zu dem jungen Vikar, der nicht nur wunderbar Geschichten aus der Bibel erzählen konnte, sondern mit ihnen auch Ausflüge machte, was in den Familien für viel Aufsehen sorgte. Pfarrer Olbricht sah die Erfolge seines Vikars mit gemischten Gefühlen, musste aber neidlos anerkennen, dass die Kinder Dietrich liebten.

Dietrichs Sorge, dass er vielleicht für die praktische Gemeindearbeit ungeeignet sei, erwies sich bald als unbegründet. Er war froh, für einige Zeit dem akademischen Betrieb entronnen zu sein, und musste sogar erkennen, dass er sich in manche theoretische Probleme »verrannt« hatte. Das heißt nicht, dass ihn die Fragen, die er im Studium und in seiner Doktorarbeit aufgeworfen hatte, nicht weiter verfolgten. Einige waren sehr konkret und hatten auch mit seiner jetzigen Situation zu tun. An seiner Vorstellung vom »fernen Gott« hielt er fest. Aber dieser Gedanke zog weitreichende ethische Fragen nach sich. Ein ferner Gott, das heißt auch, dass wir nicht sagen können, wer oder was dieser Gott ist und was er von uns will. Und das bedeutet, dass es keine festen und dauerhaften moralischen Grundsätze gibt, an denen wir uns festhalten können. Moral ist demnach der verzweifelte menschliche Versuch, Gottes Wille in eindeutige Vorschriften zu pressen. Das ist letztlich eine vergebliche, ja sündige Anmaßung oder wie Dietrich sagt: »Jedes Wissen, jeder moralische Anspruch vor Gott verletzt den Anspruch Gottes auf alleinige Ehre […], und so ist die christliche Botschaft grundsätzlich amoralisch und areligiös, so paradox das klingen mag.«[89]

Dieser Gedanke ist zunächst einmal befreiend. Und befreit wirkte auch Dietrich, wenn er allzu enge bürgerliche Moralvorstellungen hinter sich lassen konnte. Schon auf der Reise nach Barcelona, als er einige Tage in Paris verbrachte, hatte es ihn tief berührt, in der Kirche Sacré Cœur andächtig betende Menschen zu sehen, die in seinen Berliner Kreisen wohl als Abschaum der Gesellschaft gegolten hätten: Prostituierte, Zuhälter, Obdachlose. Bei diesem Anblick hatte er sich gefragt, ob man die gewohnten Wertmaßstäbe nicht manchmal im Namen Gottes auf den Kopf stellen müsste. Einen »betenden Mörder und eine betende Dirne« könne er sich besser vorstellen als einen eitlen Frömmler, schrieb er daraufhin in sein Tagebuch.[90] In Barcelona besuchte er sogar Stierkämpfe und berichtete den schockierten Eltern und Schwestern nach Hause, wie sehr diese »ungehemmte, wilde Kraft und blinde Wut« der Tiere und der disziplinierte Mut der Matadore ihn beeindruckten. Jedenfalls sei er, so schrieb er, von dieser blutigen Sache nicht so abgeschreckt, »wie viele Leute meinen, es ihrer mitteleuropäischen Zivilisation schuldig sein zu müssen«.[91]

Auch wenn Dietrich glaubte, keinen moralischen Erwartungen etwas schuldig zu sein, blieb er doch seiner Herkunft und deren Werten verpflichtet. Es störte ihn, dass in den Familien, die er besuchte, der Klatsch so verbreitet war und nicht anwesende Personen richtiggehend »durchgehechelt« wurden. Auch vermisste er die gepflegten, geistreichen Gespräche, die er aus dem Berliner Professorenviertel gewohnt war. Andererseits empfand er es als wertvolle Bereicherung, dass er hier mit Leuten zu tun bekam, mit denen er in Berlin nie ein Wort gewechselt hätte. Zur Gemeinde gehörte auch ein Hilfswerk, das in Not geratene Deutsche unterstützte. Zu den Sprechstunden, die Pfarrer Olbricht abhielt, kamen recht abenteuerliche Gestalten: Weltenbummler, gesuchte Verbrecher, ehemalige Fremdenlegionäre und Zirkusartisten. Manchmal musste Dietrich den Pfarrer vertreten und alleine entscheiden, wer Geld bekam und wer nicht. Dabei erhielt er einen Einblick in die unglaublichsten Schicksale. Anfangs war er zu gutgläubig und fiel auf theatralisch erzählte Lügengeschichten herein. Mit der Zeit jedoch wurde er erfahrener und vorsichtiger und bekam ein Gefühl dafür, wer wirklich in Not war und wer nicht. Das war angewandte Ethik.

Mit sich selbst ging Dietrich anders um, großzügiger, entspannter. Der übergroße Ehrgeiz, der ihn in Berlin noch unbarmherzig vorangetrieben hatte, legte sich, je wärmer es im Frühjahr und Sommer wurde. Dietrich liebte die Sonne. Sie erinnerte ihn daran, »dass der Mensch von der Erde genommen ist und nicht aus Luft und Gedanken besteht«.[92] Oft, wenn er keine Pflichten hatte, saß er auf dem Balkon seines Zimmers und beobachtete das bunte Treiben auf der Gasse. Nachmittags ging er ins Café, wo er ein Glas Vermouth oder Wein trank, Austern aß und Bekannte traf, mit denen er ein Schwätzchen machte. Dietrich hatte viele Bücher nach Barcelona mitgenommen, um mit den Vorarbeiten zu seiner Habilitation anzufangen. Aber kaum hatte er mit den besten Vorsätzen in seinem Zimmer eines seiner theologischen Werke aufgeschlagen, gab er der schönen Müdigkeit nach und legte sich auf sein Bett unter das Moskitonetz.

Es war wieder sein Bruder Klaus, der in Dietrichs Leben Bewegung brachte. Er kam zu Besuch nach Barcelona und beide unternahmen eine Reise durch Spanien, nach Madrid, Toledo, Cordoba. In Sevilla gingen sie in die Stierkampfarena, wo Klaus mit seinem Fotoapparat Aufnahmen machte. Er fotografierte auch das anwesende spanische Königspaar und den General Primo de Rivera, der in Spanien eine Militärdiktatur errichtet hatte. Aber für Politik interessierten sich die Brüder nicht. Mehr Aufmerksamkeit erregten bei Klaus die hinreißend schönen Mädchen in Sevilla. Dietrich sammelte fleißig Eindrücke von Land und Leuten und berichtete sie gewissenhaft nach Hause. Im Vergleich mit Italien fand er die spanische Landschaft reizlos und der spanische Katholizismus blieb ihm ein Rätsel. Mit einer Mischung aus Neugier und Kopfschütteln verfolgte er die schrillen, lauten und bunten Umzüge an den Feiertagen, und staunend beobachtete er einen Priester, der Autos segnete, während eine Kapelle Märsche spielte und Menschen dazu tanzten und johlten. Gott war hier nicht fern. Er war sehr nah, sehr menschlich.

Ein ferner Gott war Dietrich zu wenig. Kein Mensch könne es doch aushalten, so schrieb er in einem Brief, immer nur auf einen unsichtbaren Gott verwiesen zu werden. Man müsse doch in seinem persönlichen Leben sehen, dass Gott da ist. Eigentlich hat er immer schon einen menschlichen Gott gesucht, nur sollte es eben kein vermenschlichter sein. Der Gott, an den er glauben wollte, sollte unabhängig sein, aber nicht gleichgültig. Er ist frei *für* den Menschen. Er wendet sich ihm in Liebe zu, aus freien Stücken. Diesen Gott kann man nicht begreifen, sondern man wird von ihm ergriffen. Und für dieses Ergriffensein musste Dietrich Worte finden. Die Menschen, die in seiner Barceloner Gemeinde am Sonntag vor ihm saßen, erwarteten von ihm keinen Vortrag, sondern eine Predigt, die ihnen zu Herzen ging. Und Dietrich konnte Menschen berühren. Er sprach von einem Gott, den wir zwar nicht verstehen können, der aber mit der Welt »etwas zu tun haben« will. Von einem Gott, der jeden Moment bei uns ist, der uns im Tiefsten erfüllt und verändert, wenn wir nur lernen, still zu werden, auf ihn zu hören und seine Sprache zu verstehen. Dieser Gott bleibt unerreichbar und wird darum gerade für jene Menschen erfahrbar, die ihre Grenzen erkennen und akzeptieren, die sich nicht vor der Welt und ihren Problemen zurückziehen, sondern sich ganz auf die Wirklichkeit einlassen: »Nur der, der mit beiden Füßen sich auf die Erde stellt, der ganz Erdenkind ist und bleibt, der nicht hoffnungslos Flugversuche unternimmt zu Höhen, die ihm doch unerreichbar sind, der sich bescheidet mit dem, was er hat, und dankbar daran festhält, der hat die volle Kraft des Menschentums, der dient der Zeit, und damit der Ewigkeit.«[93]

Wenn Dietrich predigte, war die Kirche in Barcelona immer gut besucht, viel besser als bei Pfarrer Olbricht, was diesen dazu brachte, nicht mehr vorher anzukündigen, wer von beiden am nächsten Sonntag die Predigt hielt. Die Arbeit mit den Kindern und Jugendlichen überließ er ganz seinem Vikar. Dietrich hatte es sogar durchgesetzt, Religionsunterricht an der deutschen Schule geben zu dürfen. Um einen Jungen, der als hoffnungsloser Fall galt, kümmerte er sich besonders. Die Kriterien, nach denen solche Sorgenkinder in der Schule und im Elternhaus beurteilt wurden, zählten für ihn nicht. Kinder waren nicht moralisch wie die Erwachsenen. Außerdem waren sie nicht so leicht zu überzeugen und ließen sich nicht abspeisen mit nichtssagenden Floskeln und billigen Redensarten.

Das musste Dietrich in besonderer Weise erfahren, als er im Herbst gegen Mittag überraschend Besuch bekam von einem zehnjährigen Jungen. Der brach plötzlich herzzerreißend in Tränen aus, und als Dietrich nach dem Grund fragte, erzählte der Junge, dass kurz vorher sein junger Hund gestorben sei. Er wollte von Dietrich wissen, ob der Hund wirklich tot oder doch im Himmel sei und ob er ihn wiedersehen werde. Da saß nun Dietrich, der Doktor der Theologie, der eigentlich Bescheid wissen sollte, und kam sich angesichts der Trauer und der Ernsthaftigkeit des Jungen »ganz klein« vor. Da half die ganze dialektische Theologie nichts. Nur zu sagen, dass man das alles nicht wissen könne, war, das wusste er, in diesem Augenblick zu wenig. Aber sagen musste er etwas, also begann er: »Sieh mal, Gott hat den Menschen gemacht und auch die Tiere, und hat die Tiere gewiss auch lieb; und ich glaube, es ist bei Gott so, dass sich alles, was sich lieb hat auf der Erde, wirklich lieb gehabt hat, dass das bei Gott auch zusammenbleibt; denn lieb haben ist ein Stück von Gott; wie das geschieht, wissen wir freilich nicht.« Das wollte und brauchte der Junge auch nicht zu wissen. Er war zufrieden mit der Antwort und ging freudestrahlend nach Hause. Diese Szene erzählte Dietrich in einem Brief an Walter Dreß, den Verlobten seiner jüngsten Schwester Susanne, mit der Bitte, die Geschichte für sich zu behalten und sie nicht zu Hause vorzulesen.[94]

Zu Hause, in der Wangenheimstraße in Berlin, machte man sich Sorgen um Dietrich. Aus seinen Briefen konnte man den Eindruck gewinnen, dass er ganz in seiner Gemeindearbeit aufgeht und ansonsten das süße Leben unter der südlichen Sonne genießt. Rüdiger Schleicher, der Ehemann seiner Schwester Ursula, bekam eine Postkarte aus Barcelona, auf der Dietrich als mutiger Matador zu sehen war. Nur Dietrichs Kopf war echt, der Rest war Staffage. Dazu hatte Dietrich geschrieben, dass er seine stillen Stunden dazu genutzt habe, sich in der Kunst des Stierkampfes ausbilden zu lassen, und dieses Foto von ihm sei nun in allen Geschäften Barcelonas zu haben.[95]

In Berlin lachten nicht alle über diese Postkarte mit dem Matador Dietrich. Sein Vater beriet sich mit Adolf von Harnack, dem berühmten Theologen, der in der Nachbarschaft wohnte, und der war der Meinung, dass Dietrich sich so schnell wie möglich habilitieren solle, um Vorlesungen zu halten. Anfang Oktober besuchten die Eltern Dietrich in Barcelona und machten mit ihm eine kurze Reise durch Südfrankreich. In den Gesprächen ging es sicher auch um Dietrichs weiteren Weg, ob er im kirchlichen Dienst bleiben wolle oder doch an die Universität gehen solle. Es war wohl eine Folge dieser Gespräche, dass Dietrich kurz darauf an seinen Doktorvater Reinhold Seeberg schrieb und ihn nach einer Assistentenstelle fragte. Seeberg versprach, sich für ihn einzusetzen.

In dieser Zeit kam wieder der Wissenschaftler Dietrich zum

Vorschein. Er hielt Vorträge in der Gemeinde, über das Prophetentum und das »Wesen des Christentums«. Dietrich mutete seinen Zuhörern einiges zu an schwer verdaulicher theologischer Kost. Aber die Kirche war voll, und es waren viele Leute darunter, die man sonst in der Gemeinde nicht sah. Mehr am Herzen als diese Vorträge lag Dietrich das Krippenspiel, das er am vierten Advent aufführen wollte. Schon viele Wochen vorher begannen die Proben mit einem »mächtigen Haufen neuer Kinder«. Die Aufführung war ein voller Erfolg. Alle waren begeistert, nur Pfarrer Olbricht nicht, der fürchtete, dass die Leute nun jedes Jahr eine solche Aufführung haben wollten. Dietrich nahm ihm seine Missgunst nicht übel und bemühte sich weiter, gut mit ihm auszukommen, obwohl er der Meinung war, dass Olbricht seinen Beruf verfehlt habe und er besser Förster oder Soldat geworden wäre. Wenig erfreut dürfte Olbricht auch darüber gewesen sein, dass Dietrich von allen Seiten bedrängt wurde, doch in Barcelona zu bleiben. Zu Weihnachten wurde er mit Plätzchen überhäuft. Und als er an seinem Geburtstag am 4. Februar zurück in seine Pension kam, war sein Zimmer voll mit Kindern, die den Raum mit Blumen geschmückt hatten.

Dietrich fiel die Entscheidung schwer. Aber er wollte zurück nach Berlin. Zum Abschied hielt er einen Vortrag über die »Grundfragen einer christlichen Ethik«. Manche Zuhörer werden bei einigen Sätzen ihren Ohren nicht getraut haben. Denn Dietrich behauptete, es gebe keine Ethik, jedenfalls keine von Menschen gemachte. Der Mensch kann nicht wissen, was gut und böse ist. Wenn er doch glaubt, es zu wissen, dann sind das willkürliche Festsetzungen, die sich je nach Zeitgeist und Interessen der Menschen ändern.

Eine »christliche Ethik« hat für Bonhoeffer eine zentrale Voraussetzung: dass nur Gott weiß, was gut und böse ist. Der

Mensch hat diese Sicherheit nicht. Er kann sich nicht auf immergültige Normen stützen. So gesehen gibt es keine an sich schlechten Handlungen, auch ein Mord könne, so Dietrich, gerechtfertigt sein.[96] Das bedeutet aber nicht, dass alles erlaubt ist. Alles, was man als Mensch tun kann und tun muss, ist, sich immer wieder von Neuem, von Situation zu Situation entscheiden. Ethik ist also mit dem Versuch vergleichbar, einen »Vogel im Flug« zu zeichnen. Dabei erfährt ein Mensch die »tiefste Einsamkeit«, denn er steht in solchen Momenten allein, isoliert von allen anderen, Gott gegenüber, Auge in Auge. Nur in dieser Einsamkeit kann er erfahren, was Gottes Wille ist. Das ist »Theologie im Verzug«.

Diese Schwierigkeit, das Richtige zu erkennen und zu tun, gilt für Dietrich auch in der Frage nach dem Krieg. Das Gebot »Du sollst nicht töten!« ist eindeutig. Und doch kann es zu Situationen kommen, in denen ich entscheiden muss, ob das Leben meiner Angehörigen mir wichtiger ist als das Leben eines Feindes, der meinen Bruder, meine Mutter töten will. In dieser Notlage ist es für Dietrich vertretbar, dass auch ein Christ eine Waffe in die Hand nimmt, wohl wissend, dass er etwas Entsetzliches tut, aber doch nicht anders kann. Das Entsetzliche dabei ist, dass man aus Liebe töten darf oder sogar muss – für Dietrich nicht nur aus Liebe zu seinem Nächsten, sondern auch aus Liebe zu seinem Volk. Die »Liebe zu meinem Volk«, so Dietrich, »wird den Mord, wird den Krieg heiligen [...].«[97]

Ob Dietrich gemerkt hat, dass er sich in Widersprüche verwickelte und wie gefährlich seine Gedanken waren? Die »Liebe zum Volk« ist gerade ein pauschales Prinzip, wie er es ablehnt. Diese Liebe als Willen Gottes auszugeben, führt zu jener unheilvollen Verbindung von Nationalismus und Religion, die Dietrich als unerlaubte Vereinnahmung Gottes angeprangert hat. Mit seiner Theologie stimmt noch etwas nicht. Es fehlt etwas, und das spürt Dietrich mehr, als dass er es weiß. Obwohl er sich kaum für Politik interessiert, werden seine Gedanken hochpolitisch. Bald wird ihm das bewusst werden und seine Antworten werden andere sein.

Zunächst ist Dietrich am 17. Februar 1929 zurück in Berlin. Er bekommt seine Stelle als Assistent im Bereich systematische Theologie und er beginnt an seiner Habilitationsschrift zu arbeiten. Besonders glücklich ist er nicht. Er muss »grunddumme Seminararbeiten«[98] korrigieren und er fühlt sich unwohl in einer Welt, in der es nur um Gedanken geht. Die Luft sei eng, schreibt er an einen Bekannten in Barcelona, »zum Ersticken eng und dumpf und überall riecht es nach Schweiß«.[99] Dietrich hat das Gefühl, als befinde er sich auf einer unbewussten Wahrheitssuche und als sei er dieser Wahrheit in Barcelona näher gekommen als im Elfenbeinturm der Universität.

Seine Zweifel erstickt Dietrich mit Pflichtbewusstsein und immensem Ehrgeiz. Nach nur einem Jahr legt er seine Habilitationsschrift vor mit dem Titel *Akt und Sein – Transzendentalphilosophie und Ontologie in der systematischen Theologie.* So anspruchsvoll, wie der Titel klingt, ist auch der Inhalt, der selbst für eingeweihte Experten nur schwer verständlich war. Doch hinter der enormen Belesenheit und den hochabstrakten Gedanken verbergen sich die Fragen, die Dietrich persönlich nicht mehr loslassen. Er zielte wieder auf jenen Punkt, wo der sich offenbarende Gott und der Mensch sich gegenüberstehen, wo alle Vorbilder und Traditionen wegfallen und man alleine entscheiden muss, was zu tun ist. Dietrich lehnt alle Theologen und Philosophen ab, die vergessen, dass sie selber existieren, und existieren heißt für ihn, dass der Mensch in seinem Leben dauernd

Entscheidungen fällen muss, aber sich nicht an ein für alle Mal gültige Normen halten kann; und dass er andererseits einer ist, der von Gott »getroffen«, also mit dessen Willen konfrontiert wird, der aber nie eindeutig, nie klar erfassbar ist. Die zentrale Frage ist, wie ich diesen verdeckten, nicht verstehbaren Willen Gottes doch irgendwie erkennen und dann in den verschiedensten Situationen meine Entscheidungen danach ausrichten kann.

Für Dietrich ist hier der Punkt erreicht, wo Vernunft und Reflexion nicht mehr weiterhelfen. Noch so langes Nachdenken, noch so viele gute Argumente und gründliches Überlegen können nicht zu einem eindeutigen Ergebnis führen, auf das ich mein Handeln sicher bauen kann. Hier hilft nur ein Sprung, der Sprung in den Glauben. Für Dietrich gibt es ein »theologisches und ein glaubendes Erkennen«. Wo ein Mensch glaubend erkennt, da gibt es für ihn »schlechthin keine Reflexion«. Reflexion erweist sich hier sogar »als vernichtend«. Ideal und Vorbild ist für Dietrich »das Kind«, weil es offen ist für die Zukunft und ohne Gewissensbisse und moralische Skrupel die Gegenwart lebt. Der Mensch – mit diesem Satz endet seine Habilitationsschrift –, »der aus der Enge der Welt geboren wird in die Weite des Himmels, der wird, was er war oder doch nie war, ein Geschöpf Gottes, ein Kind.«[100]

Dietrich wusste, dass er noch lange nicht dieses »Kind« war. Vorläufig war er noch Theologe und Wissenschaftler. Am 31. Juli 1930 hielt er seine Antrittsvorlesung. Er war vierundzwanzig Jahre alt, der mit Abstand jüngste Privatdozent an der Berliner Universität. Um als Pfarrer ordiniert zu werden, war er auch noch zu jung, obwohl er nun auch sein zweites theologisches Examen bestand. Das vorgeschriebene Mindestalter für eine Ordination als Pfarrer war fünfundzwanzig Jahre.

Auch der für Dietrich Bonhoeffer zuständige Superintendent Max Diestel hielt seinen Kandidaten für noch zu jung und
für zu akademisch und damit weltfremd. Diestel hatte Dietrichs
Doktorarbeit gelesen und dann zu dessen Onkel gesagt: »Aber
Deutsch muss ihr Neffe noch lernen!«[101] Diestel hatte Dietrich
bereits das Vikariat in Barcelona verschafft und riet ihm jetzt,
sich noch weiter in der Welt umzusehen. Diestel dachte an eine
freie Stelle in den Vereinigten Staaten. Dietrich zögerte lange,
bewarb sich dann aber doch. Im Mai 1930 war es sicher, dass
er an das *Union Theological Seminary* in New York gehen
würde.

Während Dietrich eine Prüfung nach der anderen hinter sich
brachte, wurde im Hause Bonhoeffer eine Hochzeit nach der anderen gefeiert. Innerhalb von acht Jahren gab es sechs Eheschlie-
ßungen. Den Anfang gemacht hatte Ursula. Nach Christel und
Sabine heiratete 1929 das Jüngste der Kinder, Susanne, Suse genannt, Walter Dreß, Dietrichs Studienfreund. Ein Jahr später,
1930, folgten Dietrichs Brüder. Karl-Friedrich heiratete Grete von
Dohnanyi, die Schwester seines Schwagers Hans von Dohnanyi.
Und Klaus Bonhoeffer gab Emmi Delbrück, der Tochter aus dem
befreundeten Nachbarhaus, das Ja-Wort. Nun war Dietrich der
Einzige in der Familie, der unverheiratet war. Als ihn auch noch
Briefe erreichten von Freunden, die ihm ihre Vermählung mitteil-
ten, überkam Dietrich ein »leicht schmerzliches Gefühl des Hin-
terbliebenen, Zurückgelassenen«. Freundschaft sei ja ganz schön,
schrieb er, »aber das Entscheidende fehlt noch«.[102] Die Unruhe
des eigenen Lebens werde erst aufhören, »wenn in irgendeiner
Form ›der Andere‹ in unser Leben tritt«.

Im Juni 1930 saß Dietrich in seinem Zimmer in der Wangenheimstraße über seinen Büchern. Durch das offene Fenster
hörte er Musik, und als er ans Fenster trat, sah er tanzende Paare

im Nachbargarten. »Und ich«, schrieb er an seine Zwillings-schwester Sabine, »sehne mich nach nichts mehr, als mitzutan-zen!«[103]

Von der Nächsten- und der Fernstenliebe

Am 5. September war Dietrich mit seinen Eltern in Bremerhaven. Sie schauten sich die *Columbia* an, das gigantische Passagierschiff, mit dem Dietrich in wenigen Stunden über den Atlantik nach New York aufbrechen sollte. Sie gingen durch die riesige Empfangshalle und den Ballsaal mit den Kristallleuchtern und besichtigten die Bibliothek, die Sporthalle und die weitläufigen Speisesäle. Die *Columbia* war nicht nur das schnellste, sondern auch das luxuriöseste deutsche Schiff dieser Art. Um halb elf Uhr vormittags legte der Dampfer ab. Eine Musikkapelle spielte und die Leute am Pier winkten mit Taschentüchern, schwenkten ihre Hüte und stießen Jubelschreie aus. Nach zehn Stunden Fahrt saß Dietrich in der Bibliothek und schrieb an seine Oma: »Bis jetzt war es den Tag über wie auf dem Wannsee, völlig unbewegt [...]. Ich habe mit bestem Appetit zwei gewaltige Menü's gegessen, kurz ich genieße das Schiff, solang es sich genießen lässt.«[104]

Zehn Tage später tauchte am Horizont die Skyline von Manhattan auf. Dietrich verabschiedete sich von den Menschen, die er auf der Fahrt kennengelernt hatte. Ganz besonders von dem jungen, fünfzehnjährigen Richard Ern, der mit seiner Mutter an Bord gewesen war und dem Dietrich nun versprechen musste, dass er ihn besuchen werde. Im Hafen wurde Dietrich schon erwartet von der Familie Boericke, entfernte Verwandte der Mutter, bei denen er die ersten Tage in Philadelphia verbringen sollte. Hätte Dietrich sich die neueste Ausgabe der *New York Times* besorgt, hätte er folgende Schlagzeile lesen können: FACISTS

MAKE BIG GAINS IN GERMANY. Der Artikel berichtete über die Reichstagswahl vom 12. September in Deutschland, bei der die Nationalsozialisten sensationelle Erfolge verbuchen konnten. Statt bisher auf zwölf Sitze kamen sie nun auf einhundertsieben Sitze im Reichstag. Fast sechseinhalb Millionen Deutsche hatten die NSDAP gewählt. Damit war sie nun nach der SPD, die erhebliche Verluste hinnehmen musste, die zweitstärkste Partei. Dietrich scheint von diesem politischen Erdbeben in seiner Heimat wenig bis nichts mitbekommen zu haben. In Philadelphia wurde er von seinen wohlhabenden Verwandten ganz in Anspruch genommen. Sie nahmen ihn mit in die Clubs der Stadt, er spielte mit den Kindern Ray, Bettie und Binky, und Onkel Harold Boericke brachte ihm das Golfspielen bei. »Man glaubt hier kaum, dass man so weit von Europa weg ist«, schrieb er an seinen Bruder Karl-Friedrich, »es ist doch vieles sehr ähnlich.«[105]

Mit den Ähnlichkeiten war es vorbei, als Dietrich in das Studentenwohnheim des *Union Theological Seminary* einzog. Er, der gewohnt war, in einem Zimmer seines Elternhauses oder in der Abgeschiedenheit des Ferienhauses in Friedrichsbrunn zu leben und zu studieren, musste nun auf jede Privatsphäre verzichten. Die Türen der Zimmer standen meistens offen, man besuchte sich gegenseitig, und auf den Gängen des *dormitory* begrüßten sich alle mit einem tausendfachen *hello*. Dietrich war kein normaler Student. Er hatte seinen »Doktor« in der Tasche und seine Zulassung als Hochschullehrer. Aber im *Union* war es unmöglich, ein Einzelgänger zu sein, und die Professoren waren keine ehrfurchtsvoll verehrten Halbgötter. Alle waren *good fellows*, also gute Freunde, und der neue Stipendiat aus Germany wurde sofort in diese Gemeinschaft aufgenommen. Von allen Seiten wurde er nach seiner Heimat gefragt und vor allem, wie es mit dem Friedenswillen der Deutschen bestellt ist.

Obwohl es mit seinem Englisch noch haperte, wurde Dietrich eingeladen, am *Union* und in Schulen über sein Land zu reden. Dietrich erzählte, wie er als Kind den Weltkrieg und die schwere Zeit danach erlebt hatte. Und er versicherte seinen Zuhörern, dass die Deutschen aus dieser Katastrophe gelernt hätten und nichts so sehr »verabscheuen« würden wie den Gedanken an einen erneuten Krieg. Nie wieder, so forderte er, dürften Christen gegen Christen kämpfen. Und er beschwor es als die Aufgabe der Kirche, über alle nationalen und kulturellen Grenzen hinweg die »Friedensarbeit« zu stärken.[106]

Gut gemeinte Appelle sind eine Sache, konkrete Erfahrung eine andere. Das *Union* war ein Ort, wo die verschiedensten Nationalitäten unter einem christlichen Dach zusammenlebten, auch Studenten aus Ländern, die vor Kurzem noch erbitterte Kriegsgegner gewesen waren. Dietrich hatte in seinem Vortrag noch beklagt, wie sehr sein Land unter den Reparationszahlungen an die Siegermächte leide. Gemeint war in erster Linie Frankreich, das er bezichtigte, einen neuen Krieg vorzubereiten. Und nun traf er einen Vertreter dieses Landes. Er hieß Jean Lasserre und gerade von ihm musste Dietrich sich nun eine Lektion in Sachen Feindesliebe erteilen lassen. Lasserre wies ihn darauf hin, wie fraglich seine »Liebe zum Heimatland« ist und wie leicht aus dieser Liebe wieder Abgrenzungen und Feindbilder entstehen. Man könne, so Lasserre, nicht zugleich Nationalist und Christ sein. Die Forderungen der Bergpredigt waren für ihn keine Anweisung für wirklichkeitsfremde Friedensträumer, sondern Gebote, die man als Christ buchstäblich so einhalten muss. Dietrich bewunderte die Radikalität seines neuen Freundes, sie übernehmen konnte er nicht, noch nicht. Dazu musste er einen längeren Weg gehen.

Noch eindrücklicher und nachhaltiger war für Dietrich die

Begegnung mit einem anderen Studenten. Franklin Fisher war dunkelhäutig, ein »Neger«, wie man damals sagte. Für Dietrich war es das erste Mal, dass er einen »Negerstudenten« kennenlernte, und es spricht für seine Offenheit und Unvoreingenommenheit, dass die beiden sich rasch anfreundeten. Fisher scheint davon tief berührt gewesen zu sein, dass ein Angehöriger der weißen Oberschicht ihn so respektvoll und herzlich behandelte. Das war im Amerika der Rassentrennung alles andere als normal. Es war ein Zeichen großen Vertrauens, dass er Dietrich einlud, mit ihm und zwei anderen Studenten eine Autofahrt nach Washington zu unternehmen. In der amerikanischen Hauptstadt nahm Fisher Dietrich mit zu seinen Verwandten, und er stellte ihn führenden Leuten der »Negerbewegung« vor, die sich für den großen Traum einer Gleichberechtigung der schwarzen und weißen Bevölkerung einsetzten. Franklin Fisher wurde später ein Weggefährte von Martin Luther King, der im Kampf für die Verwirklichung dieses Traumes sein Leben verlor.

Noch war die Rassentrennung allgegenwärtig und schien unüberwindbar. Dietrich konnte es nicht fassen, dass es in Bussen, Zügen und Straßenbahnen getrennte Abteile und Sitze für Weiße und Schwarze gab. Als er mit Franklin Fisher in ein Restaurant zum Essen ging, wollte man seinen Freund offensichtlich nicht bedienen, worüber Dietrich so empört war, dass er mit Franklin aus Protest das Lokal wieder verließ. Die Art, wie die Schwarzen behandelt wurden, fand Dietrich abstoßend und beschämend. Dass es in Deutschland auch eine Bevölkerungsgruppe, nämlich die Juden gab, die in zunehmendem Maß diskriminiert wurde, das konnte oder wollte Dietrich nicht wahrhaben. Und für seinen Bruder Karl-Friedrich, der auch einige Zeit in den Staaten zugebracht hatte, war die »Judenfrage« verglichen mit der Rassentrennung in Amerika ein »Witz«. Zumindest in Frankfurt, wo Karl-

Friedrich wohnte, würde sich kein Jude unterdrückt fühlen.[107] Überhaupt waren die Nachrichten aus der Heimat wenig besorgniserregend. Zwar gab es Straßenkämpfe zwischen Nazis und Kommunisten und die Arbeitslosigkeit war aufgrund der Weltwirtschaftskrise bedenklich hoch. Doch Paula Bonhoeffer, Dietrichs Mutter, hielt es für übertrieben, dass ihr jüdischer Schwiegersohn Gerhard Leibholz um seine berufliche Stellung fürchtete, und sie glaubte auch nicht den Gerüchten, dass eine »Regierung der Nazis« drohe. Nur der Bruder Klaus machte sich Sorgen, dass nun auch die Gebildeten anfällig wurden für die Parolen der Nazis. »Man liebäugelt mit dem Faschismus«, schrieb er.[108]

Dietrich hat sich später dafür geschämt, dass er sich in dieser Zeit so wenig für Politik interessierte. Er verstand sich als Theologe, und zwar als deutscher Theologe, für den Theologie wesentlich darin bestand, gründlich über die Inhalte des Glaubens und dessen Voraussetzungen nachzudenken. In dieser Hinsicht war das *Union* für Dietrich eine einzige Enttäuschung. In den Seminaren und Vorlesungen legte er seinen Stift nach wenigen Minuten beiseite. Für ihn gab es hier nichts zu lernen. Niemand dachte hier über Rechtfertigung, Sünde oder Offenbarung nach. Ständig ging es nur um die Fragen, wie man als Christ dazu beitragen kann, soziale Probleme wie Armut, Ungerechtigkeit oder Bildungsmangel zu beheben. »Eine Theologie gibt es hier nicht«, schrieb Dietrich an Max Diestel. »Es wird das Blaue vom Himmel heruntergeschwatzt ohne die geringste sachliche Begründung und ohne dass irgendwelche Kriterien sichtbar werden.«[109] Geradezu persönlich verletzt war Dietrich, als die Studenten in einem Seminar über ein Luther-Zitat lauthals lachten. Und als er einen Vortrag über die Theologie Karl Barths hielt, sagte ihm ein Professor ins Gesicht, dass er seine Vorstellung von einem unbegreiflichen Gott für ziemlich »pervers«

halte, weil man damit einen tiefen Graben zwischen Denken und Realität aufreiße.[110]

Dietrich muss diese Kritik hart getroffen haben. Denn er wollte ja den Graben zwischen Denken und Leben überwinden. Nur nicht mit einem Kurzschluss. Keineswegs achtete er es gering, wenn Menschen auf soziale Probleme aufmerksam machten und konkret halfen, diese zu beseitigen. Er selbst besuchte soziale Einrichtungen in New York und schrieb im Rahmen seines Studiums Arbeiten über Arbeitslosigkeit, Geburtenkontrolle und die Rolle der Banken. Andererseits hielt er daran fest, dass man die Motive und Grundlagen seines Handelns erkennen und begründen muss. Ein Handeln ohne vorheriges Nachdenken war für ihn ausgeschlossen. Zu wenig war es auch, nur danach zu fragen, was an Religion *useful* ist, was sich also für den Menschen als nützlich erweist. Die Wahrheit Gottes entschied sich für ihn nicht nach ihrer Nützlichkeit. Diese Wahrheit war vom Menschen unabhängig. Es galt, sie zu erkennen und dann danach zu handeln.

Sosehr die Studenten und Lehrer am *Union* oft über den unpolitischen Deutschen die Köpfe schüttelten, so sehr schätzten sie seine vornehme Zurückhaltung, seine unersättliche Neugier, seine herzliche Anteilnahme und seine unaufdringliche Art, seine Meinung zu vertreten. Für Paul Lehmann, einen Amerikaner, der am *Union* seine Doktorarbeit schrieb, war Dietrich mit seinem Drang nach Genauigkeit ein typischer Deutscher. Andererseits entsprach es nicht seinem Bild von einem typischen Deutschen, dass Dietrich einen nie versiegenden Humor hatte. So weigerte er sich einmal, mit Paul Tennis zu spielen, weil er, wie er sagte, von einem Gegner bei diesem Spiel ein gewisses Können erwarte, das er, Paul, leider nicht bieten könne.[111] Natürlich spielten sie dann doch und Dietrich gewann. Beim Sport kannte er kein Mitleid.

Auch Dietrichs scharfer Verstand war nur ein Teil seines Wesens. Reinhold Niebuhr, ein Lehrer am *Union*, bemerkte schon bei der ersten Begegnung mit Dietrich, dass sich hinter dessen hochgeistigen und spitzfindigen Argumenten eine tiefe und »schlichte Frömmigkeit«[112] verbarg. Beides, geistige Auseinandersetzung und einfache Frömmigkeit, suchte Dietrich nicht nur an der Universität, sondern auch in den Kirchen, besonders in den Predigten. Doch was er in den verschiedensten Kirchen in New York zu hören bekam, hatte weder mit dem einen noch mit dem anderen zu tun. Die Prediger redeten über Theater, über das Alkoholverbot in Amerika, über Politik und Tugenden des Alltags, aber nicht über das, was nach Dietrich im Zentrum einer christlichen Verkündigung stehen sollte: das Evangelium. Was an die Stelle der christlichen Botschaft trat, war nach Dietrich »ein fortschrittsgläubiger ethischer und sozialer Idealismus, der, man weiß nicht woher, sich das Recht nimmt, sich ›christlich‹ zu nennen«.[113]

In New York entdeckte Dietrich sie doch noch, die Kirchen, die sich für ihn zu Recht christlich nennen durften. Sie waren nicht in der Wall Street, nicht in den Banken- und Geschäftsvierteln, sondern am Rand der Stadt, in Harlem und der South Bronx, in den Ghettos der Schwarzen, wo die Folgen der Weltwirtschaftskrise unübersehbar waren. Sein Freund Frank Fisher nahm ihn dorthin mit, und Dietrich erlebte Gottesdienste, wie er sie bisher nicht gekannt hatte. Die Prediger redeten mit unerhörter Leidenschaft und Anschaulichkeit von Sünde und Gnade und von der Liebe Gottes. Und die Gemeinde wurde davon mitgerissen und antwortete mit *»Hallelujah«*, *»Amen«* und *»Yes, yes!«*. Die Lieder, die gesungen wurden, gingen Dietrich unter die Haut. Er mag sich zurückversetzt gefühlt haben in seine Kindheit, als er zwischen den schwarzen und roten Liedern unterschieden und die roten mit so inniger Hingabe gesungen hatte. Mit Frank suchte er in den Plattenläden nach Aufnahmen von *spirituals* und *gospels*. Unbedingt wollte er diese Musik mit nach Hause nehmen, um sie seiner Familie und den Freunden vorzuspielen.

Fast jeden Sonntag verließ nun Dietrich mittags das *Union*. Nicht um sich Sehenswürdigkeiten anzuschauen, wie er vorgab, sondern um eine der großen *Negro Baptist Churches* in Harlem zu besuchen. Mit Frank übernahm er eine Gruppe Kinder und Jugendlicher in der Sonntagsschule und gab Bibelstunden für einen Kreis von Frauen. Es entstanden viele Freundschaften und Dietrich wurde sogar in die Familien eingeladen. Bald gehörte er wie selbstverständlich zur Gemeinde und konnte zu Recht sagen, dass er unter ihnen kein Fremder mehr war, auch wenn er seine Herkunft nicht leugnete und wusste, dass er ein Weißer war und jederzeit in sein privilegiertes Leben zurückkehren konnte.

Daran erinnerte ihn auch ein Brief von Helmut Rössler. Der Studienfreund, der jetzt Landpfarrer war, berichtete davon, wie dramatisch sich die politische Lage in Deutschland verändert hatte, und er konnte sich dabei eine kleine Spitze gegen den im Ausland weilenden Stipendiaten aus reichem Hause nicht verkneifen. Da Dietrich »unpolitisch« und zudem keinem »wirtschaftlichen Existenzkampf« ausgesetzt sei, so Rössler, könne er alles leichter von einer »hohen Warte« aus betrachten als die unmittelbar betroffenen »Frontkämpfer in der Dreckslinie«.[114] Dieser Seitenhieb muss Dietrich getroffen haben. Hatte er sich doch gerade in die Slums von New York begeben und mit den Menschen dort gelebt. War er ein verwöhnter Bürgersohn, der sich, wenn es unbequem wurde, in den Elfenbeinturm der Theologie zurückzog?

Noch nachdenklicher muss es ihn gemacht haben, was Rössler über das geistige Klima in Deutschland schrieb. Dort habe sich nun ein glühendes Nationalgefühl mit einem neuen Heidentum verbündet, das im christlichen Gewand auftritt: Das »Reich Gottes« ist durch das »Dritte Reich« ersetzt. Erlösung findet nur, wer sich der nationalsozialistischen Weltanschauung anschließt. Kirche und Religion werden nur noch geduldet, wenn es dem Volk und der Rasse dient. Und Juden werden als Inbegriff des Bösen und als Wurzel allen Übels verteufelt. Alles in allem hat man es zu tun mit einer total politisierten und verweltlichten Form von Religion. Kirche erscheint darin als überflüssig, und eine Kirche, die sich gegen diese Vereinnahmung sperrt, wird zum Feind.

Dietrich las den Brief Rösslers in Amerika in einer Runde von Freunden vor. Sie sollten aus erster Hand erfahren, was in Deutschland geschieht. Für Dietrich zeichnete Rössler mit seinen Schilderungen das Schreckensbild einer Gesellschaft, die auf dem Weg ist, sich völlig auf sich zurückzuziehen und Gott und Religion nur für eigene Zwecke zu benutzen. Gott unterscheidet sich nicht mehr von der Welt. Nur durch einen unabhängigen Gott, davon ist Dietrich überzeugt, kann ein Mensch über sich hinauskommen. Ohne einen solchen Gott bleibt er gefangen in sich selbst und sieht immer nur sich selbst, auch wenn er anderen begegnet. Nationalismus ist so gesehen der blinde, selbstverliebte Egoismus eines ganzen Volkes. Es bleibt verschlossen in sich selbst. Es kann nicht mehr über die eigenen Vorurteile und Ressentiments hinauskommen und wird zur Gefahr für andere.

Für Dietrich kommt es daher immer darauf an, im Glauben an diesen »anderen« Gott ständig den eigenen Horizont zu überschreiten, und das heißt auch, zu lernen und neue Erfahrungen zu machen, selbst wenn die eigenen Vorurteile und Abneigungen im Wege stehen. Mit der amerikanischen Theologie konnte er nichts anfangen, trotzdem hat Dietrich die Werke der wichtigsten amerikanischen Theologen und Philosophen gründlich gelesen. Und wie schon in Italien und Spanien wollte er nicht nur eine Stadt sehen, sondern einen Eindruck vom ganzen Land bekommen. Schon in den Weihnachtsferien war er mit dem Mitstudenten Erwin Sutz, einem Schweizer, der bei Karl Barth studiert hatte, nach Kuba gereist. Jetzt, bevor er im Juni nach Deutschland zurückkehrte, wollte er eine große Tour durch Amerika machen.

Eine Gelegenheit dazu bot die Familie des jungen Richard Ern, den er auf dem Schiff kennengelernt und ein paar Mal besucht hatte. Als Richards Vater von Dietrichs Wunsch erfuhr, war er bereit, ihm für seine Reise sein Auto zur Verfügung zu stellen, ein altes, ziemlich klappriges Gefährt der Marke *Oldsmobile*. Auch Dietrichs Freunde Jean Lasserre, Paul Lehmann und Erwin Sutz wollten die Reise mitmachen, jedenfalls teilweise. Was noch fehlte, war einzig die Fahrerlaubnis für Dietrich. Bis er sie hatte, dauerte es etwas länger. Zweimal fiel er durch die Prüfung. Erst beim dritten Versuch klappte es. Ob es daran lag, dass Dietrich die ersten beiden Male dem Prüfer nicht das erwartete Geld zugesteckt hat, oder ob seine Fahrkünste wirklich schlecht waren, lässt sich nicht mehr sagen. Sein Fahrlehrer jedenfalls meinte, Dietrich fahre »wie ein Chauffeur«[115].

Mit dem Chauffeur Dietrich starteten die vier Theologen am 5. Mai Richtung Westen. Sie kamen zügig voran. Das *Oldsmobile* schaffte immerhin achtzig Stundenkilometer. Über Harrisburg und Pittsburg erreichten sie Chicago, wo Paul Lehmann sie verließ, weil er eine Stelle an einem College antrat. Zu dritt ging es weiter Richtung Süden, nach St. Louis und Memphis. Sie fuhren, nur unterbrochen von kleinen Pausen, den ganzen Tag durch. Und abends schlugen sie irgendwo in der Prärie ihr kleines Zelt auf, um zu übernachten. Nur manchmal steuerten sie ein Motel an, um zu duschen und in einem richtigen Bett zu schlafen. In

New Orleans brachten sie Erwin Sutz zum Hafen. Es war ausgemacht, dass er von hier mit dem Schiff nach New York zurückkehrte. Dietrich und Jean Lasserre fuhren alleine weiter durch Texas zur mexikanischen Grenze. Das *Oldsmobile* zeigte nach so vielen Kilometern doch Altersschwächen. Der Ventilator und der Vergaser mussten ersetzt werden und sie brauchten neue Reifen. Um das Auto zu schonen, ließen Dietrich und Jean es an der Grenze stehen und stiegen auf den Zug um. Eine Woche lang waren sie in Mexiko unterwegs und nahmen an einer Konferenz in der Hauptstadt teil, bevor sie wieder zur Grenze reisten und ihr Auto abholten.

Auf der langen Rückreise hatten die beiden Theologen viel Zeit, sich zu unterhalten. Vielleicht erinnerten sie sich daran, wie sie in New York ins Kino gegangen waren, um sich den Film *Im Westen nichts Neues* anzuschauen. Das war eigentlich ein Antikriegsfilm, bei dem die Deutschen schlecht wegkamen. Das amerikanische Publikum aber hatte geklatscht und gejohlt, wenn ein französischer Soldat fiel, und es war betroffen, wenn ein deutscher ums Leben kam. Für Lasserre war das unerträglich gewesen. Noch schlimmer war es Dietrich gegangen, der die Reaktion der Kinobesucher so entsetzlich fand und sich für sie so schämte, dass sein französischer Freund ihn nach der Vorstellung kaum zu beruhigen wusste.

Jetzt konnten sie darüber lachen. Sie sprachen auch darüber, was sie in ihrem Leben eigentlich wollten. Jean Lasserre sagte daraufhin, er wolle ein Heiliger werden. Eine Antwort, die Dietrich zum Widerspruch reizte. Er wolle glauben lernen, entgegnete er. Warum das ein Widerspruch war und was es eigentlich bedeutete, glauben zu lernen, das wusste Dietrich selbst nicht. Aber dieser kurze Disput hatte Fragen in ihm ausgelöst, die er erst viele Jahre später beantworten konnte. Zunächst waren ihre

Probleme noch sehr irdisch und sie mussten sich mit den Widrigkeiten der Reise auseinandersetzen. Mit Polizisten, die sie kontrollierten. Mit Essen, das sie mühsam am Lagerfeuer zubereiteten. Einmal schlugen sie in der Dunkelheit ihr Zelt in einem kleinen Wäldchen auf. Am nächsten Morgen wurde Jean von lautem Schnarchen geweckt. Er dachte, es komme von Dietrich, und weil es ein so lautes und merkwürdiges Schnarchen war, befürchtete er, sein Freund wäre krank geworden. Doch Dietrich schlief sanft und friedlich. Neben ihm aber lag ein riesiges Schwein, das ebenfalls schlief, nur lauter. Die beiden hatten in der Dunkelheit nicht bemerkt, dass das Wäldchen der Schlafplatz einer Schweineherde war.[116]

Weniger harmlos waren die Erlebnisse in den Südstaaten, wo die Diskriminierung der schwarzen Bevölkerung noch viel schlimmer war als im Norden. Dietrich fand es »widerwärtig«, wie über die Schwarzen geredet wurde, Männer der Kirche bildeten da keine Ausnahme. Jean und Dietrich kamen an dem Städtchen Scottsboro vorbei, wo es vor Kurzem einen aufsehenerregenden Fall gegeben hatte. Neun schwarze Jugendliche waren beschuldigt worden, zwei weiße Mädchen vergewaltigt zu haben. Von einem aufgebrachten Mob wären sie fast gelyncht worden. Obwohl sich die Anklagen als haltlos erwiesen, waren die jungen Männer in einem offenbar von rassistischen Vorurteilen geleiteten Prozess zum Tode verurteilt worden. Gegen dieses Urteil regte sich allgemeiner Protest. Dietrich, der in New York den Prozess verfolgt hatte, forderte die Leitung seiner Landeskirche in Deutschland auf, ihre Stimme zu erheben, was abgelehnt wurde mit der Begründung, dass dieser Fall außerhalb der eigenen Verantwortlichkeit liege. Dietrich hat später dieses Verhalten kritisiert und die deutschen Kirchenmänner mit einem Wort von Friedrich Nietzsche daran erinnert, dass Nächstenliebe nicht mit der Entfernung aufhört: »Meine Brüder«, so schrieb Nietzsche, »zur Nächstenliebe rate ich euch nicht, ich rate euch zur Fernsten-Liebe.«[117]

Am 17. Juni 1931 trafen Dietrich und Jean Lasserre in New York ein und Dietrich konnte das Auto wieder wohlbehalten bei den Erns abliefern. Fast fünftausend Kilometer waren sie damit gefahren. Dietrich musste gleich seine Koffer packen, denn drei Tage später ging sein Schiff zurück nach Europa. Sein Antrag auf Verlängerung seines Urlaubs, um seine amerikanischen Erfahrungen aufzuarbeiten und seine Vorlesungen vorzubereiten, war abgelehnt worden. Dietrich hatte dem Kirchenamt in Berlin geschrieben, dass die Erfahrungen in den USA mit dem praktischen Verständnis des Christentums für ihn »auf lange Zeit hinaus bestimmend«[118] sein werde. Wie er dieses tätige Christentum mit seinem eigenen theologischen Standpunkt verbinden sollte, war ihm noch völlig unklar.

Am 1. August sollte Dietrich neben seinen akademischen Pflichten eine Stelle als Berliner Stadtvikar antreten und an der Technischen Hochschule als Seelsorger arbeiten. Vorher aber wollte er die Gelegenheit nutzen und einen Mann kennenlernen, den er schon lange bewunderte und den er unbedingt einmal persönlich hören und erleben wollte – Karl Barth. Kaum zu Hause, fuhr Dietrich nach Bonn, wo Barth seit einem Jahr einen Lehrstuhl innehatte. Frühmorgens um sieben Uhr saß er in Barths Vorlesung und war überrascht. Barth begann mit einer kurzen Andacht und stimmte dann mit den Studenten einen Choral an. Abends nahm er teil an einer Diskussionsrunde in Barths Haus.

Dietrich war begeistert von Barths Offenheit, seiner Bereitschaft, auf Einwände einzugehen, von der unglaublichen Konzentration und Leidenschaft, mit der er »auf die Sache« drängte.[119] Dietrich war es, als ob er nach langer Zeit in dünner Luft endlich wieder durchatmen konnte. Winfried Maechler, der als junger Student ebenfalls bei diesem Treffen dabei war, berichtete später, dass mitten im Gespräch plötzlich ein »blonder Germane« aufgestanden war und ein Wort Martin Luthers zitierte: »Für Gott kann der Fluch eines Gottlosen angenehmer sein als das Halleluja der Frommen!« Barth soll von seinem Stuhl aufgesprungen sein und gerufen haben: »Das ist ja großartig. Wo steht das Zitat und wer sind Sie überhaupt?«[120] Es war Dietrich Bonhoeffer.

Anfang des Jahres 1931 gab es in Deutschland über sechs Millionen Arbeitslose. Allein in Berlin hatte eine halbe Million Menschen keine Arbeit. Familien lebten im Winter hungernd und frierend in engen, verdreckten Kammern mit nur einem Bett. Jeden Tag wurden bei der Polizei die Leichen jener Verzweifelten abgeliefert, die sich das Leben genommen hatten. An Litfaßsäulen und Hauswänden hingen Plakate, auf denen Menschen mit leeren, enttäuschten Gesichtern zu sehen waren, darunter die Worte: *Unsere letzte Hoffnung: Hitler.*

Vor diesem Hintergrund hielt Dietrich Bonhoeffer am 4. Februar 1932 in der Technischen Hochschule, wo er Studentenpfarrer war, einen Vortrag über das »Recht auf Selbstbehauptung«.[121] Er erinnerte die vor ihm sitzenden Studenten daran, dass über die Hälfte von ihnen nach dem Studium keine Arbeit finden werde und sie sich dann in das Heer von Arbeitslosen einreihen müssten, wo sie nur noch eine Nummer seien. Dann würden sie die Erfahrung machen, wie es ist, überflüssig, ersetzbar zu sein, eine Nummer in einer Masse.

Kein Mensch, so Dietrich, möchte überflüssig sein. Selbst wenn wir in gesicherten Verhältnissen leben, versuchen wir diesem Gefühl des Überflüssigseins zu entkommen – indem wir »nach Kräften vergnügend dahinvegetieren« oder uns geschäftig in die Arbeit stürzen, heiraten und Kinder in die Welt setzen. Aber wie kann man ruhigen Gewissens seiner Arbeit nachgehen und sein Ansehen genießen, wenn man weiß, dass man in diesem

»Kampf ums Dasein« andere Menschen, die genauso begabt und fähig sind wie man selbst, ins Abseits stößt, ruiniert, vielleicht zerstört? Woher nimmt man das Recht, sich zu behaupten auf Kosten anderer? »Vertritt dein Recht!«, rief Dietrich seinen Zuhörern zu. »Oder gib es preis!«

Diese Aufforderung muss man nach Bonhoeffer auch an Gemeinschaften und ganze Nationen richten. Wer gibt einem Volk das Recht, seine Grenzen auszuweiten, andere Länder zu »überrennen«, fremde Kulturen zu zerstören? Wer dieses Recht auf Selbstbehauptung für sich in Anspruch nimmt, der verweist auf sein »Recht zum Leben«. Und Leben heißt zwangsläufig immer auch, zu zerstören, zu töten. Wer dieser Konsequenz entgehen will, kann auf das Recht zu leben verzichten. Er kann sich das Leben nehmen oder sich vornehmen, lieber zu leiden als Leid zu verursachen. Oder er kann – und das ist der Weg, den Bonhoeffer vertritt – sich bewusst werden, dass er nicht alleine lebt, sondern »wesentlich durch und für den anderen«. Das Recht zu leben wird zur Verantwortung für andere. Es wird zur Freiheit, auf dieses Recht für sich zu verzichten, um für den Nächsten, den »Bruder Mensch«, da zu sein. Mit anderen Worten: Wer diese Verantwortung erkennt und lebt, der opfert sich. Und das größte Vorbild für ein solches Opfer ist für Bonhoeffer Jesus von Nazaret, der sein Leben hingegeben hat, um uns Menschen zu einem wahrhaften Leben zu befreien.

Es ist fraglich, ob Dietrichs Vortrag und die kritischen Töne darin unter den zukünftigen Ingenieuren Gehör fanden. Seine Bemühungen, bei den Studenten Interesse für kirchliche und religiöse Fragen zu wecken, waren so gut wie erfolglos. Die Mehrzahl trug das Parteiabzeichen der NSDAP und war schlecht zu sprechen auf alles, was mit Kirche zu tun hatte. Der Anschlag am

Schwarzen Brett, wo Dietrich Veranstaltungen ankündigte, wurde immer wieder heruntergerissen. Zu den angebotenen Gesprächskreisen kam niemand. Und in seinem Büro in einer Baracke wartete er meist vergeblich auf Studenten, die ein seelsorgerliches Gespräch wünschten.

Dietrich war nicht beschäftigungslos. Im Gegenteil. Seit August war er Assistent am Systematischen Seminar der theologischen Fakultät und als Privatdozent hielt er im Wintersemester Vorlesungen und Seminare. Als er das erste Mal den Vorlesungssaal betrat, saßen da verloren ein paar Studierende, die überrascht waren, wie jung der Neue war, nur wenige Jahre älter als sie selbst. Mit seinen breiten Schultern und dem kräftigen Körper sah er eher aus wie ein Sportler als ein Gelehrter. Als er zu reden begann über die Geschichte der systematischen Theologie des zwanzigsten Jahrhunderts, werden es wohl einige bereut haben, gekommen zu sein. Denn Bonhoeffer sprach nüchtern und sachlich, ohne Pathos und rhetorische Brillanz. Und das war keine Schwäche, sondern gewollte Haltung. Nicht seine Person sollte im Vordergrund stehen, sondern einzig und allein die Sache, um die es ging. Und diese »Sache« war aufregend genug. Er forderte seine Zuhörer auf, alles zu vergessen, was sie über Gott zu wissen glaubten, ihn neu zu »buchstabieren«, ihn herauszuholen aus dem »erbaulichen Vokabular«. Statt über Gott Bescheid zu wissen, sollten sie sich treffen lassen vom Wort Gottes, um so konkrete Antworten zu erhalten für ihre Lebenspraxis.[122]

Wer Dietrich kannte, hätte bei solchen Worten gemerkt, dass er sich verändert hatte. Seinem Bruder Karl-Friedrich gestand er, dass er mit seiner Theologie stecken geblieben sei und er sie ehrlicherweise »an den Nagel hängen« müsste. Er begann zu zweifeln am Sinn einer reinen Theologie, aus der sich keine Konsequenzen für das eigene Leben und für das Zusammenleben ergaben.

Dietrich war ein guter Theologe geworden, aber kein Christ. Andererseits hatte er zum ersten Mal in seinem Leben das Gefühl, »auf der richtigen Spur« zu sein. Nur hatte er Angst, dass er »aus Angst vor der Meinung anderer Menschen« es nicht wagt, dieser Spur zu folgen und weiterzugehen.[123] Fürchtete er um seinen wissenschaftlichen Ruf? Oder gar um den Rückhalt seiner Familie? Dietrich war überzeugter Theologe, dazu stand er. Aber es reichte ihm nicht mehr, die Bibel zu behandeln wie jedes andere Buch und es nach allen Regeln der Wissenschaft wie ein totes Dokument zu analysieren. Er hatte entdeckt, dass man die Bibel auch anders lesen kann, persönlicher, hörender, empfangender. An seinen Schwager Rüdiger Schleicher schrieb er: »Wie wir das Wort eines Menschen, den wir lieb haben, nicht erfassen, indem wir es zuerst zergliedern, sondern ein solches Wort einfach von uns hingenommen wird und wie es dann Tage lang in uns nachklingt, einfach als das Wort dieses Menschen, den wir lieben, […] so sollen wir mit dem Wort der Bibel umgehen.«[124]

Wer so die Bibel liebend befragt, davon ist Dietrich überzeugt, der bekommt auch Antworten. Diese Antworten können eine Richtschnur sein für das eigene Leben. Und sie können die Grundlage sein, um konkret Stellung zu beziehen zu politischen und sozialen Fragen. Das war für Dietrich umso nötiger, als es im Deutschland der wirtschaftlichen Not und der politischen Unsicherheit an klaren Worten seitens der Kirche fehlte. Die Kirche hatte im Weltkrieg versagt. Wenn es noch einmal so weit kommen sollte, dass sie sich der Politik anbiedert oder nichts Eigenes zu sagen hat, dann würde sie ein für alle Mal jede Daseinsberechtigung verlieren. »Ob aber unsere Kirche noch eine Katastrophe übersteht«, schrieb Dietrich an Erwin Sutz, »ob es nicht dann endgültig vorüber ist, wenn wir nicht sofort ganz anders werden, ganz anders reden, leben? Aber wie?«[125]

Um anders zu reden und anders zu leben, reichte es für Dietrich Bonhoeffer jedenfalls nicht, Vorlesungen und Seminare zu halten. Er war froh, dass er im November 1931 zum Pfarrer ordiniert worden war und jetzt in der Zionskirche am Wedding als Hilfsprediger eingesetzt wurde. Das war eine der berüchtigtsten Gegenden in Berlin, mit hoher Arbeitslosigkeit, Kriminalität und viel Armut. Als erste Aufgabe sollte er eine Konfirmandengruppe mit fünfzig Jungen übernehmen, mit der der zuständige Pfarrer Müller nicht zurechtgekommen war. Sie hatten ihm das Leben so schwer gemacht, dass er krank geworden war und einige Wochen später sogar starb. Die Jugendlichen hatten ihn buchstäblich zu Tode geärgert. Als Dietrich von Pfarrer Ewald zum Haus gebracht wurde, wo der Unterricht stattfinden sollte, war aus dem oberen Stockwerk ein höllischer Lärm zu hören. Die Jungen beugten sich über das Geländer des Treppenhauses und warfen Abfall auf die beiden Männer hinunter. Pfarrer Ewald musste die wilde Horde mit Gewalt in den Raum drängen, und als er in dem Geschrei den neuen Pfarrer Bonhoeffer vorstellen wollte, begannen sie wie im Chor laut »Bon, Bon, Bon!« zu rufen.[126]

Pfarrer Ewald verschwand resigniert. Dietrich blieb alleine mit den Jungen, die nicht daran dachten, ruhig zu sein. Er stellte sich an die Wand, schweigend, und wartete. Als nach ein paar Minuten der Lärm nachließ, begann er mit leiser Stimme von seinen Erlebnissen in Amerika zu erzählen, von Harlem und den schwarzen Kindern dort. Bald hörten sie ihm gebannt zu. Sie sorgten sogar selbst für Ruhe, als er in den folgenden Stunden Geschichten aus der Bibel erzählte. Bei Pfarrer Müller hatten sie den Katechismus auswendig lernen müssen oder hätten ihn zumindest lernen sollen. Es war etwas ganz Neues für sie, dass biblische Geschichten so spannend sein konnten und sie darüber reden durften. Völlig neu war auch, dass der Pfarrer Bonhoeffer im

Dezember einen zweitägigen Ausflug mit ihnen machte, damit sie einmal aus ihrem Viertel und ihren Familien rauskamen. Aus ihrem Lebensumkreis kannten sie bisher auch nur den Sportverein und politische Jugendorganisationen. Dietrich wollte ihnen zeigen, dass es auch eine andere Form von Gemeinschaft gibt, eine, in der es nicht um Leistung geht oder darum, Parolen nachzuplappern – eine Gemeinschaft, in der der Einzelne zählt und es auf Rücksicht, Verständnis und gegenseitige Hilfe ankommt.

Um seinen Konfirmanden näher zu sein, mietete Dietrich ein möbliertes Zimmer im Haus des Bäckermeisters Heide in der Oderbergerstraße. Die Jungen durften ihn dort jederzeit besuchen. Wenn sie nicht über die Bibel sprachen, lernten sie von ihm Schachspielen oder er brachte ihnen ein paar Sätze Englisch bei. Dietrich nahm sich vor, alle Eltern kennenzulernen. Es fiel ihm schwer, an die Türen der elenden Behausungen zu klopfen, im Wedding mit seinen Mietskasernen und stinkenden Hinterhöfen und den Eckkneipen, wo schon am frühen Morgen trostlose, betrunkene Gestalten herumhingen. Die Besuche waren oft bedrückend und frustrierend. Er saß in den engen Zimmern und wusste nichts zu sagen angesichts des Elends und der Probleme dieser Leute. Das war eine andere Welt als die in der Grunewaldvilla seiner Eltern. Sein Studium half ihm hier gar nichts. Er hätte, so schrieb er seinem Freund Erwin Sutz, »ebensogut Chemie studieren können«.[127] Dass er mit diesen Leuten nicht reden konnte, das rechnete er sich als ein Versagen an.

Damit die Jungen bei der Konfirmation einigermaßen festlich angezogen waren, kaufte Dietrich einen großen Ballen Stoff, aus dem sie sich zu Hause Hosen und Jacken schneidern lassen konnten. Am Tag der Konfirmation, am 13. März 1932, saßen sie dann in der Zionskirche vor ihm in ihren neuen Anzügen, gewaschen und mit akkuratem Scheitel. Dietrich hatte sie die Tage vorher gefragt, worüber er predigen solle, und sie hatten sich eine »Mahnung fürs Leben« gewünscht. »Es soll euch heute nicht Angst gemacht werden vor dem Leben, sondern Mut«, begann Dietrich seine Ansprache.[128] Diesen Mut sollten sie noch brauchen. Am selben Tag fand die Wahl zum Reichspräsidenten statt. Der amtierende Präsident Hindenburg ging als Sieger hervor. Aber er war von Hitler, der ebenfalls kandidiert hatte, in die Stichwahl gezwungen worden. Es war ein Prestige-Sieg der NSDAP und gab der Partei enormen Auftrieb.

Wenige Tage nach der Konfirmation fuhr Dietrich mit einem Teil der Jungen in das Ferienhaus seiner Eltern nach Friedrichsbrunn. Er unternahm mit ihnen Kletterpartien und sie spielten Fußball auf der Wiese vor dem Haus. Seinen Eltern konnte er berichten, dass bei diesem »Proletenbesuch« nur eine Fensterscheibe kaputtgegangen war. Dietrich musste seine Gruppe frühzeitig verlassen, weil er zu einem ökumenischen Treffen nach London eingeladen war. Diese Friedensarbeit der Kirchen war ihm inzwischen zu einer Herzensangelegenheit geworden. Mit seinen Sprachkenntnissen und seiner Auslandserfahrung war er geradezu prädestiniert dazu.

Schon im August 1931 hatte er an der Jahrestagung des Weltbundes für Freundschaftsarbeit der Kirchen in Cambridge teilgenommen und war als Mitglied der Jugenddelegation zu einem der drei Jugendsekretäre gewählt worden. Den Wechsel von seinen wilden Konfirmanden in Berlin zu den Diskussionsgruppen in Epsom bei London muss Dietrich als sehr drastisch empfunden haben. Und er scheint sich nicht sicher gewesen zu sein, an welchem Ort die wichtigere Friedensarbeit geleistet wurde. Jedenfalls betrachtete er es als verlorene Zeit, wenn in den Gesprächen alles zerredet wurde und nichts herauskam als gut gemeinte Abschlusserklärungen. »Man darf sich nicht daran gewöhnen, im schönen Gefühl internationaler Freundschaft Zeit zu verlieren für ernste Arbeit«, schrieb er in seinem Bericht über die Konferenz.[129] Ernste Arbeit, das bedeutete für Dietrich, auf der Grundlage der Bibel konkrete Antworten zu finden für die Probleme hier und jetzt. Christen müssten zeigen, so forderte Dietrich, dass sie keine »Träumer und Wolkenwandler« sind. Gerade weil sie ihren Blick nach oben richten, sähen sie umso kritischer, was auf der Erde passiert, und protestierten hartnäckiger als andere gegen Ungerechtigkeit und Friedlosigkeit.[130]

Aber wie findet man diese Antworten? Wie können wir Entscheidungen treffen im Wissen, dass wir damit auch richtig – das heißt für Dietrich: christlich – handeln? Diese Fragen beschäftigten Dietrich schon lange und ließen ihm keine Ruhe mehr. Er empörte sich über Politiker, die genau zu wissen glaubten, was zu tun sei, und sich dabei auf Gott beriefen. Der neue Reichskanzler Franz von Papen sah sich mit seinem politischen Kurs in der »christlich-ständischen« Tradition und behauptete, im Namen Gottes zu handeln. Nicht besser waren für Dietrich »christliche Programmredner«, die meinten, man müsse nur in die Bibel schauen, um zu wissen, was richtig und falsch ist. Jeder Christ und jeder aufrichtige Mensch weiß für Dietrich, dass wir nicht wissen, was wir tun sollen. Dennoch und trotzdem sind wir tagtäglich gezwungen, Entscheidungen zu treffen – darüber, wie wir leben wollen, wie wir unsere Kinder erziehen, wie wir mit anderen umgehen, welche Politik wir unterstützen sollen.

In unserer Ratlosigkeit ergreift uns eine »furchtbare Angst der Entscheidung«.[131] Wir wüssten gern klar und zweifelsfrei, was Gott von uns will. Gott hat sich offenbart. Aber sein Wille ist verborgen. Das ist unsere Lage als Mensch. Es gibt für uns keine Prinzipien, die wir immer und überall anwenden können. Selbst ein Gebot wie das der Nächstenliebe ist nicht eindeutig und kann auf vielerlei, oft ganz gegensätzliche Weise ausgelegt werden. Das darf nicht dazu führen, dass wir resignieren und die Hände in den Schoß legen. Wir dürfen nicht stehen bleiben. Wir müssen vorwärtsgehen. Trotz unserer Ratlosigkeit müssen wir uns immer wieder aufs Neue bemühen, den Willen Gottes zu erforschen, und versuchen, diesen Willen in den verschiedensten Situation, jeweils wieder neu und anders in unserem Sprechen und Handeln umzusetzen. Bonhoeffer vergleicht unsere Lage mit einem Mann, der über ein Meer von schwimmenden Eisschollen laufen muss. »Nirgends darf er ruhen, nicht zu lange Fuß fassen, sonst versinkt er im Bodenlosen, im Abgrund. Kaum hat er einen Sprung getan, so muss er bedacht sein auf den nächsten und so fort und so fort; unter ihm der Abgrund und vor ihm – das weiß er – das Land.«

Dietrich bekannte sich zu seiner eigenen, oftmals verzweifelten Ratlosigkeit. Es gab aber auch Dinge, die für ihn sehr sicher waren. Dazu gehört es, dass man von den Nazis nichts lernen konnte. Und dazu gehörte auch, dass man sich in der gegenwärtigen Lage Deutschlands für Verständigung unter den Völkern einsetzen musste. Das Fremde durfte nicht zum Feindbild werden. Auch nicht im eigenen Land, wo sich tiefe soziale Gräben auftaten. Mit dem Konfirmandenkurs hatte Dietrich seine sozialen Grenzen überschritten. Mit der Konfirmation sollte diese gemeinsame Zeit nicht zu Ende sein. Mit dem Geld, das er durch seine Dozentur an der Universität erhielt, pachtete er eine Wiese in Biesenthal, nördlich von Berlin, und ließ darauf eine primitive Baracke errichten. Seine Berliner Jungen und auch Studenten lud er ein, dort ihre Wochenenden zu verbringen.

Durch seine Schwester Susanne kam er noch auf eine weitere Idee. Deren Freundin Anneliese Schnurmann, eine Jüdin, wollte Geld zur Verfügung stellen, um im Wedding einen Ort für arbeitslose Jugendliche zu schaffen. So entstand die *Charlotten-*

burger Jugendstube, ein Raum in der Schlossstraße, wo junge Leute sich treffen, reden und feiern konnten. Dabei ging es nicht immer gesittet zu. Es gab Krach, wenn einige zu viel getrunken hatten oder wenn junge Kommunisten bei lebhaften Diskussionen handgreiflich wurden. Dennoch zog der Treffpunkt immer mehr Jugendliche an, sodass der Raum bald zu klein wurde und man umziehen musste. Die neuen, größeren Räume wurden am 8. Dezember 1932 mit Würstchen, Kuchen und Zigaretten eingeweiht.

In der *Stube* halfen auch Studenten von Dietrich mit. Hier konnte er seine amerikanischen Erfahrungen einbringen. Anders aber als bei den Projekten, die er in New York kennengelernt hatte, war nun die theologische Grundlage genauso wichtig wie die Praxis. Und für diese Grundlage sorgte Dietrich in seinen Vorlesungen und Seminaren. An der Universität galt er mittlerweile als Außenseiter. Ein Dozent, der in sozialen Projekten in den Proletarierviertelm mitarbeitete und an internationalen ökumenischen Konferenzen teilnahm, war suspekt. Internationalismus war ein Schimpfwort. Angesehene Theologen wie Paul Althaus vertraten die Meinung, dass mit Deutschlands Feinden aus dem Weltkrieg keine Verständigung möglich sei.

Dietrichs umstrittener Ruf an der Universität verhinderte nicht, dass zunehmend mehr Studenten in seine Veranstaltungen kamen. Einer von ihnen war Wolf-Dieter Zimmermann. Der Pfarrerssohn aus Berlin war von seinem bisherigen Theologiestudium enttäuscht, als er eher durch Zufall in eine Vorlesung Dietrich Bonhoeffers geriet. Was er da zu hören bekam, waren völlig neue Töne. Bonhoeffer fragte nicht, ob wir Gott brauchen, sondern ob Gott uns braucht und ob wir uns von ihm gebrauchen lassen wollen. Er drehte alles um, was Zimmermann bisher für vertraut und selbstverständlich gehalten hatte.[132] Ungewohnt und überraschend war auch, dass Bonhoeffer vorschlug, im privaten Kreis weiter über theologische Fragen zu reden. So traf sich einmal wöchentlich eine Gruppe von zehn bis fünfzehn Leuten in Zimmermanns kleiner Studentenbude. Auch einige Studentinnen waren dabei, was zu dieser Zeit sehr ungewöhnlich war. Im dichten Zigarettenqualm redeten und diskutierten sie stundenlang und Dietrich spielte seine Schallplatten mit Spirituals vor. Wer dann noch nicht genug hatte, ging mit in den Bierkeller am Alexanderplatz, wo die Gespräche weitergeführt wurden. Die Rechnung zahlte immer Dietrich, obwohl er als Dozent nur wenig verdiente. Auf seine Einstellung zum Geld angesprochen, meinte er, er wolle immer nur so viel haben, dass er nicht zu rechnen brauche. »Wer mehr Geld hat, kommt in Versuchung«, sagte er. »Geld darf keine Macht im Leben werden.«

Dietrich nahm die Studenten auch mit in die Baracke in Biesenthal. Die Atmosphäre war entspannt, fröhlich und freundschaftlich, wobei Dietrich darauf bedacht war, nicht zu kumpelhaft behandelt zu werden. Zimmermann fühlte sich dadurch manchmal zurückgestoßen, und einmal gestand er Dietrich, dass dieser ihm oft kalt und distanziert erscheine. Dietrich schaute ihn darauf nur mit großen Augen an und meinte: »Warum können Sie eigentlich den Menschen nicht so lassen, wie er ist?«[133] Dietrich blieb der bewunderte »Chef«, der allerdings keinen Kult um sich aufkommen lassen wollte, der bei aller Offenheit Abstand wahrte und sich ab und zu gerne zurückzog. In Biesenthal saßen sie abends einmal am See, und während Dietrich in einem Buch las, betrachteten die anderen die untergehende Sonne, die sich im Wasser spiegelte. Auf dieses Naturschauspiel aufmerksam gemacht, hob Dietrich nur kurz den Kopf, meinte: »Imposant!«, und las weiter. Wenn ein Buch ihn fesselte, konnte ihn so leicht nichts ablenken. Trotzdem war er kein unsinniger Bücherwurm. Er liebte Musik, Theater und Kino, ein gutes Essen und einen guten Schluck Wein. In der Natur kannte er sich besser aus als jeder seiner Studenten und beim Sport lief er allen davon. In Biesenthal zeigte er ihnen alle Sternbilder am Nachthimmel und erklärte sie. Für Zimmermann war Bonhoeffer eine »geballte Ladung mit gezügelter Vitalität«.[134]

Bei der Reichstagswahl am 6. September 1932 verlor die NSDAP viele Stimmen. Goebbels sorgte mit seiner Propagandamaschine dafür, dass es mit der Partei bald wieder aufwärtsging und der Reichspräsident Hindenburg nicht mehr an Hitler vorbeikam. Am 30. Januar 1933 ernannte Hindenburg Hitler zum Kanzler. Am Abend zogen endlose Fackelzüge unter Marschmusik am Hotel *Kaiserhof* vorbei, wo Hitler mit seinen Getreuen am Fenster stand.

Zwei Tage später, am 1. Februar 1933, war Dietrich Bonhoeffer im Radio zu hören. Er hielt einen Vortrag über die »Wandlungen des Führerbegriffs in der deutschen Jugend«, den er schon vor Hitlers Ernennung zum Kanzler verfasst hatte. Dietrich zeigt Verständnis für die Sehnsucht der Kriegs- und Nachkriegsgeneration nach einem Führer, an den man sich im Chaos der Zeit halten könne. Problematisch wird es dann für ihn, wenn junge Menschen ihre Individualität aufgeben und sich ganz einem Führer unterwerfen, von dem sie nun die Erfüllung all ihrer Hoffnungen und ihres Lebenssinns erwarten. Ein solcher Führer gerät in eine ungeheure Distanz zu den Menschen. Er wird zum Idol, zum Messias, dessen Autorität nicht mehr auf einem sachlichen Wissen beruht, sondern allein auf seiner überhöhten Person. Mit dieser verliehenen Autorität erhält der Führer große Macht, mit der er verantwortungsvoll umgehen muss. »Der Führer«, so Bonhoeffer, »wird sich dieser klaren Begrenzung seiner Autorität verantwortlich bewusst sein müssen. Versteht er seine Funktion anders, als sie in der Sache begründet ist, gibt er nicht dem Geführten immer wieder klar Auskunft über die *Begrenztheit* seiner Aufgabe und über dessen eigenste Verantwortung, lässt er sich von dem Geführten dazu hinreißen, dessen Idol darstellen zu wollen – und der Geführte wird das immer von ihm erhoffen –, dann gleitet das Bild des Führers über in das des Verführten.«

An dieser Stelle brach die Rundfunkübertragung des Vortrags ab. Ob man Bonhoeffer das Wort entziehen wollte oder, wie es offiziell hieß, die Sendezeit überschritten war, lässt sich nicht mehr klären. Nach dem Machtantritt Hitlers hat Bonhoeffer seinen Vortrag erweitert mit Sätzen wie diesen: »Es ist die furchtbare Gefahr der Gegenwart, dass wir über dem Schreien nach Autorität, des Führers oder des Amtes, vergessen, dass der Mensch Einzelner ist vor der letzten Autorität und dass jeder, der sich hier am Menschen vergreift, ewige Gesetze verletzt, übermenschliche Verantwortung auf sich lädt, die ihn zuletzt erdrückt. Das ewige Gesetz des Einzelnerwerdens vor Gott rächt sich furchtbar, wo es angetastet und gebeugt wird. […] Führer und Amt, die sich selbst vergotten, spotten Gottes und des vor ihm einsam werdenden Einzelnen und müssen zerbrechen.«[135]

IX. Scheidung der Geister oder Hinterweltler und Weltkinder

Anfang April 1933 waren im Haus der Familie Bonhoeffer in der Wangenheimstraße Nummer 19 besondere Gäste zu Besuch. Paul Lehmann, Dietrichs Freund aus New Yorker Tagen, war mit seiner Frau Marion auf Europareise, und er hatte Dietrich fest versprechen müssen, einige Tage in Berlin zu verbringen. Lehmann saß im Wohnzimmer der Familie und betrachtete bewundernd die wertvollen Möbel und die vielen Ölgemälde an den Wänden. So hatte er sich immer *good old Europe* vorgestellt, kultiviert, geschmackvoll, gebildet. Aber jetzt erfuhr er, dass es auch ein anderes Deutschland gab und eine »grauenhafte kulturelle Barbarisierung«[136] drohe.

Dietrich und sein Bruder Klaus erzählten ihm vom Brand des Reichstages nur wenige Wochen zuvor. Als Brandstifter war ein junger Holländer namens Marinus van der Lubbe verhaftet worden. Ausgerechnet Karl Bonhoeffer, das Oberhaupt der Familie, sollte den Angeklagten untersuchen und begutachten. Er tat das als Wissenschaftler. Politisch über den Fall zu urteilen, überließ er anderen, was ihm empörte Briefe von Hitler-Anhängern einbrachte. Van der Lubbe war für Karl Bonhoeffer ein nicht unsympathischer »abenteuerlicher Wirrkopf«, den man leicht zum Werkzeug machen konnte.[137] Wen er für die Hintermänner hielt, das behielt Dietrichs Vater für sich. Dabei lag es auf der Hand, dass dieser Brand nur zu gut in die Pläne der Nationalsozialisten passte. In Berlin kursierten schon Witze wie der, in dem Hitler gemeldet wird, dass der Reichstag brenne, worauf der

Führer überrascht auf die Uhr blickt und meint: »Wie? Jetzt schon?«

Es verwunderte und amüsierte Paul Lehmann, dass Klaus Bonhoeffer, der bald als Jurist bei der *Lufthansa* arbeiten sollte, während des Gesprächs immer wieder aufstand, zur Tür ging und daran horchte. Klaus entschuldigte seine Unruhe damit, dass man heutzutage eben mit seinen Äußerungen vorsichtig sein müsse und schnell denunziert werde, auch von den eigenen Hausangestellten. Wie zu erwarten, war der Reichstagsbrand für die Nazis ein idealer Vorwand gewesen, um eine Reihe von Notverordnungen zu erlassen und eine gnadenlose Jagd auf ihre Feinde zu eröffnen. Noch in der Nacht waren Tausende von Kommunisten, linken Journalisten und Schriftstellern verhaftet worden. Viele verschwanden in den Folterkellern der SA oder in den Konzentrationslagern, die jetzt entstanden. Briefe durften nun geöffnet, Telefongespräche abgehört werden. Und mit dem »Heimtückegesetz« wurde jede kritische Äußerung über die Regierung und die NSDAP unter Strafe gestellt. Der jüdische Professor Victor Klemperer schrieb in sein Tagebuch: »Es ist erschütternd, wie Tag für Tag nackte Gewalt, Rechtsbruch, schreckliche Heuchelei, barbarische Gesinnung ganz unverhüllt als Dekret hervortritt.«[138]

Was Klemperer als Rechtlosigkeit, Heuchelei und Barbarei empfand, war für die Nazis der Wille des Volkes. Wer zu diesem Volk gehörte, das bestimmten allerdings sie. Kommunisten und Juden gehörten nicht dazu. Als Dietrich seinen Gästen aus Amerika die Stadt zeigte, waren überall an den jüdischen Geschäften noch Schmierereien und Hakenkreuze zu sehen. Am 1. April hatten die Nazis zum Boykott gegen Juden aufgerufen. Vor den Läden waren Wachen postiert gewesen, die die Menschen daran hinderten, hier einzukaufen. Dietrichs Großmutter Julie Bonhoeffer hatte sich nicht davon abhalten lassen, wie gewohnt ihre

Einkäufe im *Kaufhaus des Westens* in der Tauentzienstraße zu machen. »Ich kaufe meine Sachen, wo ich will«, meinte die Neunzigjährige und schritt entschlossen und unbeirrt durch die Kette der SA-Leute.[139]

Dietrich fuhr mit seinen Gästen nach Potsdam, zum Schloss Sanssouci, und er durchstreifte mit ihnen die Berliner Museen. Paul Lehmann fand seinen Freund verändert. In Amerika war Dietrich meist gut gelaunt und zu Späßen aufgelegt gewesen. Jetzt war er ernst und wirkte bedrückt. Das lag auch an der Großveranstaltung, die dieser Tage im Sportpalast stattfand. Dort trafen sich evangelische Christen, die sich »Deutsche Christen« nannten. Durch die Erfolge der Nationalsozialisten war diese Bewegung nun im Aufwind. Sie forderten, ganz wie Hitler es erwartete, dass die evangelische Kirche an der »nationalen und sittlichen Erhebung des Volkes« mitwirkt. Dafür waren die Deutschen Christen bereit, sich ganz in den Dienst von Hitlers Politik zu stellen und die Weltanschauung der Nazis zu übernehmen. Statt der achtundzwanzig unabhängigen Landeskirchen sollte es eine Reichskirche geben, die nach dem Führerprinzip geleitet wurde. »Artfremdes Blut«, so forderten die Redner im Sportpalast, habe auf der Kanzel nichts zu suchen.

Auch Nazi-Größen wie Hermann Göring und Wilhelm Frick nahmen an der Veranstaltung teil. Die Öffentlichkeit sollte wissen, welche Christen von Hitler unterstützt wurden. Was sich hier anbahnte, war jene fatale Einheit von Kirche und Staat, vor der Bonhoeffer seit jeher gewarnt hatte. Der Gott, der in diesen Kreisen verehrt wurde, war kein »anderer Gott« mehr. Es war ein ganz und gar deutscher Gott, vereinnahmt von einer Weltanschauung, die mit der christlichen Botschaft nichts mehr zu tun hatte. Aus dem Juden Jesus wurde ein arischer Held. Aus dem christlichen Kreuz ein Symbol für Stärke und Kampf. Hakenkreuzfahnen schmückten nun Altäre. Was Bonhoeffer beunruhigte, war, dass auch ernst zu nehmende Theologen auf diesen neuen Kurs umschwenkten. Die Furcht, beim nationalen Aufbruch in eine neue Zeit nicht dabei zu sein, war offenbar zu groß. Die Aussicht zu verlockend, wieder im Volk anerkannt zu sein und in vollen Kirchen zu predigen. Aber konnte man darüber vergessen, dass es christliche Werte gab, die man auf keinen Fall aufgeben durfte? Bonhoeffer musste die Erfahrung machen, dass viele allzu leicht dazu bereit waren. »[...] hier haben die verständigsten Leute ihren Kopf und ihre Bibel gänzlich verloren«, schrieb er an seinen Freund Erwin Sutz.[140]

Von seinem Schwager Hans von Dohnanyi, der als Jurist im Justizministerium arbeitete, hatte Dietrich erfahren, dass die Regierung beabsichtige, ein Gesetz zu erlassen, das alle Juden aus dem Staatsdienst verbannen werde. Für Dietrich war sofort klar, dass man früher oder später versuchen würde, diesen »Arierparagrafen«, wie er genannt wurde, auch in der Kirche einzuführen. Das war dann für ihn kein verkraftbares Zugeständnis an den Staat mehr. Sollte es wirklich so weit kommen, dass jemand ein Christ war, nicht weil er glaubte und getauft war, sondern weil er einer bestimmten Rasse angehörte, dann war für Dietrich eine Grenze überschritten, dann durfte man nicht mehr schweigen.

Bei einem Treffen von Berliner Pfarrern wollte er mit einem Vortrag auf die drohende Gefahr aufmerksam machen. Je länger er redete, desto ungeduldiger wurden seine Zuhörer, von denen einige auch den Raum verließen. Man mochte es noch hinnehmen, dass Dietrich es als die Aufgabe der Kirche sah, sich um die Opfer staatlichen Handelns zu kümmern. Dass Dietrich aber forderte, gegebenenfalls »dem Rad selbst in die Speichen zu fallen«[141], also aktiv in die Politik einzugreifen, ging den meisten entschieden zu weit. Viele Kirchenleute billigten das harte

Vorgehen des Staates gegen Kommunisten und Juden. In Hitler sahen sie den starken Mann, der nach dem Chaos der Weimarer Republik wieder Ordnung schaffte und der das Land vor dem »Bolschewismus« schützte. Und tief verwurzelt war in den protestantischen Köpfen Martin Luthers Lehre von den zwei Reichen, die man auf die einfache Formel brachte, dass die Kirche das Evangelium verkünden soll und sich nicht in die Politik einmischen darf.

Dietrich war noch weit entfernt davon, dem Rad in die Speichen zu fallen. Mitte April 1933 starb der jüdische Schwiegervater seiner Zwillingsschwester Sabine. Die Familie wünschte sich, dass Dietrich die Beerdigung hält, zumal William Leibholz große Stücke auf ihn gehalten hatte. Dietrich fragte seinen Vorgesetzten, und der riet ihm ab, in diesen schwierigen Zeiten einen Juden zu beerdigen. Dietrich folgte diesem Rat und hat sich später sehr dafür geschämt. »Wie konnte ich damals nur so grauenhaft ängstlich sein?«, schrieb er Monate später an seine Schwester und deren Mann Gerhard Leibholz und bat die beiden, ihm seine Schwäche zu vergeben.[142] Sie verziehen ihm, er konnte sich selbst nicht verzeihen.

Sein Schwager Gerhard, genannt Gert Leibholz, war Professor für Staatsrecht in Göttingen. Trotz Arierparagraf konnte er sich noch auf seiner Stelle halten. Doch die Repressionen gegen ihn und seine Familie wurden immer schlimmer. SA-Männer stellten sich vor den Raum, in dem er eine Vorlesung halten wollte, und ließen niemanden hinein. SA-Trupps marschierten am Sonntag am Haus der Familie vorbei und sangen: »Soldaten, Kameraden, hängt die Juden, stellt die Juden an die Wand!« Marianne, die Tochter von Gert und Sabine Leibholz, wurde von der Schule heimgeschickt, weil sie »Guten Morgen« und nicht »Heil Hitler!« gesagt hatte. Schließlich wurde Gert Leibholz zum unbrauchbaren »Nichtarier« erklärt und ihm wurde das Betreten der Universität verboten.[143]

Dietrich hätte sich in diesen Zeiten am liebsten auf ein ruhiges Pfarramt zurückgezogen. Er bewarb sich sogar auf Stellen im Berliner Osten, wurde aber nicht genommen. Obwohl er viel unter Menschen war, fühlte er sich isoliert. »Man sitzt hier bei aller Menschenfülle grauenhaft allein«, schrieb er an Erwin Sutz, den er um sein ruhiges Pfarrerdasein in der Schweiz beneidete.[144] Das lag auch an seinem entschiedenen Eintreten für Juden, auf das selbst gute Freunde mit Kopfschütteln reagierten. Wirklich verstanden fühlte er sich von seinem Freund Franz Hildebrandt, den er schon seit Studienzeiten kannte. Der drei Jahre jüngere Hildebrandt war der Sohn eines Kunstprofessors und einer jüdischen Mutter. In der Wangenheimstraße gehörte der schmächtige Theologe zur Familie. Mit ihm konnte Dietrich endlos diskutieren und herumalbern. Außerdem spielte Hildebrandt genauso gut Klavier wie er. Gern hätte sich Dietrich mit Franz eine Pfarrstelle geteilt. Aber welche Gemeinde wollte schon einen »Halbjuden« als Pfarrer?

An der Universität hielt Dietrich weiter seine Seminare und Vorlesungen. Unter seinen Kollegen war er ein Außenseiter. Bei den Studenten war er dagegen inzwischen mehr als ein Geheimtipp. Obwohl seine Vorlesung schon frühmorgens um acht Uhr begann, war der Raum voll besetzt. »Seinen Sätzen folgten wir mit solcher Spannung, dass man die Fliegen summen hörte«, erinnerte sich später einer der Studenten.[145] Was seine Zuhörer so gefangen nahm, war, dass Dietrich ihnen kein trockenes Fachwissen vorsetzte, sondern ihnen bewusst machte, dass die Bibel etwas mit ihnen zu tun hat und Antworten auf all ihre Lebensfragen bereithält. Andererseits sollten sie lernen, dass es nicht darum geht, religiöse Bedürfnisse zu befriedigen. Der nötige »Umschwung«[146] in der Beschäftigung mit der Heiligen Schrift geschieht nach Bonhoeffer erst dann, wenn man erkennt, dass es sich hier um eine Botschaft handelt, die von einem etwas verlangt und fordert. Hören wird wichtiger als Fragen. Persönliche Befindlichkeiten und Anliegen treten dann in den Hintergrund. Und anstatt mit eigenen Begriffen und Gedanken über die Bibel herzufallen, sollte man lernen, zu schweigen und die Texte der Bibel auf sich wirken zu lassen. Im Hinblick auf eine Theologie, die ihre Fragen und Methoden wichtiger nimmt als die Bibel, machte Bonhoeffer die scherzhafte Bemerkung, dass alle in den Himmel kommen – nur die Theologen nicht, denn die würden sich durch ihre Arroganz selbst ausschließen.

Auch seine Vorlesung über die Schöpfungsgeschichte sollte beides sein: persönliche Betroffenheit und verpflichtende Ansprache. Was er sagte, war weniger ein gelehrter Vortrag, sondern eher eine Meditation über diese Bibelstelle. Die Bilder vom Baum und der Schlange, von Adam und Eva sind keine Märchen, sondern geben auf ihre Weise Auskunft darüber, was der Mensch ist und warum er so ist. »Und jetzt geht es um uns«, versicherte Bonhoeffer seinen Zuhörern.[147] In seiner Auslegung wird die ursprüngliche Einheit von Gott und Mensch zerstört durch eine fromme Frage, durch die Frage der Schlange, ob denn Gott wirklich gesagt habe, dass man von diesem Baum nicht essen solle. Mit dieser scheinbar harmlosen Frage kommt der Zweifel an Gott in die Welt. Der Mensch glaubt nun selber zu wissen, was gut und was böse ist. Er stellt sich über Gott und macht sich zum Richter. Er hat eine Grenze überschritten, die er nicht hätte überschreiten dürfen.

Von diesen theologischen Überlegungen leitet Bonhoeffer sein Verständnis von Staat und Kirche ab. Der »Sündenfall« macht die menschliche Welt zu einer gebrochenen. Gott bekennt sich zu seiner Schöpfung, zur »Erde«, und gleichzeitig wird sie von ihm überwunden, mit der Zusage eines Lebens nach dem Tod, mit der Preisung der Schwachen, der Friedfertigen, der Machtlosen. Diese Bejahung und Verneinung gehören zur Schöpfung und damit zu unserer menschlichen Wirklichkeit. Der Mensch ist von dieser Welt und doch nicht von ihr. Dieser Gegensatz oder, besser gesagt, diese Spannung findet für Bonhoeffer seinen Ausdruck in Kirche und Staat.[148] Der Staat hat die Aufgabe, auf dieser Erde Recht und Ordnung zu schaffen. Die Kirche hat die Aufgabe, im Verweis auf das Evangelium daran zu erinnern, dass diese Ordnung nicht das Letzte ist, sondern durchbrochen werden kann. Beide Einrichtungen brauchen und begrenzen einander. Wenn nun der Staat seiner Aufgabe nicht gerecht wird, statt Ordnung Unordnung, statt Recht Unrecht schafft, oder wenn er die Kirche bekämpft und vernichten will, dann kann, ja muss die Kirche einschreiten und ihre Stimme erheben.

Hätte ein SA-Mann in Dietrichs Vorlesung gesessen, so hätte er vermutlich nicht bemerkt, dass dieser junge Dozent mit seinen theologischen Ausführungen bereits eine radikale Kritik am Nationalsozialismus äußerte. Denn gründete die Ideologie der Nazis nicht auf dem Glauben, zu wissen, was richtig und falsch ist? Ließ sich nicht Hitler wie ein Messias verehren? War nicht die Propaganda eines Joseph Goebbels darauf ausgerichtet, die Wirklichkeit zu ignorieren und zu ersetzen durch eine selbst geschaffene »Weltanschauung«? Machte die fanatische Überzeugtheit von den eigenen Werten und Zielen nicht unempfindlich für das Leid anderer? Es sollte nicht lange dauern, bis Dietrich Bonhoeffer mit deutlicheren Worten sagte, dass der Verherrlichung der eigenen Macht und der Idee eines tausendjährigen Reiches nichts anderes zugrunde lag als ein Kult des Todes: »Nichts verrät die Vergötzung des Todes deutlicher, als wenn eine Zeit für die Ewigkeit zu bauen beansprucht und doch in ihr das Leben nicht zählt.«[149]

Dietrich ermahnte seine Studenten, in »Zeiten der Verwirrung« zu lernen, die Geister zu unterscheiden, also genau zu erkennen, was die Botschaft der Bibel und was Irrlehre ist. Ihre Überzeugung sollten sie dann auch vertreten, ohne besserwisserisch und rechthaberisch zu sein. Sie sollten anklagen, aber dabei nie vergessen, sich auch selbst anzuklagen. Diese Mahnung schien Dietrich umso dringlicher, als sich immer deutlicher abzeichnete, dass die neuen Machthaber nichts anderes vorhatten, als die Kirche gleichzuschalten. Hitler hatte den Wehrmachtspfarrer Ludwig Müller aus Königsberg zum zukünftigen Reichsbischof erkoren. Müller, der behauptete, schon früh Hitlers göttliche Berufung erkannt zu haben, sollte die nötigen Reformen durchführen. Die Landeskirchen wollten sich jedoch nicht einfach überrumpeln lassen und den Plänen Hitlers zuvorkommen. Sie berieten über eine geeinte Reichskirche und ernannten Friedrich von Bodelschwingh, den Leiter der Betheler Anstalten für geistig und körperlich behinderte Menschen, zum Reichsbischof.

Es gab nun auch einen breiteren Widerstand gegen die Kirchenpolitik der Nazis, der sich in der Jungreformatorischen Bewegung sammelte. Ihr Protest richtete sich gegen die Deutschen Christen und ihre Pläne, nicht aber gegen die neue Regierung. Sie wollten keinen Reichsbischof Müller, bekundeten aber ihre Treue zum Führer und zu Hitler-Deutschland. Bonhoeffer dagegen wusste, dass hinter Müller der Schatten Hitlers stand. Irgendwann mussten die Masken fallen und er würde dem eigentlichen Gegner gegenüberstehen.

Der nun beginnende Kirchenkampf wurde auch in den Universitäten ausgetragen. Die Deutschen Christen versuchten, durch »Kampfbünde« die Studenten auf ihre Seite zu ziehen und Unterstützung für Ludwig Müller zu erhalten. Am 22. Juni 1933 fand im Auditorium Maximum der Berliner Universität eine große

Diskussionsveranstaltung statt. Der Saal war brechend voll.[150] Als Redner traten eine Reihe Professoren auf. Auch ein Student hielt eine Ansprache und endete mit dem Ausruf, dass Christus die Kraft gebe, der Führer aber das Ziel. Als einer der letzten Redner war Dietrich Bonhoeffer vorgesehen. Da er weit hinten saß, musste er eine lange Strecke zum Podium gehen. Er hielt kurz inne, bevor er darüber sprach, dass in den Briefen des Apostels Paulus von den Schwachen und Starken im Glauben die Rede sei. Stark sei, so Dietrich, wer keinen hinausstoße, schwach, wer Vorschriften und Gesetze brauche. Auf die Schwachen müsse man Rücksicht nehmen, aber es dürfe nicht so weit kommen, dass den Starken ein Gesetz aufgezwängt werde, das gegen die christliche Botschaft verstößt. Nötigenfalls, so forderte er, müsse ein Konzil darüber entscheiden, ob die Grundlagen des Glaubens verletzt werden.

Mit Gesetz meinte Dietrich das Vorhaben der Deutschen Christen, Juden aus der Kirche auszuschließen, egal ob es sich um normale Gläubige handelte oder um Pfarrer. Das war unvereinbar mit der christlichen Botschaft. Für Jesus hatte allein der Glaube gezählt, nicht Geschlecht, Nationalität oder Religion – und schon gar nicht Rasse. Und der Apostel Paulus hatte die Mauer zwischen Juden und Heiden eingerissen. Kirche war für Bonhoeffer deshalb nicht die Gemeinschaft von Gleichartigen, sondern eben gerade von Fremden. »Gott«, so schreibt er einmal, »hat den anderen nicht gemacht, wie ich ihn gemacht hätte.« Und eben deshalb finde Gemeinschaft gerade dort statt, wo der »unsymphatische Judenchrist neben mir als Glaubender sitzt«.[151]

Das zu akzeptieren, war für Bonhoeffer unverzichtbarer Teil des Glaubens und konnte nicht durch spitzfindige Auslegungen umgedeutet werden, wie es einige Theologen versuchten. Was Dietrich von seiner Kirche forderte, war ein klares Bekenntnis zu den Grundlagen des christlichen Glaubens. Er wusste aus eigener Erfahrung, dass hierzu viel Mut gehört. War er nicht selber mutlos gewesen, als er sich nicht getraut hatte, den jüdischen Schwiegervater seiner Schwester Christine zu beerdigen? Vielleicht dachte er an sein Versagen, als er in einer Predigt sagte: »Das größte Hindernis des Menschen, Gott den Herrn sein zu lassen, d.h. zu glauben, ist unsere Feigheit.«[152] Nie wieder wollte Dietrich so feige sein wie damals. Ihm ging es um Wahrheit, und zu der musste man stehen. Er hatte es allerdings mit einem Gegner zu tun, den stichhaltige Argumente und Bibelzitate wenig beeindruckten. Diesem Gegner ging es um Macht.

Immer unverhohlener und drastischer wurden die Eingriffe des Staates in kirchliche Angelegenheiten. Leitende Kirchenmänner wurden abgesetzt und durch Staatskommissare in SA-Uniform ersetzt. Aus Protest darüber und weil er durch die dauernden Attacken der Deutschen Christen entnervt war, legte der rechtmäßig gewählte Reichsbischof Bodelschwingh sein Amt nieder. Über hundert Pfarrer unterschrieben eine Protesterklärung an den Reichskanzler. Neben Bonhoeffer gehörte auch Martin Niemöller, Pfarrer an der Dahlemer Kirche, zu den Unterzeichnern. Der ehemalige U-Boot-Kommandant wurde zu einem wichtigen Mitstreiter Bonhoeffers, obwohl er wie viele andere Gegner der Deutschen Christen weiterhin an seiner Treue zum Staat festhielt.

Aktionen wie die Protesterklärung zeigten durchaus Wirkung, weil durch sie auch das Ausland auf die Vorgänge in Deutschland aufmerksam wurde. Das passte nicht in die Strategie Hitlers, der andere Länder über seine wahren Ziele im Unklaren lassen wollte. Tatsächlich glaubten viele Politiker in Frankreich und England an die Rechtmäßigkeit von Hitlers »Revolution« und an dessen Friedenswillen. Die elegantere Lösung für den Führer war, kurzfristig Kirchenwahlen auf den 23. Juli 1933 festzulegen, um durch ein scheinbar demokratisches Vorgehen klare Verhältnisse zu schaffen.

Es war eine ausgemachte Sache, dass die Deutschen Christen mithilfe von Goebbels' Propaganda diese Wahl haushoch gewinnen würden. Trotzdem wollte ihnen Dietrich Bonhoeffer das Feld nicht kampflos überlassen. Er wollte Wahlkampf machen für die Jungreformatorische Bewegung, ohne allerdings ein Propagandist zu werden. Leute wie der Propagandaminister Goebbels waren für ihn Fanatiker, die eine Idee hatten, die sie mit allen Mitteln gegen eine »widerstrebende Wirklichkeit« durchsetzen wollten. »Die Idee fordert Fanatiker, die keinen Widerstand kennen und achten«, schrieb Bonhoeffer.[153] Für ihn war Gott keine Idee, sondern Teil der Wirklichkeit dieser Welt. Leben hieß darum, an der Wirklichkeit Gottes *und* an der Weltwirklichkeit teilzuhaben. Menschen, die sich auf Kosten der Erde in ein Jenseits flüchten, nannte Dietrich in Anlehnung an Friedrich Nietzsche »Hinterweltler«. Solche, die schon im Hier und Jetzt ein Paradies auf Erden errichten wollen, waren für ihn gefährliche »Weltkinder«. Ein Christ ist keines von beiden. Er ist der Erde treu und übersteigt sie gleichzeitig. Von Mal zu Mal muss er entscheiden, wann er sich der Realität beugt und wann er ihr widersteht.[154]

Zusammen mit einigen Studenten verfasste Dietrich ein Flugblatt, das sie dann heimlich nachts vervielfältigten und in die Briefkästen weit entfernter Häuser warfen. Sie in der Universität oder auf der Straße zu verteilen, wäre zu gefährlich gewesen. Fünf Tage vor der Wahl bekamen die Jungreformatoren in ihrem Dahlemer Büro Besuch von der Geheimen Staatspolizei, der Gestapo. Ihnen wurde mitgeteilt, dass sie nicht mit dem Namen *Liste evangelische Kirche* bei den Wahlen antreten dürften, und es wurden sämtliche Flugblätter und Wahlunterlagen beschlagnahmt. Das war natürlich reine Schikane, die Dietrich nicht hinnehmen wollte. Gemeinsam mit dem Pfarrer Gerhard Jacobi ging er in das Hauptquartier der Gestapo und ließ sich nicht abwimmeln, bis er zum Chef Rudolf Diels vorgelassen wurde. Der musste schließlich eingestehen, dass die Aktion unrechtmäßig war. Das beschlagnahmte Material wurde wieder freigegeben unter der Bedingung, dass die Jungreformatoren ihren Listennamen in *Evangelium und Kirche* umänderten. Diels drohte Bonhoeffer mit dem Konzentrationslager, falls er sich nicht an diese Abmachung halten sollte.

Auch mit einem veränderten Namen konnten die Jungreformatoren nicht verhindern, dass die Deutschen Christen bei der Wahl einen überwältigenden Sieg davontrugen. Dietrich hatte damit gerechnet. Trotzdem war er am Wahltag sehr aufgeregt gewesen. Seiner Überzeugung nach war nun der Zeitpunkt gekommen, sich zu entscheiden – für oder gegen diese Reichskirche, für oder gegen einen heidnischen Germanenkult, für oder gegen die Botschaft der Bibel. Wer am Vormittag des Wahltages den Gottesdienst in der Dreifaltigkeitskirche besucht hatte, der hatte einen sehr kämpferischen Prediger Dietrich Bonhoeffer erlebt: »Wir sind vor die Entscheidung gefordert, wir können nicht ausweichen, wir müssen uns, wo wir auch stehen, die Verdächtigung gefallen lassen, rechthaberisch zu sein, aus Hochmut gegen die anderen zu reden und zu handeln, es wird uns nichts abgenommen – es heißt Entscheidung, es heißt Scheidung der Geister.«[155]

Diese Entscheidung verlangte Dietrich in erster Linie von sich. Und verdächtig war er sich selbst. Gab es nicht tausend gute Gründe, eine eindeutige Entscheidung für voreilig und übertrieben zu halten? War es nicht vernünftig zu sagen, dass man die Sache nicht auf die Spitze treiben darf und abwarten müsse? War seine Meinung wirklich richtiger als die von Leuten, deren Haltung und Glauben er bewunderte? War er dabei, sich zu verrennen? Aus Rechthaberei? Und wie sollte es mit ihm weitergehen, wenn er wirklich mit der Mehrheitskirche brach? Am liebsten hätte Dietrich seinen alten Traum verwirklicht und wäre nach Indien gereist, um von Mahatma Gandhi etwas über den gewaltlosen Widerstand zu lernen. Aber er wurde hier gebraucht. Eine Schrift sollte verfasst werden, um Christen im Kirchenkampf eine Orientierung zu geben und die Deutschen Christen unter Druck zu setzen. Und er sollte dabei mitwirken. Studenten hatten sich für seine Mitarbeit an diesem Dokument eingesetzt. Durch ihren Lehrer Bonhoeffer, so schrieben sie in einem Brief, seien sie in »Studium und Leben« wesentlich beeinflusst worden.

Von der Universität und der Wissenschaft erwartete sich Dietrich nicht mehr viel. Statt Professor wäre er lieber ein normaler Pfarrer geworden. Er hatte das Angebot einer Gemeinde im Berliner Osten, in einem Arbeiterviertel. Die Kirchenleitung hatte ihm vorgeschlagen, nach London zu gehen, wo eine Stelle als Auslandspfarrer frei wurde. Der Gedanke reizte ihn, war doch die Stelle ausdrücklich verbunden mit ökumenischer Arbeit. Vielleicht ließ sich die Kirchenpolitik in Deutschland vom Ausland aus besser beeinflussen?

Ende Juli reiste Dietrich nach London, um sich die zwei Gemeinden, die er betreuen sollte, anzusehen. Er machte einen guten Eindruck und die Leute hätten ihn gleich dabehalten. Doch Dietrich war noch unschlüssig. Nach zwei Tagen reiste er zurück nach Deutschland, nach Bielefeld, wo sich die Betheler sozialen Einrichtungen des Pfarrers Friedrich von Bodelschwingh befanden. Hier trafen sich eine Reihe Theologen, um eine Bekenntnisschrift zu verfassen. Drei Wochen lang war Dietrich in Bethel und lernte in dieser Zeit auch die Gemeinschaft jener Kranken kennen, deren Leben nach Ansicht der Nationalsozialisten minderwertig war. Erst vor Kurzem war ein Gesetz erlassen worden, das die Zwangssterilisation dieses »unwerten« Lebens erlaubte. Es sei, so schrieb Dietrich an seine Großmutter, ein »glatter Wahnsinn« zu glauben, dass man diese Kranken einfach durch Gesetze beseitigen dürfe. »Es ist eben doch der Begriff von Krank und Gesund sehr zweideutig und dass das, was hier an ›Krankem‹ ist, an wesentlichen Punkten des Lebens und der Einsicht gesünder ist als das Gesunde und dass sie beide einander einfach bedürfen, das ist wohl doch eine wesentliche Gestalt und Ordnung des Lebens, die nicht einfach frech und einsichtslos verändert werden kann.«[156]

Dietrich neigte immer mehr dazu, das Angebot, nach London zu gehen, anzunehmen. Seine restlichen Bedenken wurden zerstreut, als seine Landeskirche, die »altpreußische Union«, Anfang September den staatlichen Arierparagrafen übernahm. Bei dem Treffen der Delegierten in Berlin waren die meisten in brauner Uniform erschienen, weswegen man später von der »braunen Synode« sprach. Dietrich nannte sie »Räubersynode«. Einer Kirche, die alle »Nichtarier« ausschloss, wollte Dietrich nicht mehr angehören, schon aus Solidarität mit seinem Freund Franz Hildebrandt, der nun als »Halbjude« keine Anstellung mehr bekam. Wie alle anderen Betroffenen war Hildebrandt nun angewiesen auf die Hilfe des »Pfarrernotbundes«, der sich auf die Initiative von Bonhoeffer und Niemöller bildete und der »verfolgte Amtsbrüder« finanziell unterstützte.

Enttäuscht war Dietrich auch darüber, dass die Bekenntnisschrift von Bethel, an der er so leidenschaftlich mitgearbeitet hatte, durch viele Einwände und Korrekturen Stückwerk blieb und die Punkte, die ihm wichtig waren, wenig Verständnis fanden. Er wurde dadurch immer mehr in eine Außenseiterrolle gedrängt, und sogar Menschen, mit denen er sich persönlich gut verstand, wurden sachlich zu Gegnern. Noch tiefer wurden die

Gräben, als Dietrich forderte, dass alle Pfarrer, die den Arierparagrafen ablehnten, in den Streik gehen sollten, also keine
Gottesdienste, Taufen, Hochzeiten mehr halten sollten.

Am 27. September fand in Wittenberg die Nationalsynode
statt, auf der Ludwig Müller zum Reichsbischof gewählt werden sollte. Die Versammlung sollte möglichst ungestört verlaufen. Daher war es ein Ärgernis, dass Flugblätter auftauchten
und an Bäumen angeschlagen waren, in denen gegen den Arierparagrafen protestiert wurde. Hinter dieser Aktion steckten Bonhoeffer, Hildebrandt und Gertrud Staewen, eine Schülerin Karl
Barths. Die drei waren mit dem Auto von Dietrichs Vater nach
Wittenberg gekommen, samt Chauffeur. Beim Festgottesdienst
standen sie in einem verborgenen Winkel der Kirche und hörten
der Ansprache Müllers zu, der von »völkischer Gemeinschaft«
und »Artgemäßheit« sprach. Nur vom Arierparagrafen sagte er
kein Wort. Der Grund war, dass die Beschlüsse der »Braunen
Synode« im In- und Ausland große Empörung hervorgerufen
hatten und von ganz oben die Anordnung ergangen war, dieses
Thema nicht zu erwähnen.

Dietrich lernte den Reichsbischof schon bald persönlich kennen. Der »Reibi Müller«, wie er im Volk genannt wurde, bestellte
den aufmüpfigen Pfarrer am 4. Oktober zu einem Gespräch, um
zu klären, ob er tatsächlich für die Stelle in London geeignet sei.
Müller wusste, dass Bonhoeffer ein erklärter Gegner der Deutschen Christen war und Erklärungen gegen den Arierparagrafen
unterschrieben hatte, und wollte nun wissen, ob er seine Überzeugungen auch im Ausland verkünden würde. Dietrich antwortete, dass er ehrlicherweise nicht die Sache der Deutschen Christen vertreten könne, ansonsten aber nicht »gegen Deutschland«
handeln und reden werde. »Ich würde lieber darauf verzichten
müssen, nach London zu gehen«, schrieb er in einem Brief über

dieses Gespräch, »als irgendwelche Unklarheiten zu erwecken.«[157] Um seine Haltung zu untermauern, zitierte Dietrich auf Lateinisch Passagen aus der *Confessio Augustana*, einer lutherischen Bekenntnisschrift aus dem sechzehnten Jahrhundert, was den Bischof sichtlich nervös machte und ihn vorschlagen ließ, das Gespräch ein andermal fortzusetzen. »Was seid ihr doch für komplizierte Leute«, soll er zum Abschied gesagt haben.

Am nächsten Tag erhielt Dietrich die Erlaubnis, nach London zu gehen. Von seiner Tätigkeit als Dozent an der Universität wurde er beurlaubt. Vor seiner Abreise Mitte Oktober traf er sich noch einmal mit einem Kreis seiner Studenten und meinte zu ihnen: »Wir müssen jetzt alle kleine Brandstifter werden und an allen Ecken des deutsch-christlichen Prunkhauses Feuer anlegen, damit eines Tages der ganze Bau zusammenkracht.«[158]

Ein gefährlicher Narr

Vor dem Pfarrhaus im Londoner Stadtteil Forest Hill blieben die Leute stehen, um sich diese spektakuläre Aktion anzusehen. Die Mitarbeiter einer Umzugsfirma versuchten, ein Klavier in den ersten Stock des Gebäudes hochzuziehen. Die Eingangstür des Hauses hatte sich für den *Bechstein*-Flügel als zu eng erwiesen, also blieb einzig die Möglichkeit, das schwere und sperrige Instrument mittels Flaschenzügen durch eines der großen Fenster in die Wohnräume des neuen Pfarrers zu hieven. Die Aktion gelang unter dem Beifall der Zuschauer. Auch der neue Pfarrer war unter ihnen. Nicht zuletzt wegen des Flügels ging ihm der Ruf voraus, ein »aristokratischer Bürger« zu sein. In den nächsten Tagen und Wochen stellte sich heraus, dass dieser Pfarrer Bonhoeffer mit dem Doktortitel ein umgänglicher und aufgeschlossener Seelsorger war.

Dietrich hatte zwei deutsche Gemeinden zu betreuen. Die eine, Sydenham in Forest Hill, bestand hauptsächlich aus Kaufleuten und Diplomaten. Die andere, St. Paul, lag im Londoner Eastend, dem ehemaligen Elendsviertel der Stadt, wo jetzt Metzger, Bäcker und Schneider wohnten. Dietrich kam mit all seinen »Schäfchen« zurecht und war ein gern gesehener Gast sowohl in Akademikerkreisen wie in Handwerkerfamilien. Umgekehrt pflegte Dietrich ein offenes Haus. Jeder konnte ihn besuchen, auch wenn seine Wohnung nicht gerade sehr einladend war. So herrschaftlich das viktorianische Haus von außen wirkte, war es im Inneren eher eine Bruchbude. In den zwei riesigen Räumen im ersten Stock, die Dietrich bewohnte, zog die Winterluft durch die undichten Fenster, und auf den unebenen Böden hatte man das Gefühl, auf einem schwankenden Schiff zu gehen. Es gab keine Zentralheizung, nur kleine Gasöfen, an die man schon sehr nahe heranrücken musste, um erwärmt zu werden. Waschen konnte man sich nur mit kaltem Wasser. Dietrich beklagte sich nicht. Er genoss gern ein wenig Luxus wie ein heißes Bad am Morgen oder den *Bechstein*-Flügel, konnte andererseits aber auch sehr anspruchslos sein. Überhaupt lag ihm wenig an einem behaglichen festen Wohnsitz. Eine Wohnung, so seine Meinung, sollte eine vorübergehende Bleibe sein, die man gern wieder verlässt. Man dürfe, so schrieb er an seinen Schwager Gert Leibholz, »bürgerliche Sicherheitsgefühle« erst gar nicht groß werden lassen, »sonst ist das Leben gar nichts mehr wert und macht auch keine Freude mehr«.[159]

Dietrichs Freude war groß, als am 10. November Franz Hildebrandt nach London kam und bei ihm einzog. Die beiden konnten nun wieder ihre stundenlangen Gespräche führen, die nur unterbrochen wurden, wenn einer sich an den Flügel setzte. Bis weit nach Mitternacht konnte dieses Wechselspiel von Musik und Reden dauern. Dann schliefen sie bis in den späten Vormittag und frühstückten ausgiebig. Dietrich hatte sich auch einen Hund angeschafft, der allerdings bald von einem Auto überfahren wurde. Er hätte sich besser eine Katze zugelegt. Denn in der Wohnung wimmelte es von Mäusen, und er musste sein Essen in Dosen verwahren, damit es vor diesen Mitbewohnern sicher war.

Zum Frühstück gehörte die ausführliche Lektüre der *Times*. Die Zeitung berichtete auch über eine Versammlung der Deutschen Christen am 13. November 1933 im Berliner Sportpalast. Vertreter des radikalen Flügels hatten dort nicht nur die rücksichtslose Durchführung des Arierparagrafen gefordert, sondern auch eine »deutsche Volkskirche«, die sich restlos deckt mit den Forderungen des Nationalsozialismus. Unter dem tosenden Beifall von zwanzigtausend Anhängern hatte der Gauobmann Dr. Reinhold Krause verlangt, auf das Alte Testament mit seiner »jüdischen Lohnmoral« und seinen »Viehhändler- und Zuhältergeschichten« und auf die »ganze Sündenbock- und Minderwertigkeitstheologie des Rabbiners Paulus« zu verzichten.[160]

Für Dietrich und Franz war das eine erfreuliche Meldung. Denn mit dem Auftritt im Sportpalast hatten die Deutschen Christen ihr wahres Gesicht gezeigt und sich selbst nur geschadet. In der Tat löste die Veranstaltung in Berlin einen wahren Proteststurm aus und es wurde mit dem Rücktritt von Reichsbischof Müller gerechnet. Doch Müller blieb. Er distanzierte sich von den Deutschen Christen und Leuten wie Krause und nahm den Arierparagrafen für die Kirche vorübergehend zurück. Müller wollte mit allen Mitteln seine Stellung sichern, und er wusste, dass er nur überleben konnte, wenn er die Rückendeckung Hitlers hatte. Um sich den Führer gewogen zu halten, veranlasste er, dass die evangelischen Jugendverbände aufgelöst und der Hitlerjugend eingegliedert werden. Das war für Hitler angeblich das »schönste Weihnachtsgeschenk«.

Die kirchliche Opposition war zerstritten in der Frage, wie sie auf den Eklat der Sportpalastkundgebung und Müllers skandalöses Geschenk reagieren sollte. Martin Niemöller wollte mit Müller verhandeln, um ihn zu Zugeständnissen zu zwingen und so die Deutschchristen zu spalten. Karl Barth wollte mit Hitler reden, damit der sich zukünftig aus Kirchenfragen heraushielte und so ein Neuanfang möglich wäre. Dietrich Bonhoeffer in London hielt beide Wege für falsch. Die Zeit des Taktierens war für ihn vorbei, und mit Hitler zu reden, hielt er für sinnlos, ihn bekehren zu wollen, geradezu für lächerlich. Eher war es so, dass

Hitler die Menschen bekehrte, und das massenweise. Hitler war für Dietrich »verstockt«, ein Mensch, der nicht »hören« konnte, und nach dem Austritt Deutschlands aus dem Völkerbund rechnete er fest mit dem nächsten Krieg. Für Dietrich galt es, jetzt klar Position zu beziehen, sich von der Reichskirche zu trennen und sich zu den Werten der Bibel zu bekennen.

Dietrich hatte Barth einen Brief geschrieben und ihm darin mitgeteilt, dass er mit dem Umzug nach London eine Weile »in die Wüste« gehen wollte, um Abstand zu gewinnen von den Querelen in Deutschland und seinen persönlichen Zweifeln. Barth antwortete ihm humorvoll und streng, dass keine Zeit sei für seine »Privattragödie« und Dietrich schleunigst nach Berlin zurückkommen solle, wo er gebraucht werde. »Was in aller Welt sollen und wollen sie dort drüben?«, fragte Barth, und er forderte Dietrich auf, mit einem der nächsten Schiffe auf seinen »Posten« zurückzukehren.[161]

Dietrich nahm nicht das nächste Schiff, auch nicht das übernächste. So weit abseits vom Kirchenkampf in Deutschland war er nicht. Im Gegenteil. Es stellte sich heraus, dass er in England mehr für die kirchliche Opposition tun konnte als im eigenen Land. Durch seine ökumenische Arbeit kannten ihn viele einflussreiche Menschen in der anglikanischen Kirche, auch der Bischof von Chichester, George Bell. Dietrich war Bell empfohlen worden als »ein prima Kerl, offen und aufrichtig, ausgesprochen ernsthaft, entschlossen, keine Kompromisse mit antibiblischen Maßnahmen zu schließen«[162]. Diesen jungen, siebenundzwanzigjährigen Mann wollte der fast doppelt so alte Bischof persönlich kennenlernen und lud Dietrich in seinen Bischofspalast in Chichester, südlich von London, ein. Die beiden waren sich auf Anhieb sympathisch, nicht zuletzt deswegen, weil sie, wie sich herausstellte, am gleichen Tag Geburtstag hatten. Bell schätzte an Dietrich, dass dieser so »kristallklar« war in seinen Überzeugungen und ohne die geringste Angst dazu stand.[163] Durch Dietrich erfuhr der Bischof, was wirklich vorging in Deutschland. Als Präsident des Ökumenischen Rates und mit seinen Kontakten zur englischen Regierung hatten Bells Worte Gewicht, und er war bereit, Briefe mit kritischen Anfragen an den Reichspräsidenten Hindenburg und an den Reichsbischof Müller zu schicken.

Diese Briefe sorgten für Aufregung, und in den deutschen Kirchenbehörden war schnell klar, wer hinter diesem Störfeuer aus London steckte – jener Pfarrer Bonhoeffer, den man schon mit großen Bedenken nach London hatte ziehen lassen. Für Dietrich waren diese Verdächtigungen durchaus gefährlich. Er konnte als Landesverräter angeklagt werden. Außerdem verstieß er gegen eine Anordnung des Bischofs Müller, der jede Kritik an seiner Kirchenpolitik autoritär verbot und mit Amtsenthebung drohte. Dieser sogenannte »Maulkorberlass« rief empörte Reaktionen hervor. Viele Pfarrer weigerten sich, weiterhin ihrem Bischof zu gehorchen. Müller hatte Ansehen und Rückhalt in der Kirche fast völlig verloren, und seine Gegner sahen nun die Stunde gekommen, den Reichsbischof endlich loszuwerden.

Bei einem Treffen mit Hitler wollten Vertreter der kirchlichen Opposition den Sturz Müllers perfekt machen. Doch dieses Treffen am 25. Januar 1934 verlief ganz anders als gedacht. Während Martin Niemöller und einige Landesbischöfe Hitler gegenüberstanden, überraschte Göring die Runde mit einem abgehörten Telefongespräch, in dem Niemöller flapsig davon sprach, dass Hitler vor der Besprechung von Hindenburg die »letzte Ölung« bekommen und man alles gut »eingefädelt« habe. Hitler witterte Rebellion und tobte. Die Kirchenführer waren wie gelähmt und zogen kleinlaut wieder ab. Zwei Tage später erklärten sie, »geschlossen« hinter dem Reichsbischof zu stehen, und bekräftigten ihre »unbedingte Treue zum Dritten Reich und seinem Führer«. Für Bonhoeffer in London war das ein feiger Kniefall der Kirche vor der Politik. Und Niemöller zählte er zu jenen »Fantasten und Naiven«, die immer noch glaubten, dass man ein guter Nationalsozialist und ein Christ sein könne.[164] Für Dietrich war beides unvereinbar.

Durch seinen Schwager Hans von Dohnanyi, der im Justizministerium arbeitete, und seine Mutter Paula Bonhoeffer, die sich zu einer verschworenen Mitstreiterin ihres Sohnes entwickelte, war Dietrich immer bestens informiert. Die langen Telefonate, die er mit Berlin führte, verschlangen mit der Zeit so viel Geld, dass man ihm auf dem Telegrafenamt Rabatt gewährte. Sein Gehalt als Pfarrer war bescheiden. Und als er begann, Leute zu unterstützen, die aus Deutschland hatten fliehen müssen, war sein privates Konto oft »auf dem völligen Nullpunkt«[165] angelangt. Die Arbeit in den zwei Gemeinden nahm Dietrich mehr in Anspruch als gedacht. Jeden Sonntag musste er predigen. Dazu kamen Beerdigungen, Trauungen, Taufen, Sitzungen und Vorträge. Wie in Barcelona hatte Dietrich Kindergottesdienste eingeführt und mit den Kindern ein Weihnachtsspiel eingeübt.

Als hochmusikalischer Mensch litt Dietrich unter dem Gesang in der Kirche. Seine etwas überalterte Gemeinde in Sydenham hatte die Angewohnheit, bei den Liedern immer langsamer zu werden, was vom Organisten auch noch unterstützt wurde. Dietrich tat sich mit Lawrence Whitburn zusammen, einem guten Sänger, den er manchmal auf dem Klavier begleitete. Die beiden nahmen sich vor, im Gottesdienst eisern das richtige Tempo durchzuhalten und die Gemeinde mitzuziehen. Vergeblich. Schon beim ersten Lied waren sie bald eine Strophe voraus. Nach dieser Erfahrung gründete Dietrich einen Kirchenchor und sang auch selber mit.[166]

Ende Januar ging Franz Hildebrandt zurück nach Deutschland, um Martin Niemöller beim Pfarrernotbund zu unterstützen. An Gästen im Pfarrhaus mangelte es jedoch nicht. Dietrich klagte sogar über die »Unzahl von Besuchen«. Wolf-Dieter Zimmermann, sein früherer Student, kam für mehrere Wochen nach London und eines Tages stand Herbert Jehle vor der Tür. Der Mathematiker und Physiker hatte auch zum Kreis um Bonhoeffer in Berlin gehört. Da Dietrich nicht da war, kam Jehle auf die Idee, sich unter dem Flügel zu verstecken, um den Hausherrn zu überraschen. Dort schlief er allerdings ein. Als Dietrich abends nach Hause kam und zu Bett ging, hörte er merkwürdige Geräusche und entdeckte den schnarchenden Gast unter dem Klavier.[167]

Weniger erfreulich war ein anderer Besuch aus Deutschland. Der für die Auslandspfarrer zuständige Theologe Theodor Heckel kam Anfang Februar nach London. Bei einem Treffen in einem Hotel mit den sechs Londoner Pfarrern, darunter Bonhoeffer, legte er diesen eine Erklärung vor, mit der sie ihre Loyalität mit der deutschen Kirchenführung bekunden sollten. Als Dietrich und seine Kollegen sich weigerten, das Schriftstück zu unterschreiben, drohte Heckel damit, sie zu Landesverrätern zu erklären. Daraufhin standen Dietrich und zwei seiner Mitbrüder auf und verließen den Verhandlungsraum.

Heckel hatte früher große Stücke auf Dietrich gehalten und ihn gefördert. Jetzt war er für ihn ein Unruhestifter, der die deutschen Auslandspfarrer und die Ökumene gegen die deutsche Kirchenführung aufwiegelte. Einige Wochen nach seinem Besuch in der englischen Hauptstadt unternahm Heckel, der inzwischen zum Bischof und Leiter des Amtes für Auswärtige Angelegenheiten ernannt worden war, einen weiteren Versuch, Dietrich auf Kurs zu bringen. Dietrich musste mit dem Flugzeug nach Berlin kommen, wo ihm Heckel erneut ein Papier vorlegte, mit dem er erklären sollte, dass er in Zukunft sich nicht mehr ökumenisch betätigt. Dietrich unterschrieb wieder nicht. »Diese Dinge sind widerwärtig«, meinte er in einem Brief an Erwin Sutz. »Ich soll hier um jeden Preis entfernt werden und schon aus diesem Grund allein bin ich bockig«.[168]

Dietrich war nicht nur bockig. Es war ihm schier unmöglich, zu schweigen und nichts zu tun. Hätte Heckel Dietrichs Predigten in seinen Londoner Gemeinden gehört, hätte er zumindest eine Ahnung davon bekommen, warum dieser junge Pfarrer und Theologe so uneinsichtig und stur war. In einer dieser Predigten sprach Dietrich über den Propheten Jeremias. Und jeder, der in den spärlich besetzten Kirchenbänken saß, muss gemerkt haben, dass Dietrich auch von sich selber sprach. Er schilderte Jeremias als einen Mann, der sich gegen Gottes Ruf gewehrt hat, der ausweichen, die Flucht ergreifen wollte und letztendlich doch nicht anders konnte, als diesem Ruf zu folgen. Und Dietrich weiter: »Ein verlachter, verachteter, für verrückt erklärter, aber für Ruhe und Frieden der Menschen äußerst gefährlicher Narr – den man schlägt, einsperrt, foltert und am liebsten gleich umbringt –, das ist Jeremias, eben weil er Gott nicht mehr loswerden kann. Fantast, Sturkopf, Friedensstörer, Volksfeind hat man ihn gescholten, hat man zu allen Zeiten bis heute die gescholten, die von Gott besessen und gefasst waren, denen Gott zu stark geworden war. Wie gern hätte Jeremias anders geredet. Wie gern hätte er mit den anderen Friede und Heil geschrien, wo doch Unfriede und Unheil war.«[169]

Dietrich wäre es nie eingefallen, sich als Prophet zu bezeichnen. Aber das, was Jeremias widerfuhr, das kannte er auch. Die Bibel enthielt für ihn einen Ruf, dem er sich nicht entziehen konnte, nicht entziehen durfte. Dieser Ruf erlaubte kein Taktieren, kein endloses Debattieren, keine Ausreden und keine intellektuellen

Schlupflöcher. Ebenso war es für ihn nicht christlich, tatenlos abzuwarten oder nur teilnahmslos zuzuschauen. Was allein zählte, war ein »einfältiger Glaube«, der einen befähigt, zum richtigen Zeitpunkt das Richtige zu sagen und zu tun. Dietrich wird dieses Verhalten einmal »Nachfolge« nennen.

Die Kirchenkritiker in Deutschland und die Vertreter der Ökumene hatten für Dietrich diesen Zeitpunkt längst versäumt. Die Reichskirche hatte durch ihre Lehren und ihr Verhalten nach Dietrichs Meinung die christliche Botschaft verraten. Und nichts anderes durfte hierauf die Antwort sein, als mit dieser Kirche zu brechen. Dementsprechend enttäuscht war er, dass die ökumenische Gemeinschaft zu keiner eindeutigen Haltung fand. Solange darin nur schöne Reden gehalten wurden, war sie für ihn ein »nichtsnutziger Verein«. Und an Henry Louis Henriod, einem führenden Mann der Ökumene, schrieb er: »Aber aus lauter Angst vor Irrtum überhaupt nicht zum Handeln zu kommen und zur Stellungnahme […] scheint mir fast gegen die Liebe zu gehen. […] Verzögerte oder verpasste Entscheidungen können sündiger sein als falsche Entscheidungen, die aus dem Glauben und aus der Liebe kommen.«[170]

Die kirchliche Opposition in Deutschland wurde durch die Maßnahmen des Reichsbischofs Müller zu einer Entscheidung gedrängt. Der von Müller eingesetzte »Rechtswalter« August Jäger versuchte, endgültig alle Landeskirchen gleichzuschalten und zu einer »Führerkirche« umzugestalten. Dabei schreckte er vor Gewalt und willkürlichen Entlassungen nicht zurück. Damit bewirkte er nur das Gegenteil. In großen Städten wie Dortmund, München und Stuttgart fanden massenhafte Kundgebungen gegen diese Art der Reichskirchendiktatur statt. Und als Höhepunkt dieser Protestwelle kam es zu einem Ereignis, mit dem niemand mehr gerechnet hatte. In Barmen, einem Stadtteil von Wuppertal, trafen sich Ende Mai 1934 hundertachtunddreißig Vertreter aller evangelischer Kirchen, um eine Erklärung zu entwerfen, die im Wesentlichen von Karl Barth verfasst war. In diesem »Barmer Bekenntnis« wurden die wichtigsten Richtlinien des eigenen Glaubens festgehalten und von der Bibel her begründet. Die Anschauungen der deutschnationalen Christen wurden als Irrlehre verworfen. Die Unabhängigkeit der Kirche vom Staat wurde erklärt. Eigene, vom Staat unabhängige Leitungsgremien, die sogenannten Bruderräte, wurden eingerichtet. Die Opposition beanspruchte, nunmehr die wahre Kirche zu sein. Das war die Geburtsstunde der sogenannten Bekennenden Kirche.

Dietrich Bonhoeffer war in Barmen nicht dabei gewesen. Doch nun hatte er wieder eine Kirche, der er sich zugehörig fühlte. Die verabschiedete Erklärung hatte er lange gefordert und herbeigesehnt. Zufrieden war er damit trotzdem nicht. Was ihm fehlte, waren konkrete Aussagen zu politischen Fragen. Der Arierparagraf wurde darin nicht erwähnt, der totale Herrschaftsanspruch Hitlers nur indirekt theologisch infrage gestellt. Keine Frage war es für Dietrich, dass der Kirche der eigentliche Kampf noch bevorstand. Die Fronten verliefen für ihn »ganz woanders«. Die bisherigen Auseinandersetzungen sah er nur als »Vorgeplänkel«, und der Widerstand, der nun verlangt werde, würde, so schrieb er in einem Brief, »bis aufs Blut« gehen.[171]

Unausgesprochen stand hinter diesen Befürchtungen der Name Hitler. In der Tat hatte sich Hitler bisher möglichst aus dem Kirchenkampf herausgehalten. Das »Pfaffengezänk« war ihm zuwider. Er hatte erwartet, dass Müller und die Deutschen Christen die Sache für ihn regeln und die Kirche gleichschalten. Aber die evangelische Kirche hatte sich als zu kompliziert und chaotisch erwiesen. Nun war mit der Bekennenden Kirche ein Freiraum im »Dritten Reich« entstanden, in dem Dinge ausgesprochen werden durften, die mit der Ideologie der Nationalsozialisten unvereinbar waren. Diesen Freiraum durfte es in diesem System nicht geben. Die Weltanschauung der Nazis war totalitär. Das bedeutete, dass andere Meinungen, Kritik, Abweichungen darin keinen Platz hatten. Alles, was anders war, wurde gnadenlos bekämpft und ausgemerzt.

Wie Hitler mit Abweichlern und »störenden Elementen« umging, das zeigte er Ende Juni 1934. Die Sturmabteilung (SA) der Partei und vor allem ihr Anführer Ernst Röhm waren ihm zu mächtig geworden. Sie standen seinen Plänen im Weg. In einer Nacht-und-Nebel-Aktion wurden Röhm und seine Genossen liquidiert. Die blutige Aktion wurde in der Propaganda dargestellt als notwendige Maßnahme gegen Saboteure und Staatsfeinde. Dietrich wusste es besser. Von seinem Schwager Hans von Dohnanyi hatte er erfahren, dass Hitler diesen angeblichen »Röhmputsch« dazu genutzt hatte, alte Rechnungen zu begleichen und missliebige Personen loszuwerden. Über zweihundert Menschen wurden in dieser »Nacht der langen Messer« von Mordtrupps umgebracht.

Jeder wusste nun, welche Konsequenzen es haben konnte, sich gegen Hitler zu stellen, zumal der »Führer« nach dem Tod Hindenburgs am 2. August nun auch Reichspräsident war und noch mehr Macht hatte. Wer sich ohne Wenn und Aber auf die Seite der Bekennenden Kirche stellte, der wurde zwangsläufig zum Feind Hitlers. Dietrich war deshalb schon gespannt auf die Konferenz des Ökumenischen Weltbundes, die Ende August auf der dänischen Insel Fanø stattfinden sollte. Würde man dort zu einer eindeutigen Erklärung kommen, für die Bekennende Kirche, gegen die Reichskirche? Dietrich sorgte sich weniger um die Deutschen Christen als um die Leute, die angeblich auf seiner Seite standen. Er fürchtete, dass sie »entsetzlich vorsichtig«

sein und jedes kritische Wort gegen die deutsche Regierung vermeiden würden, um ja nicht »unpatriotisch« zu erscheinen. Dietrich wünschte sich eine klare und ehrliche »Stellung zum Staat«. Die Folgen daraus auf sich zu nehmen, war ihm wichtiger »als unwahrhaftig weitervegetieren«.[172]

Am 18. August saß Dietrich auf Fanø in einem Strandkorb und schrieb im Sandsturm einen Geburtstagsbrief an seine Großmutter Julie Bonhoeffer. Auch Franz Hildebrandt war auf der Insel. Er reiste jedoch ab, bevor die Delegation der Reichskirche mit dem inzwischen zum Bischof ernannten Theodor Heckel eintraf. Dem wollte er nicht begegnen. Im Vorfeld hatte es lange Auseinandersetzungen darüber gegeben, ob und in welcher Form die Bekennende Kirche an der Konferenz teilnehmen soll, wenn auch die Reichskirche eingeladen wird. Schließlich hatte man sich darauf geeinigt, beide Kirchen zuzulassen. Wichtige Männer der Opposition wie Niemöller und Bodelschwingh wollten daraufhin nicht nach Fanø kommen. So war Dietrich Bonhoeffer der einzige offizielle Vertreter der Bekennenden Kirche. Allerdings hatte er für starke Verbündete gesorgt, allen voran Bischof Georg Bell. Außerdem waren viele seiner Studenten anwesend, die an der gleichzeitig stattfindenden Jugendkonferenz teilnehmen wollten. Das war mutig. Denn in der angespannten politischen Lage war das durchaus gefährlich.

Am zweiten Tag der Konferenz hielt Bonhoeffer einen Vortrag. Über die Vorgaben der Konferenzleitung ging er hinweg und sprach über die Friedenfrage. Alle Rechtfertigungen des Krieges verwarf er, und auch ein nur moralischer Pazifismus war für ihn keine Lösung. Stattdessen verteidigte er seinen Glauben, dass wahrer Friede nur möglich ist, wenn die Gebote der Bergpredigt ernst genommen werden und danach gehandelt wird. Selig, die keine Gewalt anwenden. Selig, die Frieden stiften.

Das waren provozierende Gedanken. Dietrich wusste das. Aber die Zeichen für einen bevorstehenden Krieg waren zu deutlich, als dass man sich nun mit diplomatischen Floskeln, gelehrten Vorträgen und unverbindlichen Appellen zufriedengeben durfte. Belanglose Beiträge gab es auf der Konferenz anscheinend genügend. Als ein korpulenter orthodoxer Bischof eine langatmige Rede hielt, schob Dietrich seinen Studenten einen Zettel mit einem Vers von Christian Morgenstern zu: »Ein dickes Kreuz auf dickem Bauch, wer spürt nicht der Gottheit Hauch?«[173]

Dietrich nahm sich in den Pausen viel Zeit für seine Studenten, die er längere Zeit nicht mehr gesehen hatte. Er schwamm mit ihnen in der stürmischen Nordsee, sie machten Spiele und benahmen sich ausgelassen wie Kinder. Einmal saßen sie zwischen den Dünen und diskutierten, als ein Student Dietrich fragte, was er denn tun würde, wenn es zum Krieg kommt. Was hinter dieser Frage steckte, war jedem klar. Hitler hatte angekündigt, dass er die allgemeine Wehrpflicht wieder einführen werde. Wer den Kriegsdienst verweigerte, hatte mit harten Strafen zu rechnen, vielleicht mit dem Tod. Dietrich ließ Sand durch seine Finger rieseln und sagte: »Ich hoffe, dass Gott mir die Kraft gibt, nicht zu den Waffen zu greifen.«[174]

Die Konferenz endete mit einem vollen Erfolg für die Bekennende Kirche. Die von Dietrich erhoffte Resolution kam zustande. Darin wurde die Reichskirche scharf kritisiert und man erklärte sich solidarisch mit der Bekennenden Kirche. Bonhoeffer wurde sogar in den Ökumenischen Rat gewählt. Sehr zum Ärger von Bischof Heckel, dessen heftige Proteste folgenlos blieben. Es half auch nichts, dass man aus Berlin zu seiner Unterstützung noch in letzter Minute einen weiteren Sprecher der Reichskirche mit dem Flugzeug nach Fanø schickte. Der kam zu spät und machte mit seiner peinlichen Rede alles nur noch schlimmer.

Am vorletzten Tag hatte Dietrich eine Morgenandacht gehalten, in der er noch einmal die Frage nach einem wahren Frieden aufgriff, dieses Mal noch eindringlicher. Otto Dudzus berichtete später, dass vom ersten Augenblick an eine »atemlose Spannung« über der Versammlung gelegen habe: »Wie wird Friede?«, fragte Dietrich. »Durch ein System von politischen Verträgen? Durch Investierung internationalen Kapitals in den verschiedenen Ländern? D.h. durch Großbanken, durch das Geld? Oder gar durch eine allseitige friedliche Aufrüstung zum Zweck der Sicherstellung des Friedens? Nein, durch dieses alles aus dem einen Grunde nicht, weil hier überall *Friede* und *Sicherheit* verwechselt wird. Es gibt keinen Weg zum Frieden auf dem Weg der Sicherheit. Denn Friede muss gewagt werden, ist das eine große Wagnis und lässt sich nie und nimmer sichern. Friede ist das Gegenteil von Sicherung. Sicherheiten fordern heißt Misstrauen haben und dieses Misstrauen gebiert wiederum Krieg.«[175]

Von Fanø aus reiste Dietrich nach Berlin, um Pfarrer Niemöller von der Konferenz zu berichten. Dann fuhr er weiter nach Göttingen zu seiner Schwester Sabine. Die Familie Leibholz war inzwischen völlig isoliert. Niemand traute sich mehr, sie zu besuchen. Sie lebten in der dauernden Angst, dass Sabines Mann Gerhard der Pass entzogen wird und dann eine Flucht ins Ausland nicht mehr möglich ist. Dietrichs Besuch war eine Erholung, weil er so selbstverständlich zu ihnen hielt.

Mitte September war Dietrich wieder in London. Er stand vor einer schweren Entscheidung. Schon vor Monaten hatte er von der Bekennenden Kirche das Angebot bekommen, eine der neu einzurichtenden Ausbildungsstätten für zukünftige Pfarrer zu leiten. In diesen Predigerseminaren sollten die Theologen nach dem Studium auf ihren Dienst in der Gemeinde vorbereitet werden. Reichsbischof Müller hatte die traditionellen Seminare

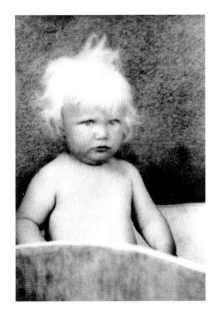

Abb. 1: Dietrich als kleines Kind in der Badewanne

Abb. 2: Die Eltern Karl und Paula Bonhoeffer, um 1930

Abb. 3: Paula Bonhoeffer mit ihren acht Kindern, um 1912
oben v. l.: Walter, Karl-Friedrich, Klaus; unten v. l.: Ursula, Dietrich, Susanne, Sabine, Christine

*Abb. 4: Dietrich (Dritter v. r.) mit Geschwistern und Freunden
im Feriendomizil der Familie in Friedrichsbrunn*

Abb. 5: Dietrich mit seiner Zwillingsschwester Sabine, 1914

Abb. 6: Dietrich (Vierter v. r.) in seiner Klasse im »Grunewald-Gymnasium«, 1920/21

Abb. 7: Der Student Dietrich Bonhoeffer

Abb. 8: Mit Mitgliedern der Studentenverbindung »Igel« im Sommersemester 1923

*Abb. 9: Weihnachten 1925 in Barcelona, Dietrich in seinem Zimmer
in Barcelona mit einem Jungen aus seiner Gemeinde*

Abb. 10: Dietrich als Matador auf einer Postkarte aus Barcelona, November 1928

Abb. 11: Paul Lehmann, Dietrich Bonhoeffer und Erwin Sutz werden auf ihrer Reise durch die USA von einem Polizisten kontrolliert, 1931

Abb. 12: Mit Konfirmanden aus dem Berliner Arbeiterbezirk Wedding auf einer Freizeit im Harz, 1932

Abb. 13: Während der Jugendkonferenz in Gland am Genfer See, 1932

Abb. 14: Dietrich Bonhoeffer mit seinen Berliner Studenten 1932
während einer Freizeit in Prebelow bei Rheinsberg

*Abb. 15: Adolf Hitler begrüßt den Reichsbischof Ludwig Müller
beim Reichsparteitag der NSDAP 1934 in Nürnberg*

*Abb. 16: Dietrich Bonhoeffer und Eberhard Bethge mit dem Auto
in der Schweiz, August 1936*

Abb. 17: An Deck der »Bremen« auf der Überfahrt in die USA, 1939

Abb. 18: Die Familie Bonhoeffer an Karl Bonhoeffers
75. Geburtstag am 31. März 1943.
Dietrich ganz links, fünf Tage vor seiner Verhaftung.

*Abb. 19: Im Hof des Wehrmachtsuntersuchungsgefängnisses Berlin-Tegel
mit gefangenen italienischen Offizieren, Frühsommer 1944*

Abb. 20: Maria von Wedemeyer

Abb. 21: Die Zelle 92 im Gefängnis Tegel

Abb. 22: Das Schulhaus in Schönberg, in dem Bonhoeffer vom
6. bis zum 8. April 1945 festgehalten wurde

Abb. 23: Überreste der Hinrichtungsstätte im Hof des Arrestgebäudes
im KZ Flossenbürg, um 1964

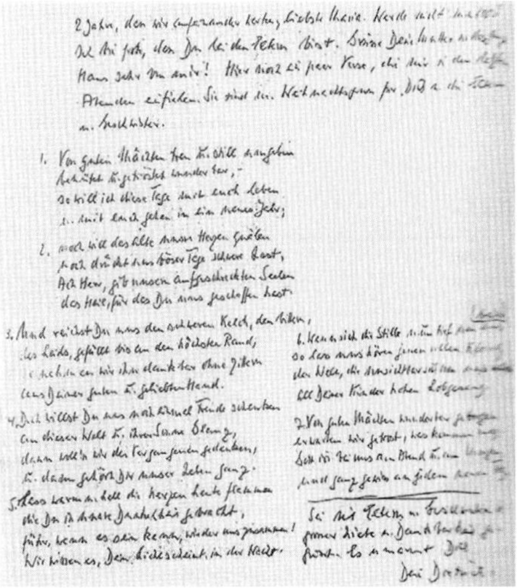

Abb. 24: »Von guten Mächten«, handschriftliche Fassung Dietrich Bonhoeffers

Abb. 25: Westfront der Westminster Abbey in London mit den Statuen von Märtyrern des 20. Jahrhunderts – rechts Dietrich Bonhoeffer

schließen lassen und eigene Ausbildungsstätten für junge Theologen geschaffen. Der Dienst in der SA und in Arbeitslagern gehörten dabei zur »vorbildlichen Erziehungsform«. Die Seminare der Bekennenden Kirche sollten die »Kraftzentren« einer Gegenkirche werden.[176]

Das Angebot war reizvoll. Doch noch reizvoller erschien es Dietrich, die vielleicht letzte Chance zu nutzen, nach Indien zu reisen. Bekannte und Freunde konnten sich nicht genug wundern über diese ausgefallene Idee. Sogar sein Bruder Karl-Friedrich scheint ihn für »verrückt und fanatisch« gehalten zu haben. Nur seine Großmutter hatte Verständnis dafür, dass Dietrich sich diesen Traum erfüllen wollte, ehe er in festen Lebensumständen gebunden war. Vor allem hoffte er, bei diesen »Heiden« mehr Christentum zu finden als in den westlichen Ländern. Der Verwirklichung seines Traumes war er nie so nahe gekommen. Bischof Bell hatte ein Empfehlungsschreiben an Mahatma Gandhi gesandt. Im November bekam Dietrich tatsächlich einen Brief von diesem sanften Rebellen, der mit seinem gewaltlosen Widerstand der Kolonialmacht England die Stirn bot. Er könne gerne zu ihm kommen, schrieb Gandhi, wenn Dietrich das Klima vertrage und sich mit der vegetarischen Kost und einfachen Unterkunft zufriedengebe. »Im Blick auf Ihren Wunsch, an meinem täglichen Leben teilzunehmen«, heißt es in dem Brief, »möchte ich Ihnen sagen, dass Sie sich bei mir aufhalten können, wenn ich nicht im Gefängnis bin […].«[177]

Das Klima und das Essen wären für Dietrich kein Hindernis gewesen. Wohl aber, dass zu wenig Zeit blieb und er von allen Seiten bedrängt wurde, jetzt, wo das Haus der Kirche brenne, nicht wegzulaufen. Die deutschen evangelischen Gemeinden in Großbritannien sagten sich von der Reichskirche los. Das geplante Predigerseminar sollte schon im Frühjahr des nächsten Jahres beginnen und Dietrich musste sich vorbereiten. Dazu wollte er mehrere Klöster in England besuchen, um sich von dort Anregungen zu holen. Denn was ihm vorschwebte, war, dass das Seminar eine Art klösterliche Gemeinschaft sein sollte. Schweren Herzens verzichtete er auf Indien.

Die Zeit in London ging für Dietrich langsam zu Ende. Der von ihm gegründete Chor von St. Paul hatte mittlerweile solche Fortschritte gemacht, dass er am 25. November 1934, dem Totensonntag, das *Deutsche Requiem* von Brahms aufführen konnte. Dietrich sang mit. Am 10. März hielt er seine letzte Predigt. Nur wenige Tage später wurde in Deutschland die allgemeine Wehrpflicht eingeführt. Dietrich musste nun damit rechnen, dass auch er im Kriegsfall als Soldat eingezogen würde – ebenso wie die Studenten des Seminars, das er leiten sollte. Es war nur eine Frage der Zeit, bis die Regierung solche Einrichtungen für illegal erklären würde. Wenn Dietrich dennoch an seinen Plänen für dieses Seminar festhielt, war das ein erster Schritt in den Widerstand.

Dietrich Bonhoeffer war kein Revolutionär. Seine Studenten überraschte er einmal mit der Bemerkung, dass man sich erst einmal fügen und die Realität gewollt annehmen müsse. Das sollte nicht bedeuten, dass diese Realität gut ist. Er wollte vielmehr damit sagen, dass man die Tatsachen als Tatsachen akzeptieren soll, auch den Sieg Hitlers. Dann aber gilt es, jeden Tag neu aus Gottes Hand hinzunehmen und zu überlegen, was in dieser Situation von einem verlangt wird: ob man sich fügt oder widersteht.

Wie wichtig es Dietrich war, Ordnungen zu respektieren, das zeigte sich im Kleinen, als er mit seinen Studenten von der Konferenz auf Fanø zurückreiste und sie auf einem dänischen Grenzbahnhof umsteigen mussten. Die Studenten gingen einfach über die Gleise zu dem wartenden Zug nach Hamburg. Dietrich machte als Einziger den weiten Umweg über eine Holzbrücke, die über die Gleise führte. Die Studenten ließ er deutlich merken, dass er mit ihrem Verhalten nicht einverstanden war. Sie hatten eine sinnvolle Ordnung missachtet. »Die kleinste Verletzung von Ordnung schmerzte ihn«, erinnerte sich später einer seiner Studenten.[178] Und in Deutschland war vieles in Unordnung.

Fast ein Heiliger

Es war schon dunkel, als der Zug in Zingst ankam, dem Badeort auf der Halbinsel an der vorpommerschen Ostseeküste. Von hier mussten die jungen Männer zu Fuß gehen. Es war kalt an diesem 26. April 1935. Ein eisiger Wind wehte vom Meer her. Eine halbe Stunde irrten sie durch die Finsternis, ehe sie den abgelegenen »Zingsthof« fanden, ein Fachwerkhaus mit tief herabreichenden Strohdächern. Der Empfang war herzlich. Eine große, dampfende Schüssel mit Bratkartoffeln wurde vor ihnen auf den Tisch gestellt. Hier also sollten sie auf ihren Beruf als Pfarrer vorbereitet werden. Ihr Lehrer, der »Herr Direktor«, war nur wenige Jahre älter als sie, auch wenn er mit seinem dünner werdenden Haar älter wirkte. Einige, die bei ihm in Berlin studiert hatten, kannten Bonhoeffer bereits. Andere hatten noch nie von ihm gehört.

In den folgenden Tagen trafen weitere Kandidaten auf dem Zingsthof ein. Schließlich war die Gruppe mit dreiundzwanzig Leuten komplett. Unter ihnen war Eberhard Bethge aus Sachsen. Nach dem Studium hatte man ihn in das Seminar der Reichskirche nach Wittenberg geschickt. Seine Sympathie galt aber der Bekennenden Kirche. Nach dem Treffen in Barmen hatte es eine zweite Synode in Berlin-Dahlem gegeben, in der dazu aufgerufen worden war, den Anweisungen des Bischofs Müller nicht mehr zu folgen. Bethge hatte sich diesem Aufruf angeschlossen und war daraufhin aus dem Wittenberger Seminar geworfen worden.[179]

Den anderen auf dem Zingsthof war es ähnlich ergangen. Sie waren nun Aussteiger und mussten sich erst an den immer noch erschreckenden Gedanken gewöhnen, dass sie aus der offiziellen Kirche ausgeschlossen waren. Alles, was sie nun machten, war aus Sicht dieser Kirche illegal. Und das bedeutete: kein festes Gehalt, keine Anstellung, kein Pfarrhaus, keine Pensionsberechtigung. In allem waren sie allein auf die Unterstützung und den Schutz der Bekennenden Kirche und deren leitender Gremien, der »Bruderräte« angewiesen. Diese Unsicherheit war für Dietrich allerdings eine gute Voraussetzung für das, was er mit seinen Kandidaten vorhatte. Denn sie sollten glauben lernen. Und glauben bedeutete für ihn, den Schritt wagen in die »unendliche Unsicherheit«, um zu erfahren, was wirklich trägt.

Dietrich saß seinen Schülern ziemlich »beklommen« gegenüber. Wie sollte er mit so verschiedenen Charakteren umgehen? Was und wie sollte er sie unterrichten? Nach den ersten Tagen hatte er den Eindruck, dass sie alle »leer«, ja »völlig ausgebrannt« hierher nach Zingst gekommen waren.[180] Was er damit meinte, war, dass sie zwar alle Theologie studiert hatten und viel wussten über Kirchengeschichte, Dogmatik, über Vergebung, Sünde und Schuld. Aber dieses Wissen hatte für sie kaum eine persönliche Bedeutung. Die größte Gefahr bestand für Dietrich darin, dass jemand so lange über den Glauben nachdenkt, bis das Nachdenken über den Glauben wichtiger wird als der Glaube selbst. Daher sollten seine Schüler alles, was sie bei ihm in den Kursen lernten, als lebendige Erfahrung im Zusammenleben einüben. Erkenntnis, so meinte er, könne nicht von Existenz getrennt werden. Nur so, das war Dietrichs Überzeugung, waren diese jungen Menschen den Herausforderungen gewachsen, die auf sie zukamen.

Die Kandidaten des ersten Kurses waren ein lockeres Studentenleben gewöhnt. Daher war es für sie ein »Schock«, dass der Direktor Bonhoeffer für sie einen strengen Tagesablauf festsetzte, der mit frühem Aufstehen, einer Morgenandacht und einer halben

Stunde Meditation begann. Leichter wurde es ihnen dadurch gemacht, dass Bonhoeffer kein Direktor war, der etwas verlangte, das er nicht selbst vorlebte. Er ließ sich »Bruder Bonhoeffer« nennen. Und er lebte auch vor, dass zu einer christlichen Gemeinschaft nicht nur anspruchsvolle Vorlesungen und Bibelarbeit gehörten, sondern auch Freizeit und Spaß. Er erfand immer neue Spiele. Im Tischtennis war er unschlagbar. Zu Pfingsten machten sie einen gemeinsamen Fahrradausflug. Und als der Sommer kam, wurden die Kurse manchmal spontan unterbrochen, um an den nahe gelegenen Strand zu laufen und im Meer zu baden. »Unser Chef ist aber doch ein fabelhafter Mann, der jeden Unsinn mitmachen kann«, schrieb Gerhard Vibrans an seine Eltern. »Beim Baden im Meer findet eine Unterwassersynode statt.«[181]

Diese Synode unter Wasser war vermutlich eine spielerische Kritik an der dritten Synode der Bekennenden Kirche, die kurz vorher in Augsburg stattgefunden hatte. Dort hatte sich gezeigt, dass die »Bekenntnisfront« keineswegs einheitlich war. Ein Streitpunkt war die Frage, wie man sich zu Karl Barth verhalten sollte, der den Beamteneid auf den Führer verweigert hatte und nun seine Professur in Bonn zu verlieren drohte. Kritik am Staat war in manchen Kirchenkreisen tabu. Noch immer wollte man an der säuberlichen Trennung von innerkirchlichem Kampf um Unabhängigkeit und Widerstand gegen den Staat festhalten. Nach Dietrichs Meinung war es höchste Zeit, diese Trennung aufzugeben: »… es ist ja doch alles nur Angst«, hatte er an seinen Freund Erwin Sutz geschrieben.[182]

Der Zingsthof war als Quartier für Dietrichs Seminar nur eine Übergangslösung. Im Sommer wurde er von anderen Gruppen beansprucht. Außerdem war das Haupthaus im Winter nicht heizbar. Dietrich musste sich im Juni nach einer neuen Bleibe umsehen. Er fand sie in dem kleinen Ort Finkenwalde, südöstlich von Stettin.

Das alte Gutshaus war vor einigen Jahren noch als Privatschule genutzt worden. Das Haus mit seinen Nebengebäuden war schön gelegen, am Waldrand, nahe einem See und einem Seitenarm der Oder. Die Räume waren jedoch in einem schrecklichen Zustand. Die Seminaristen mussten erst einmal zu Putzlappen, Hammer und Pinsel greifen, um ihre neue Unterkunft bewohnbar zu machen. Die ehemalige Turnhalle der Schule wurde zu einer Kapelle umgestaltet. In einem Zimmer des Hauses fand ein geschenkter Flügel seinen Platz. Dietrichs *Bechstein*-Flügel aus London kam später noch dazu. Dietrich ließ auch alle seine Bücher kommen und richtete eine kleine Bibliothek ein.

Was noch fehlte, waren Möbel, Haushaltsgegenstände und Lebensmittel. Die Seminaristen reimten ein langes witziges Gedicht, in dem sie die umliegenden Kirchengemeinden und Bauern um Hilfe baten. Der Erfolg war umwerfend. Stühle, Tische, Sofas, Betten, Decken, Gardinen und sogar Serviettenringe wurden geschenkt. Eier, Schinken, Kartoffeln und Körbe mit Obst brachten die Leute vorbei. Und eines Tages wurde ein ganzes Schwein angeliefert. Alles landete in der Küche, wo die fast achtzigjährige »Hausdame« Erna Struwe daraus das Essen zubereitete. Alle sonstigen Hausarbeiten wurden brüderlich aufgeteilt. Dietrich beanspruchte für sich keine Sonderrechte. Als einmal Hilfe in der Küche benötigt wurde und sich keiner meldete, stand er auf und machte den Abwasch alleine.

Sobald die gröbsten Arbeiten erledigt waren, verlief das Leben in Finkenwalde wieder in geregelten Bahnen. Um sieben Uhr morgens standen alle auf zur Andacht. Nach dem Frühstück meditierte jeder für sich eine halbe Stunde lang über eine Bibelstelle. Danach wurde aus dem griechischen Neuen Testament übersetzt. Es folgte eine Vorlesung, meistens gehalten von Dietrich, über Kirchenverfassung, Predigtlehre oder Erziehung. Vor dem Mittagessen wurde gesungen und Musik gemacht. Nach dem Mittagessen war frei. Einige gingen schwimmen, andere spielten Fußball oder Tischtennis. Der Rest des Nachmittags war eigenen Studien vorbehalten. Mit einer Andacht nach dem Abendessen wurde der Tag beschlossen. Gegen elf Uhr gingen alle schweigend zu Bett.

Alles Störende wurde ferngehalten. Es gab keine Zeitung. Das einzige Radio und das Telefon wurden nur in Notfällen benutzt. Außenstehende hegten daher den Verdacht, Bonhoeffer wolle mit Finkenwalde ein evangelisches Kloster schaffen. Sogar Karl Barth witterte den »Geruch eines klösterlichen […] Pathos«[183]. Nichts lag Dietrich ferner. Entschieden wandte er sich gegen ein »Raumdenken«, wonach ein christliches Leben nur in einer Nische, in weltabgewandter Einsamkeit möglich wäre. Für einen Christen darf es nach Bonhoeffer keinen »Rückzugsort« von der Welt geben. Christentum müsse, so schreibt er einmal, »mitten in der Welt gelebt werden«, im »Nahkampf«.[184] So verstanden war Finkenwalde ein Ort, wo die Seminaristen sich in »innerster Konzentration« auf ihren Einsatz in der Welt vorbereiteten. Dietrich schickte sie von Zeit zu Zeit in die umliegenden Gemeinden, wo sie Kurse abhielten, predigten und seelsorgerlich tätig waren. Er selbst war oft in Berlin, um mit Niemöller und dem Bruderrat Kontakt zu halten.

Es waren keine guten Nachrichten, die er von dort nach Finkenwalde mitbrachte. Die Regierung hatte ihre Taktik gegenüber der Kirche geändert. Die plumpen Methoden der Deutschen Christen hatten den Widerstand ihrer Gegner nur verstärkt. Jetzt wollte man mit subtileren Mitteln die kirchlichen Rebellen an ihrem schwächsten Punkt treffen, und das war die Staatstreue vieler ihrer Mitglieder. Gegen kirchliche Missstände zu protestieren, war ihnen noch verhältnismäßig leichtgefallen. Gegen staatliche

Gesetze zu verstoßen, war für manche undenkbar. Hitler richtete ein Kirchenministerium ein und ernannte Hanns Kerrl zum Minister für kirchliche Angelegenheiten. Kerrl trat sein Amt an mit einem Friedensangebot. Er wollte die verschiedenen Gruppen innerhalb der evangelischen Kirche miteinander und mit dem Staat versöhnen. Es war ein geschickter Schachzug Kerrls, dass er den allseits geachteten westfälischen Pfarrer Wilhelm Zoellner als Verbündeten gewinnen konnte. Zoellner sollte Kirchenausschüsse einrichten, in denen gemäßigte Deutsche Christen und Vertreter der Bekennenden Kirche zusammenfanden. Diese Versöhnung sollte dann natürlich auf der Grundlage staatlicher Gesetze stattfinden. Der nationalsozialistische Staat sollte das »Primat« über die Kirche haben. Was Kerrl mit seiner scheinbar toleranten Politik beabsichtigte, war nichts anderes als der »sanfte Erstickungstod«[185] der Bekennenden Kirche.

Dieses verlockende Angebot, den Ausschüssen beizutreten, war für Bonhoeffer eine Falle. Die Beschlüsse von Barmen und Dahlem konnten seiner Meinung nach nicht aufrechterhalten werden, wenn man sich unter staatliche Kontrolle begab. Das Argument, man müsse sich auf seine Gegner ein Stück weit einlassen, um Schlimmeres zu verhüten, ließ er nicht gelten. »Wenn man in den falschen Zug einsteigt«, so meinte er, »nützt es nichts, wenn man im Gang entgegen der Fahrtrichtung läuft.«[186] Wohin dieser falsche Zug raste, das war für ihn spätestens nach dem Reichsparteitag der NSDAP im September 1935 klar. Dort waren die sogenannten Nürnberger Gesetze verkündet worden. Sie waren die juristische Grundlage für die Diskriminierung und Verfolgung der Juden.

Zehn Tage nach dem Reichsparteitag fuhr Dietrich mit seinem Kurs nach Berlin, wo in Steglitz die Synode seiner Landeskirche stattfand. Er erwartete ein klares Wort gegen die Beschlüsse von

Nürnberg. Zwar wurde der Arierparagraf für die Kirche abgelehnt. Doch ausdrücklich wurde dem Staat das Recht zugestanden, die Judenfrage zu lösen. Dietrich war tief enttäuscht. Wieder kreiste die Kirche um sich selbst. Sie war nicht mehr die Sprecherin für die Stummen, die Wehrlosen, die Opfer. Saßen nicht seit Mai drei hessische Pfarrer im Konzentrationslager Dachau? Reichte es, für sie zu beten? Zu meinen, dass die Kirche ihre Eigenständigkeit wahren kann, wenn sie sich nicht in die Angelegenheiten des Staates einmischt, war ein Trugschluss. Das Hitler-Regime war längst dabei, diese Eigenständigkeit zu zerstören. Die Kirchenausschüsse waren ein wirksames Mittel dazu. Große Teile der Bekennenden Kirche waren bereit, darin mitzuarbeiten. Die Ausschüsse schienen ihnen eine vernünftige Sache. Viele aus der Bekennenden Kirche wollten zurück zur Normalität. Und vor allem wollten sie, dass in dieser »großen Stunde« des deutschen Volkes nicht länger an ihrer nationalen Gesinnung gezweifelt wird. Wie bereit sie damit waren, sich auf die Ideologie der Nazis einzulassen, zeigte ein Aufruf Wilhelm Zoellners. Darin hieß es: »Wir bejahen die nationalsozialistische Volkwerdung auf der Grundlage von Rasse, Blut und Boden.«[187]

Mitte Oktober 1935 ging der erste Finkenwalder Kurs zu Ende. Die Kandidaten wurden in eine unsichere Zukunft entlassen. Sechs von ihnen blieben in Finkenwalde. Mit ihnen wollte Dietrich ein »Bruderhaus« einrichten, eine dauerhafte Gemeinschaft, die auf alle Privilegien verzichtet und sich bereithält, wo und wie auch immer eingesetzt zu werden. Eberhard Bethge gehörte auch dazu. Er war zu einer unverzichtbaren Stütze für Dietrich geworden und zu einem engen Freund. In Finkenwalde witzelte man, er sei der »Liebling des Chefs« oder der »Stellvertreter des Führers«. Dietrich beneidete Bethge darum, dass er bei allen so beliebt war. Er selbst wäre auch gerne als Kamerad behandelt worden. Er blieb der »Chef«, und für einige war er eine »Primus-figur«[188], einer, der auf jedem Gebiet der Erste und Beste war und neben seinen vielen Verpflichtungen auch noch an einem Buch schrieb. Um »Nachfolge« sollte es gehen. Dietrich hatte im Kurs viel darüber erzählt. Er wollte die Frage beantworten, was der Mann aus Nazaret meinte, als er die Menschen aufforderte, ihm nachzufolgen.

Ganz sicher habe Jesus damit nicht gemeint, sich in fromme Innerlichkeit zurückzuziehen. »Nachfolge« bedeutete für ihn, den Ruf Gottes zu hören und dessen Gebote, vor allem die Werte der Bergpredigt, im Alltag zu verwirklichen. Dem »Hören« muss ein »Gehorchen« folgen, dem Wort die Tat. Nachfolge ist letztendlich immer politisch. Im Grunde fasste Dietrich Bonhoeffer mit seinem Buch nur das in Worte, was er mit seinen »Brüdern« in Finkenwalde zu leben versuchte. Es ist das totale Gegenprogramm zur Ideologie der Nazis. Deren Parole, dass der Einzelne nichts ist und das Volk alles, wird auf den Kopf gestellt. Nachfolge beginnt mit dem Einzelnen. Er wird durch die Bibel hellhörig und so gestärkt in seiner Bereitschaft zum Widerstand in einer Welt, in der Juden im Nachthemd durch die Straßen getrieben und Andersdenkende für vogelfrei erklärt werden.

In und mit diesem Widerstand bleibt der Einzelne nicht allein. Es drängt ihn danach, sich mit anderen zusammenzutun. Die Gemeinschaft, die so entsteht, ist das Gegenteil eines Volkes, das durch Terror und Propaganda zur gleichgeschalteten Masse wird. Ihr Zusammenhalt erwächst ebenso wenig aus dem berauschenden Gefühl der eigenen Stärke. Nachfolge, das bedeutet auch die freiwillige Gemeinschaft von Gleichgesinnten, die nach dem Geist und den Werten der Bibel leben. »Jeder tritt allein in die Nachfolge«, heißt es in Dietrichs fertigem Buch, »aber keiner bleibt allein in der Nachfolge.«[189]

Im Winter pendelte Dietrich zwischen Berlin und Finkenwalde hin und her. Er gab wieder Vorlesungen an der Universität und gleichzeitig musste er sich um den neuen Kurs kümmern. Neunzehn Kandidaten hatten sich angemeldet. Der Kurs begann mit düsteren Vorahnungen. Minister Kerrl hatte offen damit gedroht, die Bruderräte auszuschalten. Am 2. Dezember kam einer der Seminaristen aufgeregt von einem Ausflug nach Stettin zurück. Er hatte eine Zeitung dabei, die er sofort zu Dietrich brachte. Darin wurde berichtet, dass der Reichsminister Kerrl ein Gesetz erlassen hatte, aus dem hervorging, dass die Predigerseminare der Bekennenden Kirche nun auch staatlicherseits verboten waren. Dietrich versammelte alle Kandidaten im Hauptraum. Er schilderte ihnen die Lage und stellte es jedem Einzelnen frei, zu gehen oder zu bleiben. Bleiben hieß, in der Illegalität, nun auch der staatlichen, zu leben. Gehen hieß, sich den Reichskirchenräten zu unterstellen und die sichere Existenz zu wählen. Alle waren entschlossen zu bleiben.

Mit gewaltsamen Maßnahmen der Regierung war vorerst nicht zu rechnen. Die Olympischen Winterspiele in Garmisch-Partenkirchen standen kurz bevor und am 1. August sollte Hitler die Sommerspiele in Berlin eröffnen. Das war die Gelegenheit für die Nazis, Deutschland im Ausland als gastfreundliches, liberales Land zu präsentieren. Ein Vorgehen gegen die Kirchen hätte dieses Bild beschädigt. Der Kurs in Finkenwalde ging weiter. Und Dietrich konnte seine Vorlesungen halten.

In Berlin waren die Eltern im Herbst in ein neues Haus in der Marienburger Allee umgezogen, in die Nachbarschaft ihrer Tochter Ursula und ihres Mannes Rüdiger Schleicher. Für Dietrich war in dem Neubau ein eigenes Mansardenzimmer im Dachgeschoss eingerichtet worden. Nur wenige Monate nach dem Umzug wurde Julie Bonhoeffer krank und starb am 13. Januar 1936, dreiundneunzig Jahre alt. Für Dietrich, der seit seiner Kindheit an seiner Großmutter hing, war das eine schlimme Nachricht. Er ließ es sich nicht nehmen, bei der Beerdigung die Grabrede zu halten. Er betonte die Unbeugsamkeit dieser Frau, ihre »innere Fröhlichkeit« und ihre »kraftvolle Lebensbejahung« und dass es zeitlebens ihr Ziel gewesen war, klar, nüchtern und aufrichtig zu sein. Dann wurde er konkreter: »Sie konnte es nicht ertragen, wo sie diese Ziele missachtet sah, wo sie das Recht eines Menschen vergewaltigt sah. Darum waren ihre letzten Jahre getrübt durch das große Leid, das sie trug über das Schicksal der Juden in unserem Volk, an dem sie mittrug und mitlitt. Sie stammte aus einer anderen Zeit, aus einer anderen geistigen Welt – und diese Welt sinkt nicht mit ihr ins Grab.«[190]

Dietrich dachte dabei sicher an seine Eltern. Vielleicht auch an sich selbst, und bestimmt an eine ältere Dame, die er inzwischen kennengelernt hatte. Sie war auch aus einer anderen Zeit, einer anderen geistigen Welt. Sie hieß Ruth von Kleist-Retzow und besuchte fast jeden Sonntag die Gottesdienste in Finkenwalde. Sie schätzte Dietrich sehr. Und die achtundsechzigjährige Witwe erinnerte Dietrich an seine Großmutter. Frau von Kleist-Retzow gehörte das Gut Kiekow in Hinterpommern. Sie hatte in Stettin eine große Wohnung gemietet, um die Erziehung ihrer zahlreichen Enkelkinder zu überwachen. In dieser »Enkelpension« herrschte eine Mischung aus christlichem Geist und preußischer Disziplin. Wenn Frau Kleist-Retzow nach Finkenwalde kam, wurde sie manchmal auch begleitet von ihren Enkelinnen Alice und Maria von Wedemeyer, die mit den Kandidaten Tischtennis spielten, während ihre Großmutter lange Gespräche mit Dietrich führte. Dass die elfjährige Maria einmal Dietrichs große Liebe werden würde, ahnte natürlich keiner.

Dietrichs Geschwister waren alle schon verheiratet. Er selbst wagte an eine Ehe nicht zu denken. Überhaupt scheint er zu dieser Zeit entschlossen gewesen zu sein, ein Junggeselle zu bleiben. Mit Elisabeth Zinn, seiner Studienfreundin und ersten Liebe, hatte er über die Jahre hinweg noch losen Kontakt gehalten und ihr seine Predigten aus London geschickt. Irgendwann zu dieser Zeit scheint für beide festgestanden zu haben, dass diese Beziehung keine Zukunft hat. Elisabeth heiratete 1938 den Theologen Günther Bornkamm. Dietrich wollte ganz für seine Finkenwalder Gemeinschaft da sein und ein vorbildliches christliches Leben führen. Eine Frau passte da nach seinen Vorstellungen nicht hinein. Dazu war sein Leben auch zu unstet und gefährdet. Der Meinung eines seiner Kandidaten, dass ein »frauenloses Dasein« ein ziemlich »freudloses Dasein« sei, konnte er sich erst später anschließen.[191]

Was Dietrich von sich selbst verlangte, erwartete er auch von anderen. Das führte zu Spannungen mit seinen Schülern. Sie empfanden manchmal einen unerträglichen Widerspruch zwischen ihren Bedürfnissen und dem Ideal, dem sie folgen sollten. Einmal, als der Kurs eine Freizeit an der Ostsee machte, kam es sogar zu einer Rebellion gegen Dietrich. Fünf »Brüder« setzten sich abends von der Gruppe ab, um tanzen zu gehen und Mädchen kennenzulernen. Für die fünf war das ein harmloses Vergnügen. Nicht so für Dietrich. Er war maßlos enttäuscht, dass sich seine Schüler der Gemeinschaft entzogen und die vereinbarten Regeln nicht einhielten. Die heftige Reaktion Dietrichs zeigt aber auch, dass durch diesen Vorfall ein wunder Punkt bei ihm berührt war. Dietrich war Frauen nie näher gekommen als im höflichen Umgang. Einige seiner Bemerkungen lassen den Schluss zu, dass das Thema Sexualität bei ihm angstbesetzt war. So lässt es sich vielleicht erklären, warum er das Verhalten seiner Mitbrüder als »wilde Ausbrüche des Geschlechts«[192] bezeichnete.

Wollte Dietrich vielleicht zu sehr mit Gewalt seinem Ideal eines heiligmäßigen Lebens entsprechen? Am Beispiel des Mönchs Martin Luther hatte er gezeigt, dass sich hinter frommer Selbstverleugnung eine sehr unfromme, weil eitle Sucht nach Perfektion und Anerkennung verstecken kann. Tappte er in dieselbe Falle? Elisabeth Zinn hat er gestanden, dass ein »wahnsinniger Ehrgeiz« ihn lange Zeit geplagt habe und er froh gewesen sei, als er sich davon habe befreien können. Holte ihn dieser Ehrgeiz wieder hinterrücks ein, nun getarnt als Streben nach einem makellosen christlichen Leben?

Auch in Finkenwalde tat sich jeder neue Kurs anfangs schwer, Dietrichs Vorgaben zu erfüllen. Morgens schweigend aufzustehen und abends schweigend ins Bett zu gehen, war für manche eine echte Zumutung. Und erst die Aufgabe, eine halbe Stunde über einen kurzen Bibeltext zu meditieren! Was brach da nicht alles an Widerstand, Ratlosigkeit, Verzweiflung, ja Zorn bei den jungen Theologen auf. Dem einen schossen tausend Gedanken durch den Kopf. Bei einem anderen blieb der Kopf leer. Ein dritter träumte. Und ein vierter rauchte Pfeife: Es wollte ihnen einfach nicht gelingen, dass der Text zu ihnen redete, wie Dietrich es ihnen in Aussicht gestellt hatte. Doch auch er lernte von seinen Schülern und war klug genug, keinen Druck auszuüben. Alles sollte zugelassen werden. Meditation war keine erlernbare Technik. Es war ein sanftes Einüben, ein geduldiges Sich-bereit-Machen. Mit dem Glauben war es für Dietrich ähnlich. Er war ein Geschenk. Allerdings musste man schon selbst die ersten Schritte tun, ohne Garantie auf Erfolg. Was er »Umkehr« oder »hören« nannte, geschehe dann überraschend, ohne das eigene Zutun.

Die Seminaristen lernten diese kleinen ersten Schritte allmählich zu schätzen. Dazu gehörte die Verpflichtung, über niemanden zu reden, der nicht anwesend war. Ebenso die Kunst, dem anderen richtig zuzuhören, im Unterschied zum halben Zuhören, bei dem man nur darauf wartet, bis man selbst etwas sagen kann. Und sogar die Aufforderung, sich einem Partner anzuvertrauen, ihm also zu beichten, was anfangs als peinlich und »katholisch« empfunden wurde, erwies sich als befreiend. Es sollte kein »Sündenschnüffeln« sein, das war Dietrich zuwider. Alles Belastende sollte zum Vorschein kommen, damit es in einem Menschen nicht weiter »frisst und zerstört«, und zugleich durfte man an die göttliche Zusage der Vergebung glauben. »Christus deckt die Sünden zu«, meinte Bonhoeffer.[193]

Am stärksten wurde die Finkenwalder Gemeinschaft gefördert durch die gemeinsamen Ausflüge und Reisen. Im Frühjahr 1936, kurz nach Dietrichs dreißigstem Geburtstag, ließen sich die Finkenwalder von der schwedischen Kirche einladen. Die offiziellen kirchlichen Behörden informierte Dietrich erst kurz vor dem Aufbruch, damit diese keine Gelegenheit hatten, die Reise zu verhindern. Dass die Gruppe in Schweden viel Aufmerksamkeit erfuhr, auch in den Zeitungen, wurde im kirchlichen Außenamt als Affront gegen die Reichskirche verstanden. Es war Dietrichs alter Widersacher Theodor Heckel, der ihn in einem amtlichen Schreiben als »Pazifist und Staatsfeind« bezeichnete und forderte, ihm nicht mehr die Erziehung deutscher Theologen anzuvertrauen. Ein solches Urteil war in dieser Zeit fatal. Dietrich sollte bald die Konsequenzen zu spüren bekommen. Es dauerte nicht mehr lange, bis ihm die Lehrerlaubnis an der Universität entzogen wurde.

Nicht nur seine Gegner machten Dietrich das Leben schwer, auch in den eigenen Reihen der kirchlichen Opposition wurde er zum Außenseiter. Gänzlich unbeliebt machte er sich durch einen Satz in einem veröffentlichten Vortrag, wo er der Frage nachging, was eigentlich Kirche ist und wer zu ihr gehört: »Wer sich wissentlich von der Bekennenden Kirche in Deutschland trennt, trennt sich vom Heil.«[194] Ohne auf den Zusammenhang zu achten, in dem dieser Satz stand, wurde er von vielen so verstanden, als wolle sich Bonhoeffer zum Papst machen und darüber urteilen, wer ein richtiger Christ sei und wer nicht. Das lag Bonhoeffer fern. Der Satz war gegen jene gesprochen, die sich erst zu den Grundsätzen von Barmen und Dahlem bekannt hatten und nun »wissentlich«, also in klarer Entscheidung, wieder davon abrückten und sich einem Unrechtsstaat andienten. Damit stellten sie sich für Dietrich außerhalb der Kirche. Denn Kirche war für Bonhoeffer da, wo man sich zu den Worten der Bibel bekannte und danach handelte.

»Schwärmer«, »Fanatiker«, »Dahlemist« waren noch die mildesten Vorwürfe, die er sich anhören musste. Das konnte er ertragen. Schwerer traf es ihn, wenn einer seiner Kandidaten die Seiten wechselte und Finkenwalde verließ. Vorwürfe gab es nicht. Aber Dietrich fühlte sich, als habe er versagt. Umso engagierter war sein Einsatz für jene, die nun vermehrt dem staatlichen Terror zum Opfer fielen. Einen jungen Pfarrer mit jüdischen Wurzeln, der von SA-Leuten zusammengeschlagen worden war, holte er nach Finkenwalde, um ihn zu pflegen. Ebenso zwei Pfarrer, die sich geweigert hatten, ihre Stelle zu räumen, und monatelang im Gefängnis gesessen hatten.

Es waren solche Akte des Terrors, die den radikalen Flügel der Bekennenden Kirche endlich dazu bewogen, den NS-Staat direkt anzugreifen. Es entstand eine Dokumentation, in der Rechtsverstöße und willkürliche Übergriffe aufgelistet und belegt wurden. Auch die Konzentrationslager und die von keinem Recht überwachten Methoden der Geheimen Staatspolizei wurden darin angeprangert. Die Denkschrift war für Hitler persönlich gedacht. Sie wurde am 3. Juli in der Reichskanzlei abgegeben. Eine Kopie wurde beim Kanzleileiter der Bekennenden Kirche, dem Juristen Friedrich Weißler, verwahrt.

Hitler reagierte nicht, nicht nach einer, nicht nach fünf Wochen. Nach sechs Wochen wollten zwei junge Theologen Hitlers Taktik des Schweigens nicht mehr länger hinnehmen und den Führer zu einer Reaktion zwingen. Der eine, Werner Koch, war Kandidat in Bonhoeffers Finkenwalder Kurs. Der andere, Ernst Tillich, hatte bei Bonhoeffer studiert. Die beiden überredeten Weißler, die Denkschrift aus seinem Panzerschrank zu nehmen und ihnen für eine Nacht zur Verfügung zu stellen. Statt, wie abgemacht, nur eine kurze Zusammenfassung zu erstellen, die man der Presse zuspielen wollte, machte Tillich eine komplette Abschrift und übergab sie ausländischen Journalisten. Die Aufregung war groß, als am 23. Juli das Dokument in den *Basler Nachrichten* erschien.[195]

Koch und Tillich hatten darauf spekuliert, dass die Nazis so kurz vor den Olympischen Spielen keine aufsehenerregenden Gegenschläge wagen würden und Hitler zu einer Stellungnahme gezwungen wäre. Sie hatten nicht bedacht, dass ihre mutige Aktion das Gegenteil bewirken könnte und es für die Nazis ein Leichtes war, die Unterzeichner der Denkschrift, unter ihnen Niemöller, als Handlanger der Auslandspropaganda und Hochverräter zu denunzieren. Auch die gemäßigten Teile der oppositionellen Kirche distanzierten sich vom radikalen Flügel. Hitler reagierte natürlich nicht. Er war auf dem Höhepunkt seiner Macht und bewunderter als je zuvor. Die Denkschrift wurde als Nörgelei von »vaterlandslosen Gesellen« abgetan. Wer hinter der Sache steckte, fand man bald heraus. Noch passierte nichts.

Während der Olympiade war Deutschland wie verwandelt. Propagandaminister Goebbels hatte alles dafür getan, um den ausländischen Gästen eine weltoffene, friedliebende Nation vorzugaukeln. Verbotsschilder für Juden waren aus den Straßen verschwunden. Antisemitische Hetze in Zeitungen wurde verboten. Vertretern der Bekennenden Kirche wurde sogar erlaubt, Vorträge in Berlin anzubieten. Dietrich Bonhoeffer sprach in der überfüllten Apostel-Paulus-Kirche über Kirchenlieder. Ein nur scheinbar harmloses Thema. »Die Mächte, die die Kirche bedrohen, sind ungeheuer«, sagte Dietrich. »Noch wissen wir nicht, was Gott vorhat mit seiner Bekennenden Kirche. Kein Blick zurück ist uns erlaubt [...].«[196]

Der Blick in die Zukunft war düster. Nach dem Ende des »Weltfriedensfestes« war es mit der Schonzeit vorbei. Friedrich Weißler und Ernst Tillich wurden am 7. Oktober verhaftet. Walter Koch einige Wochen später. Die drei Männer wurden in das Gestapo-Gefängnis am Berliner Alexanderplatz gebracht. Bei den Untersuchungen fiel auch der Name Bonhoeffer. Dietrich besuchte Werner Kochs Verlobte. Ihm selbst schickte er einen Weihnachtsbrief in die Zelle, und er versuchte, über Bischof Bell die Freilassung seines Zöglings zu erreichen. Vergeblich. Koch wurde zusammen mit Tillich und Weißler in das Konzentrationslager Sachsenhausen gebracht. Der Hilfe und Solidarität seiner kommunistischen Mitgefangenen hatte er es zu verdanken, dass er überlebte.

Der schmächtige Weißler hatte nicht dieses Glück. Als Jude wurde er von seinen Freunden getrennt. Im berüchtigten »Bunker« wurde er schrecklich misshandelt und von dem Blockführer Paul Zeidler schließlich zu Tode getrampelt. Um den Mord zu vertuschen, wurde seine Leiche aufgehängt und sein Tod als Selbstmord dargestellt. Eine Obduktion seiner Leiche wurde verboten. SS-Leute bewachten zwei Wochen lang sein Grab. Friedrich Weißler war der erste Märtyrer der Bekennenden Kirche. Ein Jude.

Das Leben in Finkenwalde ging zunächst weiter. Im Oktober begann ein neuer Kurs. Dreiundzwanzig Bewerber hatten sich angemeldet. Es sollte der vorletzte Kurs sein. Im neuen Jahr waren die Verbote und Verordnungen so zahlreich, dass es kaum möglich war, an einem Tag nicht gegen ein Gesetz zu verstoßen. Versammlungen in Notkirchenräumen wurden untersagt. Das Einsammeln von Kollekten für die Bekennende Kirche war strafbar. Im Sommer 1937 kam es zu einer großen Verhaftungswelle. Auch Martin Niemöller traf es. Er wurde als persönlicher Gefangener des Führers in das KZ Sachsenhausen eingeliefert. Zu Ende des Jahres 1937 waren über achthundert Angehörige der Bekennenden Kirche hinter Gittern. Dietrich kümmerte sich um die Ehefrauen und Verlobten von Verhafteten und brachte einige zu seiner Freundin Ruth von Kleist-Retzow. Er selbst besuchte Gefangene wie Wilhelm Rott, der in Finkenwalde seine rechte Hand gewesen war. Nach dessen Entlassung wartete Dietrich schon auf den Opernfan Rott – mit zwei Karten für *Don Giovanni*.

Ende September verbrachten Dietrich und Eberhard einige Ferientage am Königssee und besuchten anschließend Sabine Leibholz in Göttingen. Dort erreichte Dietrich ein Telefonanruf aus Stettin. Die Geheime Staatspolizei war im verlassenen Seminarhaus aufgetaucht, hatte der Haushälterin Frau Struwe den Schließungsbefehl überreicht und die Türen versiegelt. Das war das Ende von Finkenwalde. Als einige Monate später Werner Koch aus dem KZ entlassen wurde, galt einer seiner ersten Besuche seinem Lehrer Dietrich Bonhoeffer. Bei einer Autofahrt ließ sich Dietrich genau erzählen, was er erlebt hatte und wie es im KZ zuging. Ob er geschlagen und gefoltert worden sei. Ob es sadistische Aufseher gebe. Ob man Stille zum Gebet finden könne. In seinen Erinnerungen schrieb Koch: »Nach jeder Antwort versinkt er in Schweigen. Manchmal dauert es Minuten, ehe er die Frage stellt.

Ich spüre, wie es in ihm arbeitet. Mir wird deutlich, dass er alle Kraft drauf verwendet, sich vorzustellen, wie er selbst sich verhalten würde, wenn er in die gleiche Lage käme. Dass sie ihn ereilen würde, ist ihm gewiss!«[197]

Onkel Rudi und die »teure Gnade«

Am Freitag, den 9. September 1938 wurde Marianne Leibholz,
die elfjährige Tochter von Dietrichs Zwillingsschwester Sabine
und deren Mann Gerhard, wie immer frühmorgens vom Kindermädchen geweckt, um sich für die Schule fertig zu machen. Am
Abend vorher waren ihre Eltern von einer Reise nach Berlin zu-
rückgekommen, in Begleitung von Onkel Dietrich und dessen
Freund Eberhard Bethge. Marianne und ihrer Schwester Christiane wurde gesagt, dass sie heute nicht in die Schule zu gehen bräuchten, sondern dass sie alle zusammen eine kurze Reise
nach Wiesbaden machen würden. Eilig wurden die Koffer ge-
packt und in das Auto der Familie und in Dietrichs Wagen ver-
staut. Auf der Fahrt saßen abwechselnd die Eltern und Dietrich
mit Eberhard bei den Kindern und sangen mit ihnen Lieder. Marianne erlebte Onkel Dietrich wie immer, »sehr stark und zuversichtlich, sehr freundlich und bestimmt«. Bei Gießen hielten die
Autos an und es wurde ein Picknick gemacht. Anschließend fuhr
die Familie Leibholz alleine weiter. Dietrich und Eberhard winkten ihnen nach.[198]

Die Leibholzens fuhren nicht nach Wiesbaden, sondern an
die Schweizer Grenze, wo sie nachts ankamen. Die Grenzbeam-
ten witterten keinen Verdacht und ließen sie durch. Die Familie
war in Sicherheit. Bei ihrem Aufenthalt in Berlin hatten Gerhard
und Sabine beschlossen, Deutschland so schnell wie möglich zu
verlassen. Krieg schien unvermeidlich, seitdem Hitler damit gedroht hatte, die überwiegend von Deutschen bewohnten Gebiete

der Tschechoslowakei, das sogenannte Sudetenland, zu besetzten. Außerdem hatten sie von Sabines Schwager Hans von Dohnanyi erfahren, dass die Regierung plane, die Pässe von Nichtariern mit einem »J« für »Jude« zu versehen. Damit wäre jede Flucht ins Ausland unmöglich geworden.

Dietrich und Eberhard fuhren zurück nach Göttingen und blieben vier Wochen im Haus der Familie Leibholz in der Herzberger Landstraße. Dietrich saß jeden Tag viele Stunden am Schreibtisch seines Schwagers und schrieb ein Buch über seine Erfahrungen in Finkenwalde. *Gemeinsames Leben* sollte es einmal heißen. Zwischendurch spielten die beiden Freunde Tennis oder hörten im Radio einen englischen Sender, um zu erfahren, wie es in der Sudetenkrise weiterging. Der britische Premierminister Chamberlain suchte Hitler auf, um einen erneuten Krieg zu verhindern. Schließlich kam es Ende September zu einer Konferenz in München, auf der die Siegermächte des Ersten Weltkriegs dem Anschluss des Sudentenlandes an das Deutsche Reich zustimmten.

Dietrich war enttäuscht über diese scheinbar friedliche Lösung des Konflikts. Von seinem Schwager Hans von Dohnanyi wusste er, dass ein Teil der Wehrmacht geplant hatte, Hitler zu stürzen, wenn er den Befehl zum Angriff auf die Tschechoslowakei erteilt hätte. Es war sogar erwogen worden, Hitler für geisteskrank zu erklären. Das entsprechende psychiatrische Gutachten hätte Dietrichs Vater Karl Bonhoeffer erstellen sollen. Mit dem Einlenken der Siegermächte waren alle diese Pläne hinfällig. Hitler wurde nun gefeiert als Bewahrer des Friedens. Dabei betrachtete er das Münchner Abkommen als lästige Verzögerung seiner Pläne. Er dachte nicht daran, sein Versprechen einzuhalten, keine weiteren Gebietsansprüche zu stellen. Zum Krieg war er fest entschlossen.

Dietrich telefonierte jeden Tag mit seiner Familie in Berlin. Da man befürchtete, abgehört zu werden, hatte man vereinbart, für »Krieg« ein Codewort zu benutzen, nämlich »Onkel Rudi«. Diesen Onkel gab es wirklich. Es war Rüdiger von der Goltz, ein pensionierter Offizier und Schwager von Dietrichs Mutter, der in der Familie für seine unbeirrbare soldatische Gesinnung bekannt war. Ging es »Onkel Rudi« schlecht, war das ein Hinweis, dass die Kriegsgefahr wuchs. Die Familie Bonhoeffer in Berlin pflegte vielfältige Kontakte zu politischen und militärischen Kreisen. In der von der Propaganda vernebelten Nachrichtenlage wusste Dietrich daher mehr als die meisten seiner Freunde in der Bekennenden Kirche. Er brauchte diese Informationen, um zu überlegen, wie es mit seinen Seminaren weitergehen sollte. Dass Krieg kommt, das war für ihn sicher. Was, wenn die Repressionen gegen die Bekennende Kirche zunahmen? Was, wenn viele der ihm anvertrauten jungen Männer eingezogen wurden? Was, wenn er selbst den Musterungsbefehl bekam?

Die Wochen in Göttingen waren vielleicht die letzte ruhige Zeit. Dietrich konnte die schwierigen Monate nach der Schließung von Finkenwalde noch einmal Revue passieren lassen.

Die Zeit in Finkenwalde war die glücklichste seines bisherigen Lebens gewesen. Daraus zog er die Kraft für das Kommende. Er wusste, dass bald ganz andere Entscheidungen von ihm verlangt wurden. Eine andere Art des Widerstands schien unvermeidlich, ein Widerstand, der über den Kirchenkampf und das Bekenntnis zum Glauben hinausging. In seinem Buch *Nachfolge* hat er diesen Schritt angedeutet, als er schrieb: »Es ist wichtig, dass Jesus seine Jünger auch dort preist, wo sie nicht unmittelbar um des Bekenntnisses zu seinem Namen willen, sondern *um einer gerechten Sache willen* leiden.«[199]

Nach der Schließung von Finkenwalde hatte Dietrich nicht aufgeben wollen. Die Seminare sollten weitergeführt werden. Wie theologische Untergrundkämpfer mussten sie nun eben zu Tricks und Finten greifen, um die Verbote zu umgehen. Die Lösung war, die neuen Seminaristen in Hinterpommern bei fest angestellten Pfarrern, die der Bekennenden Kirche nahestanden, als Lehrvikare unterzubringen. Dagegen konnte die Polizei nichts einwenden. Neben ihren normalen Aufgaben wurden die Kandidaten an zwei Orten in sogenannten Sammelvikariaten zusammengezogen und ausgebildet. Der eine Ort war Köslin, östlich von Kolberg. Der dortige Pastor Friedrich Onasch, dessen Sohn Fritz ein Finkenwalder war, nahm in seinem großen Pfarrhaus bis zu zehn »illegale« Vikare auf. Der zweite Sammelpunkt war Schlawe, ein Städtchen etwa sechzig Kilometer östlich von Köslin. Weil in Schlawe zu wenig Platz war, wurden die Kandidaten im nahen Dorf Groß-Schlönitz untergebracht, in einem baufälligen Pfarrhaus. Dietrich Bonhoeffer selbst war als Hilfsprediger in Schlawe gemeldet, beim Pfarrer Eduard Block, der ihm zu einem unverzichtbaren Helfer wurde.

Um seine zwei Gruppen zu betreuen, schaffte sich Dietrich zusätzlich zum Auto, das ihm zur Verfügung stand, ein Motorrad an, eine DKW 200. Auch im Winter fuhr er bei eisiger Kälte und Schneesturm die Strecke zwischen Köslin und Groß-Schlönitz hin und her. Obwohl gerade Groß-Schlönitz ein so abgelegenes Nest war, herrschte im windschiefen Pfarrhaus keineswegs ein muffiger, hinterwäldlerischer Geist. Gerhard Lehne, der zum ersten Kurs gehörte, war mit skeptischen Gefühlen nach Hinterpommern gekommen, war aber dann begeistert vom großzügigen Lebensstil, zu dem theologische Arbeit genauso gehörte wie »Musik, Literatur, Sport und die Schönheit der Natur«. Endlich fand auch Lehne hier einen Lehrer, den er, wie er in einem Brief schrieb, »uneingeschränkt verehren kann«.[200] Gemeint war Dietrich Bonhoeffer.

Dietrich hatte dafür gesorgt, dass es im stromlosen Pfarrhaus von Groß-Schlönitz ein batteriebetriebenes Radio gab. Das Empfangen von ausländischen Sendern war noch nicht verboten. Die Kandidaten konnten sich so über die politische Entwicklung auf dem Laufenden halten. Dietrich fuhr zwischendurch nach Berlin. Seit Januar 1938 war ihm der Aufenthalt dort eigentlich verboten, weil er an einer Versammlung der Bekennenden Kirche teilgenommen hatte, die von der Gestapo aufgelöst worden war. Seine Eltern hatten erwirkt, dass er wenigstens seine Familie besuchen durfte. Das reichte Dietrich, denn in seinem Elternhaus konnte er viele Leute treffen, die Kontakt hatten zu höchsten Regierungskreisen.

Allen voran Hans von Dohnanyi. Obwohl der Mann von Dietrichs Schwester Christine nicht der NSDAP angehörte, war er nach der Machtübernahme Hitlers Anfang 1933 der persönliche Referent des Justizministers Gürtner geworden. Seine hohe Stellung hatte er genutzt, um eine Sammlung aller von den Nazis begangenen Gesetzesverstöße und Verbrechen anzulegen. Das war eine hochgefährliche Angelegenheit. Die Dokumente sollten Beweismaterial sein bei einem Prozess gegen die führenden Köpfe der Nazis. Zuvor mussten allerdings Generäle der Wehrmacht davon überzeugt werden, einen Putsch gegen Hitler zu wagen. Das war umso schwieriger, je größer Hitlers Erfolge waren.

Der »Anschluss« Österreichs an das Deutsche Reich im März 1938 versetzte Deutschland in einen nationalen Rausch, dem sich auch die Kirchen nicht entziehen konnten. Der neue starke Mann in der Leitung der evangelischen Kirche war Friedrich Werner, ein Jurist mit fast unumschränkten Befugnissen. In seiner

Begeisterung für das politische Genie Hitlers, den er als Nachfolger Luthers bezeichnete, ordnete er an, dass alle Geistlichen und Kirchenbeamten einen Treueeid auf den Führer ablegen mussten. Wer sich weigerte, wurde entlassen. Die überwältigende Mehrzahl der Pfarrer leistete den Eid. Für die Bekennende Kirche wurde diese Aufforderung zu einer erneuten Zerreißprobe. Die »illegalen« Aussteiger waren nicht betroffen, da sie nicht an die Weisungen des Kirchenministers gebunden waren. Es gab aber noch viele ältere Bekenntnispfarrer, die legale Pfarrämter innehatten. Sie mussten gegen ihr Gewissen den Treueeid ablegen, wollten sie nicht ihre sichere Stelle und damit ihre Lebensgrundlage verlieren. Im Hinblick auf diese extremen Fälle stellte es die Leitung der Bekennenden Kirche ihren Pfarrern frei, den Eid zu leisten oder nicht.

Für Dietrich Bonhoeffer war das eine fatale Fehlentscheidung. Ein Eid auf den Führer war seiner Überzeugung nach einem Christen grundsätzlich nicht erlaubt. Was ihn allerdings noch mehr empörte, war, dass nun gerade die ihm anvertrauten jungen Theologen, die so viel Opfer brachten, von ihrer Leitung im Stich gelassen wurden. Wie sollten sie standhaft bleiben, wenn schon ihre Oberen keine klare Linie vorgeben konnten? Auch das Argument, dass man die ohnehin schon stark gebeutelte Bekennende Kirche durch diese schwierigen Zeiten retten müsse, ließ Dietrich nicht gelten. Wenn es ums Ganze ging, war er bereit, auch auf diese Notkirche zu verzichten. »Wir haben unser Herz nicht an Einrichtungen und Institutionen gehängt«, schrieb er an seine »Brüder«, »auch nicht an unsere eigenen.«[201] Mit dieser Einstellung wurden Dietrich und alle, die ihm folgten, noch weiter ins Abseits gedrängt.

Ende März 1938 war der erste Kurs in den Sammelvikariaten zu Ende gegangen. Dietrich und Eberhard Bethge wollten ein paar Tage im Ferienhaus der Familie Bonhoeffer entspannen. Auf der Fahrt kamen sie in Eisenach vorbei und sahen, dass auf dem Turm der Wartburg an der Stelle des Kreuzes ein großes goldenes Hakenkreuz errichtet war. Und das in der Woche vor Ostern! »Gutes Beispiel für den Konfirmandenunterricht!«, meinte Eberhard Bethge.[202] Für Dietrich war es ein sinnfälliges Beispiel dafür, wie die deutschnationalen Christen Luther vereinnahmten und seine Lehre verfälschten. Aber es waren für ihn nicht nur national verblendete Christen, die das Erbe Luthers entstellten. Bonhoeffer klagte auch seine Kirche an, die Bedeutung zentraler Inhalte des christlichen Glaubens vergessen zu haben. Vor allem, was Gnade bedeutet.

»Gnade« ist ein zentraler Begriff im Neuen Testament und in Luthers Werk. Er verweist darauf, dass kein Mensch leben kann, ohne anerkannt, geliebt zu sein. Dieses Bedürfnis kann nach christlicher Auffassung letztendlich nur Gott stillen. Der junge Mönch Martin Luther versuchte diese Anerkennung vor Gott durch besondere Frömmigkeit zu erlangen. Seine bahnbrechende Einsicht bestand darin, dass man die Gnade Gottes nie durch eigene Leistungen und Taten verdienen kann. Gott schenkt diese Gnade aus Liebe, und diese Liebe ist immer bedingungslos. Der Mensch wird von Gott immer schon und unaufhörlich geliebt und anerkannt, er braucht nichts dafür zu tun.

Nach Bonhoeffer missversteht man jedoch diese Gnade, wenn man sie als ein unverbindliches Geschenk, als folgenlosen Freispruch betrachtet. Eine solche Gnade wird zur »Schleuderware«, die freigiebig und bedenkenlos ausgeschüttet wird, ohne dass sich etwas ändern muss. Sie ist »billige Gnade«, weil sie nichts kostet, weil sie nichts von einem verlangt, weil sie zu nichts verpflichtet. »Das Wort von der billigen Gnade«, so schreibt er, »hat mehr Christen zugrunde gerichtet als irgendein Gebot der Werke.«[203]

Wahre Gnade ist für Bonhoeffer immer »teure Gnade«. Als solche verwandelt sie einen Menschen. Sie macht ihn frei, mitten in der Welt zu leben. Und sie macht ihn gleichzeitig frei, den schärfsten Protest gegen diese Welt zu erheben. Dieser Protest bleibt nicht ohne Konsequenzen. Er kostet etwas. Das kann die Notwendigkeit bedeuten, eigene Schuld anzuerkennen oder Verzicht zu leisten. Es kann den Verlust von Ehre oder von Gütern erfordern oder sogar Gefängnis und Tod. Teure Gnade führt für Bonhoeffer immer in die Nachfolge. Und diese Nachfolge ist keine Idee, keine Theorie, keine Lehre. Sie ist konkretes Handeln in der Welt, weil derjenige, dem man nachfolgt, ein konkreter Mensch war, nämlich der lebendige, menschgewordene Jesus Christus. Er hat die teure Gnade gelebt, mit aller Liebe und allen Konsequenzen. Er ist das Vorbild. Ohne ihn gäbe es für Bonhoeffer keine Nachfolge.

An all diese vergangenen Ereignisse und an die »teure Gnade« musste Dietrich denken, als er wochenlang im verlassenen Haus seiner geflohenen Schwester saß und die beunruhigenden Radiomeldungen hörte. Am 12. Oktober 1938 verließen er und sein Freund Eberhard Göttingen. Auf der Fahrt nach Berlin kamen sie an endlosen Kolonnen von Lastwagen und Autos vorbei, die beschlagnahmt worden waren. Krieg lag in der Luft. Deutsche Truppen waren in das Sudetenland einmarschiert. Frankreich und England hielten sich noch zurück, rüsteten aber auf. Im Elternhaus in Berlin wurde die neue Lage beratschlagt. Hans von Dohnanyi war als Reichsgerichtsrat nach Leipzig versetzt worden. Darüber war er nicht unglücklich. Der Boden in Berlin war für ihn nach dem geplatzten Putsch zu heiß geworden. Dietrich fürchtete, dass sein Schwager nun als wichtige Informationsquelle ausfiel. Auf alle Fälle wollte er seine Seminare weiterführen. Das konnten viele, die ihm bis jetzt gefolgt waren, nicht verstehen. Sie warfen ihm vor, den Helden spielen zu wollen und von einer »Märtyrersucht«[204] angetrieben zu sein.

Dietrich ließen diese Vorwürfe nicht kalt, auch nicht, dass die Eltern seiner Kandidaten sich Sorgen um ihre Söhne machten. War es nicht eine Frage der Zeit, bis auch die Sammelvikariate geschlossen wurden? Standen dann diese jungen Männer nicht vor dem Nichts? Einige aus den Finkenwalder Kursen saßen schon im Gefängnis. Paul Schneider, ein Pfarrer der Bekennenden Kirche, Vater von sechs Kindern, war im KZ Buchenwald, weil er sich geweigert hatte, seine Gemeinde zu verlassen. Musste es so weit kommen? Konnte man sich nicht mit der Reichskirche arrangieren? Dietrich wurde auch von seinem älteren Bruder Karl-Friedrich aufgefordert, sich nicht unnötig in Gefahr zu bringen und mehr Rücksicht auf die Eltern zu nehmen. »Es reißt sich bestimmt keiner von uns ums Gefängnis«, hatte ihm Dietrich geantwortet. »Aber wenn es kommt, dann ist es doch – hoffentlich jedenfalls – eine Freude, weil die Sache sich lohnt.«[205]

Im winterlichen Hinterpommern fuhr Dietrich wieder jede Woche hin und her zwischen Köslin und Groß-Schlönitz. Als er nach Köslin kam, herrschte im Pfarrhaus große Aufregung. In der Nacht vom 9. November hatte die jüdische Synagoge in Köslin gebrannt. SA-Männer hatten die Feuerwehr daran gehindert, den Brand zu löschen. Von dem Gebäude blieb nur ein rauchender Schutthaufen. Als einige der Kandidaten vom Fluch redeten, der auf dem jüdischen Volk laste, wurde Dietrich richtig wütend. Solchen Unsinn wollte er nicht hören. Diese Tat war für ihn nackter Terror, ein Verbrechen, sonst nichts. »Wenn heute die

Synagogen brennen, dann werden Morgen die Kirchen angezündet werden«, meinte er.[206]

Im Laufe des Tages erfuhr man, dass überall in Deutschland Synagogen gebrannt hatten. Auslöser war das Attentat eines jungen Juden auf einen deutschen Diplomaten in Paris. Daraufhin habe sich, so die Propaganda der Nazis, der Volkszorn ungehindert entladen. In Wirklichkeit war es eine geplante und von der SA durchgeführte Aktion. Dagegen rührte sich kein nennenswerter Protest. Auch die Bekennende Kirche schwieg. In Pommern gab es Gruppen, die die Kirche verändern wollten durch neue Formen des Gottesdienstes und die Wiedereinführung altchristlicher Gesänge. Auch von ihnen kam kein Wort des Widerspruchs. War das die Folge der »billigen Gnade«? Vermutlich war es im Hinblick auf diese Gruppen, als Dietrich Bonhoeffer meinte: »Nur wer für die Juden schreit, darf auch gregorianisch singen.«[207]

Man musste nicht für die Juden schreien, um im Gefängnis oder im KZ zu landen. Es genügte schon die kleinste judenfreundliche Bemerkung, um denunziert zu werden. Der Pfarrer Karl Vibrans berichtete, dass eines Tages nur die Mädchen in den Konfirmationsunterricht gekommen waren. Die Jungen marschierten kurz darauf im Gleichschritt in die Kirche, meldeten sich vom Unterricht ab und schrien im Chor: »Den Geist, der aus der Bibel spricht, versteht die deutsche Jugend nicht!« Den Spruch hatten sie aus dem *Stürmer*, einem antisemitischen Hetzblatt.[208]

Dietrich war auch ohne sein Eintreten für die Juden gefährdet. Die Gestapo hatte ihn längst im Visier, und vor allem war er mit seinen zweiunddreißig Jahren jung genug, um als Soldat eingezogen zu werden. »Onkel Rudi« ging es immer schlechter. Im Januar 1939 sah seine Mutter in Berlin ein Plakat an einer

Litfaßsäule, auf dem die Musterung der Jahrgänge 1906 und 1907 angekündigt wurde. Das betraf Dietrich. Sollte er gemustert und als »kv«, als kriegsverwendungsfähig beurteilt werden, musste er sich entscheiden. Verweigerte er, würde man ihn vor ein Kriegsgericht stellen. Aus seiner ökumenischen Arbeit kannte Dietrich einen Mann, der seine Einberufung verweigerte. Dieser Hermann Stöhr bezahlte seine Entscheidung mit dem Leben. Er wurde 1940 wegen Wehrkraftzersetzung auf dem Schafott hingerichtet.

Was das Nachfolge? War das der Preis für die »teure Gnade«? Dietrich war kein Held, und schon gar nicht lag ihm daran, ein Märtyrer zu werden. Er hing am Leben. Und brauchten ihn nicht seine jungen Vikare? Er war zum Mitwisser geworden von Plänen, Hitler zu beseitigen. Vielleicht war der Spuk bald zu Ende? Dann würde er mithelfen, die Kirche wieder aufzubauen. War es nicht sinnlos und unklug, sein Leben aufs Spiel zu setzen?

Dietrich war unsicher, was er tun sollte. Beim Wehrmeldeamt in Schlawe war er bereits registriert. Aber noch durfte er reisen. Er dachte daran, ins Ausland zu gehen, um Zeit zu gewinnen. Seine Schwester Sabine war mit ihrer Familie inzwischen in England, wo Dietrichs Freunde und Bekannte der Familie halfen. Er wollte sie besuchen. Vielleicht ergaben sich dort Lösungen für ihn. Am 10. März reiste er mit Eberhard Bethge nach London. Einer seiner ersten Besuche galt dem Bischof George Bell. Er vertraute sich diesem väterlichen Freund an. Bell verstand Dietrichs Sorgen und riet ihm, Deutschland zu verlassen. Aber wohin und mit welchen Aussichten? Der Zufall wollte es, dass zu dieser Zeit Reinhold Niebuhr, ein befreundeter Professor aus Dietrichs Zeit in den USA, Ferien auf der Insel machte. Dietrich suchte Niebuhr auf und schilderte ihm seine Lage. Niebuhr war sofort bereit zu helfen. Er setzte sich mit seinen

Freunden in New York in Verbindung. Sie sollten möglichst schnell eine offizielle Einladung an Dietrich Bonhoeffer erwirken. War das die Lösung?

Zurück in Berlin erhielt Dietrich einen Eindruck von der Stimmung in Deutschland. Hitler hatte seine Zusage gebrochen und auch den Rest der Tschechoslowakei besetzen lassen. Nun stand auch noch sein fünfzigster Geburtstag bevor. In der Stadt wurden Paraden abgehalten. Friedrich Werner gratulierte dem »Führer« im Namen der evangelischen Kirche und bejubelte ihn als »wahren Wundermann«. In der allgemeinen Euphorie wollte niemand Zweifel an seiner Staatstreue aufkommen lassen. Auch die »Brüder« Dietrichs in der Bekennenden Kirche nicht. Dienst am Vaterland war Ehrensache. Eine Verweigerung des Kriegsdienstes hätte den Ruf der Bekenntnispfarrer als vaterlandslose Gesellen weiter verschlechtert. Auch das war ein Grund, eine Zeit lang das Land zu verlassen.

Die Zeit drängte. Dietrich stellte den Antrag, ihn für ein Jahr freizustellen. Statt einer Antwort bekam er den Bescheid zur Musterung am 22. Mai. In seiner Not wandte sich Dietrich an seinen Vater, der es tatsächlich schaffte, dass der Musterungsbefehl vorläufig zurückgezogen wurde. Der Weg nach Amerika war frei. Am 7. Juni 1939 bestieg Dietrich in Southampton das Schiff, das ihn nun zum zweiten Mal nach New York brachte.

Vor Dietrichs Abreise, im April, hatte das Seminar aus dem Pfarrhaus in Schlönitz ausziehen müssen. Ihr neues Refugium, der Sigurdshof, lag noch versteckter in den Wäldern Hinterpommerns. Wieder war man ohne Strom. Wasser musste man sich aus dem Brunnen vor dem Haus pumpen. Es muss Ende Juli, Anfang August gewesen sein, als plötzlich Dietrich Bonhoeffer vor den

Seminaristen im Sigurdshof stand. Kurz vorher hatten sie Nachricht bekommen, dass ihr »Chef« aus Amerika zurückgekehrt sei, was sie nicht recht glauben wollten. Sie waren glücklich gewesen, ihn in Sicherheit zu wissen. Nun war er wieder da. Nur sechsundzwanzig Tage, so erfuhren sie, war er in New York gewesen. Einige konnten nicht verstehen, warum sich Dietrich mit seiner Rückkehr in Gefahr brachte.

Hellmut Traub, der Dietrich in dessen Abwesenheit vertreten hatte, berichtete später, dass Dietrich gefasst auf alle Fragen und Vorhaltungen reagierte. Er zündete sich nachdenklich eine Zigarette an und meinte, dass er mit seiner Flucht einen Fehler gemacht habe. Der Gedanke an seine Brüder habe ihm keine Ruhe gelassen. Er hätte kein Recht, nach dem bevorstehenden Krieg am Wiederaufbau mitzuwirken, wenn er die Not der Menschen in Deutschland nicht mittragen würde. Für Dietrich gab es nur zwei Möglichkeiten, zwischen denen man sich entscheiden musste: Entweder der Sieg oder die Niederlage Deutschlands. Im ersten Fall sei das das Ende der Freiheit und des Christentums. Der zweite Fall, die Niederlage, sei die Chance zu einem Neuanfang. »Ich weiß, was ich gewählt habe«, sagte er.[209] Zur Feier seiner Rückkehr fuhr Dietrich mit den jungen Leuten an die Ostsee. Sie sollten im Meer baden und die Sonne genießen. Noch einmal sollten sie fühlen, wie es ist, frei zu sein. An seine Mutter schrieb er, dass er bis zum Kursschluss bleiben wolle, »wenn es Onkel Rudi weiter gut geht«[210].

»Onkel Rudi« ging es jedoch schlecht. So schlecht, dass man keine Hoffnung mehr habe, schrieb Paula Bonhoeffer zurück. Hitler hatte mit Stalin ein Abkommen geschlossen, um bei einem Angriff auf Polen freie Hand zu haben. Ein fingierter Überfall auf einen Sender lieferte ihm den Vorwand, seine Truppen am 1. September loszuschicken. Zwei Tage später erklärten England und Frankreich Deutschland den Krieg. Karl Bonhoeffer, Dietrichs Vater, konnte in der Bevölkerung »keinerlei Sympathie« für diesen Angriffskrieg ausmachen. Das traf wohl nur teilweise zu. Die evangelische Kirche veröffentlichte einen Aufruf, in dem sie stolz auf ihren Beitrag zum Krieg verwies: »Zu den Waffen aus Stahl hat sie unüberwindliche Kräfte aus dem Worte Gottes gereicht [...].«[211]

Auf den Brief seiner Mutter hin war Dietrich sofort aus Hinterpommern zu seinen Eltern in die Marienburger Allee geeilt. In Berlin war vom Krieg nichts zu spüren. Alles war wie immer. Nur die Meldungen waren erschreckend. Über zwanzig der ehemaligen Finkenwalder Schüler waren als Soldaten im Krieg. Einer, Theodor Maaßen, fiel schon am 3. September in Polen. Dietrich hatte auch die Nachricht erhalten, dass Paul Schneider, der tapfere Pfarrer, der seine Gemeinde nicht hatte verlassen wollen, im KZ Buchenwald gestorben war. Am Geburtstag des »Führers« hatte er im KZ den Hitlergruß vor der Hakenkreuzfahne verweigert und den Mitgefangenen weiter das Evangelium gepredigt. Daraufhin hatte man ihn schwer misshandelt und schließlich zu Tode geprügelt. Konnte die Gnade so »teuer« sein?

Der Gedanke an seine Mitbrüder machte es Dietrich immer unerträglicher, selbst in relativer Sicherheit zu sein. War er nicht aus Amerika zurückgekehrt, weil er das Leid seiner Landsleute mittragen wollte? Ohne seine Musterung abzuwarten, bewarb er sich als Seelsorger im Lazarettbereich, wurde aber abgelehnt, weil man für diese Aufgabe Erfahrung an der Front nachweisen musste. Was blieb, war das Seminar fortzuführen. Das war Friedensarbeit in Kriegszeiten. Immerhin fanden sich im sehr kalten Winter noch acht Kandidaten in Hinterpommern ein. Der Sigurdshof war eingeschneit und von der Außenwelt wie abgeschnitten. Die Temperaturen sanken unter minus zwanzig Grad. Es fehlte an allem. »Jetzt steht mein Dasein unter dem Motto Frieren und Dunkelheit«, schrieb Eberhard Bethge an Verwandte und Freunde. »Unsere Kohlen machen uns Sorgen, wem von Euch wohl nicht. Dazu bekommen wir kein Petroleum mehr, sodass wir augenblicklich nur mit Kerzen die Augen quälen, abends meist überhaupt schon alle in einem Raum hocken. Arbeiten ist dabei schwer. So wird gespielt und vorgelesen.«[212]

Dietrich zog sich manchmal in eine Hütte zurück, die zum Sigurdshof gehörte und noch tiefer im Wald lag. Dort schrieb er seine Gedanken über einen Psalm nieder. Die Stille wurde nur unterbrochen vom Brummen der Flugzeuge, die ins nahe Polen flogen. Das Land war von den deutschen Truppen in einem »Blitzkrieg« überrollt worden. Ab und zu verließ Dietrich diese »winterliche Einsiedelei«, um nach Berlin zu fahren. Nur mit Schneeschuhen oder Skiern konnte er den nächsten Ort erreichen. Berlin war eine Gegenwelt zum Sigurdshof. Beides gehörte aber auch zusammen. Dort die Meditation, hier die Politik.

Im Haus seiner Eltern in der Marienburger Allee traf Dietrich Hans von Dohnanyi. Sein Schwager war aus Leipzig zurückgekehrt, weil ihn der Chef des militärischen Geheimdienstes, General Wilhelm Canaris, unbedingt in seiner Abteilung haben wollte. Canaris war ein Gegner von Hitlers Eroberungspolitik. Durch seinen engen Mitarbeiter Paul Oster wusste er von Dohnanyis heimlichen Aktivitäten und forderte ihn auf, seine »Skandalchronik« weiterzuführen und auch die Gräueltaten der SS in Polen zu dokumentieren. Dohnanyi und Oster hatten versucht, Berichte über Kriegsverbrechen an hohe Militärs weiterzuleiten, um diese zum Widerstand gegen Hitler zu bewegen. Diese Versuche waren vorerst gescheitert.

Dohnanyi hatte Vertrauen zu Dietrich. Er sprach ganz offen zu ihm über seine Pläne und machte ihn mit seinen Mitverschwörern bekannt. Dietrich zählte nicht zu diesem Kreis, er sträubte sich aber auch nicht dagegen, Mitwisser zu werden. Offenbar suchte jeder beim anderen, was ihm selbst noch fehlte. Dietrich rang mit der Frage, ob sein Glaube es auch zuließ, mehr zu tun, als Protestbriefe zu schreiben, Bibelkurse abzuhalten und über Psalmen zu meditieren. Und Dohnanyi hoffte, bei Dietrich eine Antwort auf die Frage zu bekommen, ob seine Aktivitäten auch aus Sicht der Bibel gerechtfertigt waren, zumal es unumgänglich schien, Hitler mit Gewalt zu beseitigen. Eines Abends fragte er Dietrich, ob das biblische Wort gelte, dass der, der zum Schwert greift, auch durch das Schwert umkommt. Dietrich antwortete, dass dieses Wort auch auf ihn, seinen Schwager, und seine Mithelfer zutreffe. Aber es gebe Situationen, da müsse ein Mensch zum Schwert greifen – wissend, dass er dadurch Schuld auf sich nimmt.[213]

Am 8. November 1939 hatte ein Mensch zum »Schwert« gegriffen. Im *Bürgerbräukeller* in München war bei einer Veranstaltung mit dem Führer eine Bombe explodiert. Acht Menschen waren getötet worden. Hitler, dem der Anschlag galt, war wie durch ein Wunder gerettet worden. Kurz vor der Explosion hatte er überraschend den Saal verlassen. Wie sich herausstellte, war der Bombenbauer kein Intellektueller, kein Offizier, kein Pfarrer, sondern ein einfacher Schreiner vom Bodensee, der das von Hitler verursachte Unrecht nicht länger mehr hinnehmen wollte.

Ob die Tat des Georg Elser auch Bonhoeffer beeinflusste, weiß man nicht. Jedenfalls scheint sich mit ihm etwas verändert zu haben. Das bemerkten vor allem seine Seminaristen. Einmal diskutierten sie mit Dietrich lebhaft über die Aufgaben eines

Theologen in Krisenzeiten. Einig war man sich darüber, dass er die »geistigen Güter« eines Volkes bewahren müsse, vornehmlich die religiöse Freiheit. Da machte Dietrich eine Bemerkung, die alle überraschte, manche sogar erschreckte. »Es lohnt sich, auch für die weltliche Freiheit zu sterben!«[214] Was, so fragten sich die jungen Theologen, hat das mit dem christlichen Glauben zu tun und mit ihrem Predigerseminar?

Mit der kleinen Freiheit des Seminars in Sigurdshof war es Mitte März 1940 vorbei. Die Gestapo schloss auch diese Einrichtung. Es gab auch keine Kandidaten mehr. Alle jungen Männer waren im Krieg. Dietrich und Eberhard räumten auf, packten Bücher ein, vernagelten Fenster. Beim Abschied von seinen Mitbrüdern meinte Dietrich, er werde jetzt einem lange gehegten Wunsch nachgehen und ein Buch über »Ethik« schreiben.

Am 10. Mai begann die deutsche Offensive im Westen mit dem Angriff auf Holland, Belgien und Luxemburg. Ziel war es, den Erzfeind Frankreich zu besiegen. Am 17. Juni 1940 saßen Dietrich und Eberhard in einem Kaffeegarten in der kleinen Stadt Memel an der Ostsee. Damals war es die östlichste Stadt des Deutschen Reiches. Heute gehört sie zu Litauen. Die beiden jungen Männer genossen die Sonne, als plötzlich aus Lautsprechern das Fanfarensignal ertönte, das eine Sondermeldung ankündigte: Frankreich hatte kapituliert. Die Leute sprangen auf, völlig außer sich, einige kletterten auf die Stühle und Tische. Alle streckten ihren rechten Arm zum Hitlergruß und sangen »Deutschland, Deutschland über alles«. Eberhard Bethge blieb als Einziger sitzen und schaute wie gelähmt auf Dietrich, der auch aufgestanden war und ebenfalls seinen Arm hochreckte. »Eberhard, bist du verrückt?«, fuhr er seinen Freund an. »Heb den Arm!« Beim Hinausgehen meinte Dietrich: »Bist du blödsinnig geworden? Für so was? Jetzt sind andere Dinge dran, wofür wir Opfer zu bringen haben.«[215] Bethge war verwirrt. Was war mit Dietrich los? War er zum Nazi geworden?

»Soll ich …, darf ich …?« oder
Das Recht auf Glück

»Hier schneit es wie toll«, schreibt Dietrich am 8. Dezember 1940, am zweiten Adventssonntag, aus Ettal an Eberhard Bethge.[216] Der kleine Ort liegt in den bayerischen Bergen, nahe Oberammergau. Es schneit ununterbrochen, tagelang. Vor dem Hotel *Ludwig der Bayer*, in dem Dietrich untergebracht ist, türmen sich die Schneemassen. Die Benediktinerabtei mit der markanten Kuppel der barocken Kirche liegt gleich gegenüber dem Hotel. Als Gast des Klosters hat Dietrich einen eigenen Schlüssel. Der Abt des Klosters hat ihn eingeladen, im Speisesaal mit den Mönchen die Mahlzeiten einzunehmen, und er darf die umfangreiche Bibliothek benutzen. Dietrich hat fast ein schlechtes Gewissen, weil er in den Kriegszeiten wie ein Gelehrter lebt. Andererseits genießt er die Abgeschiedenheit und Stille des Ortes. Endlich kommt er zur Ruhe. In den letzten Wochen und Monaten hat er gelebt wie ein Vagabund. Mal hier, mal dort. In Schlawe, in Danzig, in Königsberg, in Berlin. Nur im Haus seiner Freundin Ruth von Kleist-Retzow war er längere Zeit und hat angefangen, das Buch zu schreiben, das ihm so am Herzen liegt. Für ihn ist es das wichtigste Buch seines Lebens, auch weil es unmittelbar mit seinem Leben zu tun hat. Mit diesem Buch wird er nie fertig werden. Die Manuskripte und Zettel werden einmal unter dem Titel *Ethik* veröffentlicht werden. Es geht darin um die Frage, wie man als Christ richtig handelt. Für Dietrich ist das auch eine zutiefst persönliche Frage. Er will verstehen und begründen, warum er so lebt, wie er lebt. Warum er nicht als Soldat im Krieg ist wie seine ehemaligen Schüler. Warum er einen Weg beschritten hat, der ihn wegführt von der Theologie.

In den Tagen vor Weihnachten kommt Dietrich wenig zum Arbeiten. Über hundert Kinder aus Hamburg sind im Kloster einquartiert worden. Die deutschen Großstädte sind wegen der zunehmenden Gefahr von Luftangriffen nicht mehr sicher. Auch Dietrichs Schwester Christine ist mit ihren Kindern Barbara, Klaus und Christoph nach Ettal gekommen. Christoph hat die Grippe erwischt, und Dietrich hat sein Patenkind zu sich genommen, um es zu pflegen. Während der Junge mit Fieber neben ihm im Bett liegt, schreibt Dietrich über hundert Weihnachtsbriefe an seine »Brüder« und Freunde, die »im Feld« sind.

Über Weihnachten kommt Eberhard Bethge nach Ettal. Er und Dietrich unternehmen Skitouren, machen Musik und führen Gespräche mit den Patres des Klosters. Bethge muss sich erst daran gewöhnen, dass Dietrich nun ein Doppelleben führt. Er ist nach wie vor ein Pfarrer der Bekennenden Kirche. Daneben ist er zu seiner eigenen Verwunderung nun auch ein Agent des militärischen Geheimdienstes. Seine zweite Rolle muss er geheim halten, auch vor der Bekennenden Kirche. Das hat zu Missverständnissen geführt. Viele seiner Brüder sind irritiert über Dietrichs Äußerungen und Verhalten. Manche denken gar, dass er umgefallen ist. Dietrich hat nach dem Frankreichfeldzug eine »innere Neueinstellung« vollzogen, die nicht leicht zu verstehen ist.

Der Sieg Hitlers über Frankreich hat für Dietrich eine völlig neue Situation geschaffen. Alle, die dachten, dass Hitler mit dem Angriff auf die Nachbarn seinen Niedergang einleiten und einen Umsturz heraufbeschwören würde, hatten sich getäuscht. Der Vormarsch war nicht im Stellungskrieg stecken geblieben wie im Ersten Weltkrieg. Die deutschen Truppen waren in Paris einmarschiert. Die alte Wunde des verlorenen Krieges war geheilt und die Schmach des Versailler Vertrages war getilgt. Bei seinem triumphalen Einzug in Berlin war Hitler von den Massen als der größte Feldherr aller Zeiten gefeiert worden. Er war auf dem Zenit seiner Macht. Nichts und niemand schien ihn aufhalten zu können. Mussten nicht vor diesen Erfolgen alle Kritiker und Gegner verstummen?

Indes – eine Ethik des Erfolgs kommt für Dietrich Bonhoeffer nicht infrage. Erfolg, so schreibt er in seiner *Ethik*, mache blind für die Wahrnehmung von Recht und Unrecht.[217] Der Erfolg überzeugt. Wer erfolgreich ist, dem gibt man recht. Der Erfolg spricht für sich und führt schließlich zur Überzeugung, dass, was erfolgreich ist, auch gut sein müsse. Für Dietrich schafft der Erfolgreiche Tatsachen, die nicht rückgängig zu machen sind. Diese Tatsachen muss man akzeptieren wie die Tatsache, dass Hitler vom Großteil des deutschen Volkes bejaht wird. Damit werden Widerspruch und Widerstand ungleich schwieriger.

Die Erfolge der Nazis lediglich zu verurteilen oder die »Schlechtigkeit der Erfolgreichen« zu bejammern, ist für Bonhoeffer ebenfalls zu wenig. Wer diese Haltung einnimmt, der will sein reines Gewissen nicht mit Handlung beschmutzen. Er will seine »private Tugendhaftigkeit«[218] bewahren. Das kann er jedoch nur, wenn er vor dem Unrecht um ihn herum Augen und Ohren verschließt. Das ist auf die Dauer aber nicht möglich. Und so wird der private Tugendhafte eine gewisse Unruhe nie loswerden oder er wird zum Heuchler oder Zyniker.

Die Tatsachen, die der Erfolgreiche schafft, hinzunehmen, aber nicht davor zu kapitulieren – das ist es, worauf es Bonhoeffer ankommt. Die richtige Gesinnung zu haben, reicht nicht mehr aus. Eine Ethik der reinen Gesinnung muss scheitern. Wer sich auf die menschliche Wirklichkeit einlässt, muss handeln, muss Verantwortung übernehmen für die Zukunft, auch auf die

Gefahr hin, Fehler zu begehen und Schuld auf sich zu laden. Angesichts einer Herrschaft, in der das Böse in den Masken des Wohltäters und des erfolgreichen Heilsbringers auftritt, ist es notwendiger denn je, Widerstand zu leisten, auch ohne Aussicht auf Erfolg. Wie sieht dieser Widerstand aus? Wie wurde Dietrich ein Verbindungsmann des Geheimdienstes? Und wie kam er nach Ettal?

Anfang Juni 1940 war Dietrich gemustert worden. Erneut wurde er zurückgestellt. Dieses Mal hatte er es Hans von Dohnanyi zu verdanken, der Dietrich als Mitarbeiter im Abwehramt des Admirals Canaris anwerben wollte. Dietrich war einverstanden. Sein Schwager hatte ihn davon überzeugt, dass er mit seinen internationalen Kontakten eine wichtige Rolle im Widerstand spielen kann. Eine Anstellung beim Geheimdienst war dafür die perfekte Tarnung. Außerdem war er »uk« gestellt, galt also aufgrund seiner Aufgaben im Zivilleben als unabkömmlich für den Kriegsdienst.

Vorerst konnte Dietrich weiterhin als Pfarrer der Bekennenden Kirche tätig sein, wenngleich nicht mehr als Leiter eines Predigerseminars. Im Sommer besuchte er mit Eberhard Bethge Gemeinden in Pommern und Ostpreußen, hielt Bibelstunden, Freizeiten und Gottesdienste. Unter den Teilnehmern befanden sich auch Spitzel der SS, und die berichteten an ihre Zentrale, dass der Pfarrer Bonhoeffer »staatsgefährliche Äußerungen« gemacht und unter anderem behauptet habe, dass der Tod auf dem Schlachtfeld keine »heldische Größe« habe.[219] Aufgrund dieser Berichte wurde Dietrich ein Redeverbot für das ganze Reichsgebiet erteilt. Seine massiven Proteste dagegen halfen nichts.

Dietrich Bonhoeffer stand auf der schwarzen Liste der Gestapo. Einen Pfarrer, der als Staatsfeind aktenkundig war, in den militärischen Geheimdienst aufzunehmen, war eine gewagte

Sache. Jedenfalls hätte es viele Fragen und Zweifel aufgeworfen, wenn man Dietrich in der Zentrale in Berlin eingegliedert hätte. Also beschlossen von Dohnanyi und Oster, Dietrich in einer Zweigstelle der Abwehr möglichst weit weg von Berlin unterzubringen. Die Wahl fiel auf München. Dietrichs neue offizielle Adresse war die Wohnung seiner Tante, der Gräfin von Kalckreuth, in Schwabing. Solange die genaue Verwendung für den neuen Geheimdienst-Mann noch nicht feststand, konnte Dietrich weiter an seinem Buch schreiben. Bei seiner lebenslustigen Tante, in deren Wohnung Schwabinger Künstler aus und ein gingen, war an geistige Arbeit nicht zu denken. Es war der Rechtsanwalt Josef Müller, der auch für die Münchner Stelle der Abwehr tätig war und später die bayerische CSU mitbegründete, der für Dietrich den richtigen Platz fand. Müller hatte nicht nur gute Verbindungen zum Vatikan, sondern war auch befreundet mit dem Abt des Klosters Ettal. Die Benediktinermönche kannten einige Schriften Dietrich Bonhoeffers und waren gerne bereit, den evangelischen Pfarrer und Theologen bei sich aufzunehmen.

Seinen fünfunddreißigsten Geburtstag am 4. Februar 1941 feierte Dietrich im verschneiten Ettal. Er vermisste seine Familie. Aber wer ihm noch mehr fehlte, war Eberhard, der nach Weihnachten wieder abgereist war. In den letzten fünf Jahren waren sie fast ständig zusammen gewesen und Dietrich konnte sich einen Geburtstag ohne seinen Freund kaum mehr vorstellen. Diese Freundschaft war für Dietrich »ein ziemlich einzigartiges Glück«. Wenigstens konnten sie telefonieren, und am Abend seines Geburtstages schrieb Dietrich einen langen Brief an Eberhard, der sich liest wie ein Liebesbrief. Das menschliche Herz sei so beschaffen, bekannte er darin, »dass es nicht die Mehrzahl, sondern die Einzahl sucht und darin ruht«.[220]

Dietrich und Eberhard wurden auch in der Familie Bonhoeffer wie ein unzertrennliches Paar wahrgenommen – ein Paar, bei dem die Rollen festgelegt waren. So machten Dietrichs Geschwister einmal die spitze Bemerkung, ob der Bruder sich unbedingt einen Kammerdiener leisten müsse, mit dem er verreise. Dietrich gab zu, dass er manchmal sehr herrisch, ja tyrannisch sein konnte. Eberhard empfand diese Eigenschaft eher als Zeichen dafür, dass Dietrich von einem Freund viel forderte und viel zu geben bereit war. »Denn die Loyalität, die er erwartete«, schrieb er, »brachte er mir mindestens ebenso entgegen. Großzügigkeit gehörte zu seinem Wesen. Und das war allemal einfach beglückend.«[221]

Eberhard bekannte sich zu dieser Freundschaft, auch zu den manchmal schwärmerischen Tönen. Jahre später, als die Briefe Dietrichs veröffentlicht waren, wurde Bethge von einem Studenten, der ihn nicht kannte, gefragt, ob er wisse, wer denn der Empfänger sei, denn einen so intensiven Briefwechsel könne er sich nur bei Homosexuellen vorstellen. »Nein, wir waren ziemlich normal«, schrieb Bethge im Rückblick auf die gemeinsame Zeit. Anfang 1941 hatte er schon ein Auge auf Dietrichs Nichte Renate geworfen, die Tochter seiner ältesten Schwester Ursula. Und Dietrichs Einsicht, dass das menschliche Herz die Einzahl sucht, sollte sich auch bald auf andere Weise bewahrheiten.

Zunächst aber wurde Dietrich ein reisender Doppelagent. Ausgestattet mit Devisen und einem Sonderpass, führte ihn die erste Mission im Frühjahrjahr 1941 in die Schweiz. Sein *offizieller* Auftrag war, seine Kontakte zu führenden Persönlichkeiten der westlichen Kirchen wiederaufzunehmen, um »zuverlässige Informationen« über das Ausland zu erhalten und diese »im deutschen Interesse« auszuwerten. *Inoffiziell*, also als Mitglied des Widerstands, sollte er die internationalen Kirchenvertreter darüber informieren, dass es im Geheimen eine ernst zu nehmende

Opposition gegen Hitler gab. Die Hoffnung war, über die Kirche auf die ausländischen Regierungen einzuwirken. Die Kriegsgegner sollten wissen, dass auch ein anderes Deutschland existiert. Und für dieses andere Deutschland war es wichtig zu erfahren, wie sich die ausländischen Politiker verhalten würden, wenn es gelänge, Hitler zu stürzen.

Neben seinen Gesprächen mit dem Generalsekretär des Weltkirchenrates, dem Holländer Willem Visser 't Hooft, nutzte Dietrich die Gelegenheit, Freunde zu besuchen. Daran lag ihm umso mehr, als er gerade bei diesen nicht in ein falsches Licht geraten wollte. Karl Barth, seinem verehrten Lehrer, der nun in Basel lehrte, war es tatsächlich »unheimlich«, dass Bonhoeffer so frei reisen konnte. Beide lachten über diesen Argwohn, als Dietrich in einem Gespräch alles aufklären konnte. Auch mit seinem alten Freund Erwin Sutz, der Pfarrer in Rapperswil am Zürichsee war, redete Dietrich offen. Sutz war erstaunt, dass Dietrich, der vor Kurzem noch in Finkenwalde wie ein Heiliger leben wollte, sich jetzt zum politischen Aktivisten gewandelt hatte und beim Abschied sagte: »Sie können sich darauf verlassen, wir werden Hitler stürzen.«[222]

Für Dietrich war beides kein Gegensatz mehr. Nach wie vor bekannte er sich zur christlichen Botschaft. Und er bewunderte Menschen, die an diesem Bekenntnis festhielten und dafür in das KZ oder sogar in den Tod gingen. Dietrich hatte sich für einen anderen Weg entschieden. Es ging ihm nicht mehr darum, die eigene Vollkommenheit zu wahren. Bekenntnis schloss für ihn Handeln ein. Der Glaube musste sich in der Wirklichkeit bewähren. Dietrichs Gedanken kreisten unentwegt um die Frage, wie die Wirklichkeit Gottes und die Wirklichkeit der Welt zusammengehören. Und zwar nicht so, dass sich beides teilweise überschneidet, sondern eine totale Einheit bildet. Wer ein wahrer Christ sein will, der muss für Bonhoeffer beides vereinen – er muss Verantwortung für die Welt und die Menschen übernehmen und er muss sich dabei an den göttlichen Geboten orientieren. Über diesen weltlichen Christen schreibt er in seinem Ethik-Buch: »Seine Weltlichkeit trennt ihn nicht von Christus, und seine Christlichkeit trennt ihn nicht von der Welt. Ganz Christus angehörend, steht er zugleich ganz in der Welt.«[223]

Dieser weltliche Christ ist zugleich gebunden und frei. Gebunden insofern, als er sich an das Wort Gottes hält. Frei insofern, als er den Willen Gottes aus eigener Erkenntnis bejaht und gleichsam aus den eigenen Erfahrungen heraus neu schafft. »Gehorsam hat gebundene Hände. Freiheit ist schöpferisch«, schreibt Bonhoeffer.[224] Ethik ist für ihn damit keine Gebrauchsanweisung. Sie bietet keine fertigen Rezepte für alle Lebenslagen. Eher beschreibt sie einen Rahmen, in dem dann jeder allein die angemessene Entscheidung finden muss – je nach Situation, je nach Problem, je nach den Menschen, mit denen man es zu tun hat. Bonhoeffer nennt das »konkrete Ethik«.

Als Dietrich Bonhoeffer im Herbst 1941 erneut in die Schweiz reiste, hatte sich die Situation gründlich geändert. Nach dem Redeverbot war nun auch noch ein Schreibverbot über ihn verhängt worden. Das traf jeden, der nicht in der Reichsschrifttumskammer gemeldet war. An seiner *Ethik* schrieb er trotzdem weiter, auch wenn er wenig Hoffnung hatte, dass dieses Buch jemals fertig und gedruckt werden würde. Viel bedeutsamer war jetzt, dass Hitlers Armee im Juni in die Sowjetunion eingefallen war. Wieder schien dieser wahnwitzige Plan von Erfolg gekrönt zu sein. Daher war Visser 't Hooft verblüfft, als Dietrich in sein Büro stürzte und triumphierend ausrief: »Jetzt geht's zu Ende!« Was Dietrich meinte, waren nicht die Russen, sondern Hitler: »Er siegt sich jetzt tot!«[225]

Dietrichs Einschätzung war mit der Hoffnung verbunden, dass die Generäle nun endlich zur Besinnung kommen und sich gegen Hitler wenden würden. Ein Krieg an zwei Fronten war das, was sie seit jeher unbedingt vermeiden wollten. Und gab es nicht schon genug Beweise dafür, dass sie einem verbrecherischen Regime dienten? Alle Juden in Deutschland mussten jetzt einen gelben Stern tragen, und man begann damit, sie in Lager abzutransportieren. Fast jeden Tag bekam Dietrich Nachricht, dass wieder einer seiner Schüler gefallen oder vermisst war. Dietrich fühlte sich verpflichtet, einen Brief an die Eltern, die Verlobte oder Ehefrau zu schreiben. Auch seine Freundin Ruth von Kleist-Retzow versuchte er zu trösten. Kurz nacheinander waren zwei ihrer Enkelkinder an der Ostfront gefallen. Den einen, Hans-Friedrich, hatte Dietrich als vierzehnjährigen Jungen konfirmiert. Jetzt hielt er die Trauerfeier am Wohnsitz der Familie in Kiekow. Achtzehn Jahre alt war Hans-Friedrich nur geworden.

Dietrich schrieb weiterhin Rundbriefe an jene ehemaligen Schüler, die noch im Feld waren. Es fiel ihm schwer, diese jungen Männer daran zu erinnern, noch im Krieg Christ zu bleiben. Manchmal kamen ihm seine tröstenden Worte hohl und verlogen vor, wenn er die Briefe las, die er von der Ostfront erhielt. Einer berichtete, dass ihm bei minus fünfundvierzig Grad die Kleider am Körper festfroren und der Hunger so unerträglich war, dass er und seine Kameraden keine Skrupel hatten, in Bauernhöfe einzufallen und alle Gänse und Hühner zu schlachten. In einem anderen Brief wurde noch Schlimmeres berichtet: »Mitte Januar musste eine Einheit unserer Abteilung an einem Tag fünfzig Gefangene erschießen, weil wir auf dem Vormarsch waren, auf dem wir diese Gefangenen nicht mitnehmen konnten. In Partisanengegenden müssen Kinder und Frauen, die in dem Verdacht stehen, Partisanen mit Lebensmitteln zu versorgen, durch Genickschüsse erledigt werden. Diese Menschen müssen beseitigt werden, weil sonst deutsche Soldaten ihr Leben einbüßen müssen.«[226]

Dietrich betete darum, angesichts dieses massenhaften Sterbens nicht abzustumpfen. Er wollte seinem Vorsatz treu bleiben, das Leid und die Not der Menschen nicht von sich fernzuhalten, auch wenn ihn dieses Leid schier zu Boden drückte. Mitleiden bedeutete für ihn, dabei mitzuhelfen, diesen mörderischen Wahnsinn zu stoppen. Als Mitte Oktober 1941 in Berlin damit begonnen wurde, Juden zu deportieren, verfolgte er die Vorgänge genau und verfasste Berichte: wie die ausgewählten Menschen ihre Wohnungen verloren, was und wie viel sie mitnehmen durften, wann und wo sie sich einzufinden hatten, um abtransportiert zu werden. Dietrichs Bericht nahm Hans von Dohnanyi in seine Sammlung von Nazi-Verbrechen auf. Und Dietrich konnte mit seinen Auslandskontakten seinem Schwager helfen, einer Reihe von Juden die Flucht in die Schweiz zu ermöglichen, getarnt als Agenten der Abwehr. Diese »U7« genannte waghalsige Aktion sollte später noch fatale Konsequenzen haben.

Berichte wie die von Dietrich Bonhoeffer wurden an den Generaloberst Ludwig Beck weitergeleitet. Er war einer der wenigen Offiziere, die sich dem Widerstand anschlossen. Die meisten hohen Militärs fühlten sich durch ihren Treueeid an den Führer gebunden. Sie beriefen sich auf ihre »Pflicht« und enthoben sich damit auf bequeme Weise ihrer Verantwortung. »Pflicht« ist für Bonhoeffer eine der »Maskeraden des Bösen«. »Der Mann der Pflicht«, so Bonhoeffer, »wird schließlich auch noch dem Teufel gegenüber seine Pflicht erfüllen müssen.«[227] Beck hatte sich dieser Pflicht entzogen und war aus Protest gegen Hitlers Kriegsführung zurückgetreten, blieb aber eine einflussreiche Persönlichkeit. Er sammelte Männer um sich, die sich Gedanken machten, wie ein Deutschland nach Kriegsende aussehen könnte. Voraussetzung für diese Überlegungen war, dass man Hitler beseitigte. Außerdem wurde man von den alliierten Kriegsgegnern nur ernst genommen, wenn man zu einer solchen Tat fähig war. Auch Dietrich Bonhoeffer soll bereit gewesen sein, bei einem Anschlag auf Hitler mitzumachen, obwohl er denkbar ungeeignet dazu war. Es gab allerdings Leute, die neben dem nötigen Mut auch das Wissen und die Stellung zu so einem höchst riskanten Anschlag hatten.

Dietrich begegnete einem dieser Männer, als er den ehemaligen Finkenwalder Wolf-Dieter Zimmermann besuchte.[228] Zimmermann lebte mit seiner Frau in einem kleinen Holzhaus, wohin er Freunde eingeladen hatte. Zu den Gästen gehörte auch Werner von Haeften, ein junger Offizier, der dem Oberkommando der Wehrmacht angehörte. Haeften hatte während der Unterhaltung geschwiegen. Doch plötzlich wandte er sich an Dietrich Bonhoeffer und fragte: »Soll ich schießen?« Alle waren augenblicklich still und erschrocken. Haeften erklärte, dass er sich Zutritt zum Führerhauptquartier verschaffen könne und wisse, wann dort die Besprechungen stattfinden. Bei günstiger Gelegenheit würde er Hitler erschießen.

Dietrich antwortete, dass mit der Beseitigung Hitlers noch nichts gewonnen sei. Entscheidend sei das »Nachher«. Das müsse sorgfältig geplant werden, damit ein Umsturz erfolgreich verlaufe. Haeften, ein idealistischer junger Mann, der bei Pfarrer Niemöller Konfirmand gewesen war, wollte sich mit dieser Antwort nicht zufriedengeben, und fragte nochmals: »Soll ich …, darf ich …?« Dem jungen Mann ging es weniger um organisatorische Probleme, sondern um die entscheidende moralische Frage, ob er als Christ einen Menschen töten darf oder sogar muss, um andere zu retten. Das war »konkrete Ethik«. Einerseits war da das göttliche Gebot: Du sollst nicht töten! Andererseits befand man sich in einer besonderen geschichtlichen

Situation. Tausende, ja Millionen Menschen drohte der sichere Tod, auf den Schlachtfeldern, in den Konzentrationslagern, in den bombardierten Städten. Womöglich konnte man diesen Wahnsinn stoppen, wenn man einen einzigen Menschen, nämlich Hitler, tötete. Und dieser junge Offizier hatte die Möglichkeit dazu.

Die Entscheidung konnte ihm Dietrich nicht abnehmen, die musste er ganz alleine fällen. Er wies ihn aber darauf hin, dass er aus seiner Situation nicht schuldlos herauskommen werde: Wenn er aus Angst, schuldig zu werden, nicht handelt und eine Chance, die sich nur ihm bietet, nicht nutzt, wird er schuldig. Wenn er sie nutzt und schießt, auch. Schuldig wird er in jedem Fall. Aber diese Schuld, so Dietrich, sei immer »eine getragene«, eine von Gott getragene, der Vergebung und Trost zuspricht. So zu handeln, heißt für ihn, aus freier Verantwortung heraus zu handeln.

Dietrich wusste zu diesem Zeitpunkt, dass bereits Pläne für einen Anschlag auf Hitler existierten. Er selbst war mit anderen für das »Nachher« zuständig. Falls ein Attentat gelang, mussten sofort die zentralen Stellen des Nazi-Regimes besetzt werden und eine neue Regierung die Macht übernehmen. Das konnte nur gelingen, wenn die Kriegsgegner diese Pläne unterstützen, eine Übergangsphase gewähren und nicht das Machtvakuum nutzen, um militärische Vorteile daraus zu ziehen. Aufgrund seiner Vergangenheit hatte Dietrich besondere Beziehungen zu England. Und der einflussreichste Engländer, den er kannte, war Bischof Bell. Der Bischof war ein treuer Freund und sein Wort galt etwas bei englischen Politikern.

Mitte Mai 1942 war Dietrich wieder einmal in der Schweiz, als er die Nachricht erhielt, dass sich Bischof Bell in Schweden aufhielt. Sofort kehrte er nach Berlin zurück, ließ sich mit den nötigen Papieren ausstatten und saß dann in einem kleinen Flugzeug, das bei stürmischem Wetter Kurs auf Stockholm nahm. In Sigtuna, einer Kleinstadt nahe der schwedischen Hauptstadt, stand er dann einem nicht wenig überraschten Bischof Bell gegenüber. Wie erhofft, hatte Bell offene Ohren für Dietrichs Anliegen und versprach, sich in England für die Sache der deutschen Widerstandsgruppe einzusetzen.

Zurück in Berlin, wechselte Dietrich nur schnell die Kleider, packte einen Koffer und stieg in den Zug. Ende Juni sollte er mit Hans von Dohnanyi im Auftrag der Abwehr nach Rom reisen. Bis dahin wollte er die Tage in Pommern bei Ruth von Kleist-Retzow verbringen, um an seiner *Ethik* weiterzuarbeiten. Als er in Klein-Krössin ankam, fand er dort schon Besuch vor. Es war Maria von Wedemeyer, die Nichte seiner Gönnerin, die er seinerzeit nicht hatte konfirmieren wollen, weil sie zu jung war. Aus dem kleinen Mädchen war inzwischen eine junge, achtzehnjährige Frau geworden. Sie hatte gerade das Abitur bestanden und sollte nun in das Magdalenenstift nach Altenburg in Thüringen kommen, um ein Jahr lang als Erzieherin zu arbeiten.

Eine Woche hatte Maria bei ihrer geliebten Großmutter verbracht, es war der letzte gemeinsame Tag vor ihrer Abreise, und sie empfand es als störend, dass der Pastor Bonhoeffer vorbeikam, von dem die Großmutter immer so schwärmte. Es entwickelte sich aber auch zu dritt ein lockeres, humorvolles Gespräch und anschließend ging Dietrich mit Maria im Garten spazieren. Sie erzählte ihm, dass ihr Vater und ihr Bruder im Krieg waren und sie einmal Mathematik studieren wolle. Dietrich erzählte von seiner Zeit in New York, was ihr sehr imponierte, weil sie niemanden kannte, der schon einmal in Amerika gewesen war.

Am nächsten Tag reiste Maria ab, und Dietrich zog sich in sein Dachzimmer zurück, das immer für ihn reserviert war. In seiner *Ethik*, an der er nun weiterschreibt, denkt Bonhoeffer in Gegensätzen – in Gegensätzen, die zusammengehören. So nimmt er Gott in Schutz vor Versuchen, ihn zu verweltlichen. Nun nimmt er die Welt in Schutz vor Versuchen, sie im Namen eines Gottes »madig« zu machen. Bonhoeffer tritt auf als »Anwalt der Welt«[229]. Seine Kritik wendet sich gegen all jene Revolutionäre, seien sie religiös oder politisch, die ihren Widerstand »bis zum Widersinn« treiben, die eine Idee gegen die Wirklichkeit durchsetzen wollen, egal wie viele Opfer dies kostet. Diese Einstellung, die keine Ehrfurcht vor den Gegebenheiten und den Menschen kennt, führt unweigerlich zu einem »Hass gegen die Welt«[230], vor dem Atheisten ebenso wenig gefeit sind wie fromme Christen.

Die Blut-und-Boden-Ideologie der Nazis, dieser Kult der Stärke, nährt den Hass gegen alles schwache und »unwerte Leben«, wobei »unwert« alles ist, was nicht den eigenen Wertvorstellungen entspricht. Eine Religion, die aus dem Glauben ein besonderes Wissen macht, das einem »geschlossenen Kreis von Frommen« vorbehalten ist, nährt die Abneigung und den Hass gegen alle, die außerhalb dieses Kreises stehen und zu Gottlosen erklärt werden. In beiden Fällen werden Menschen radikalisiert und verlieren die Achtung vor der Welt und den Menschen.

Diese Achtung ergibt sich für Bonhoeffer aus dem Glauben, dass Gott Mensch geworden ist. Das hat Konsequenzen für ein christliches Leben. Eine Welt, der sich Gott zuwendet, darf nicht grundsätzlich verachtet oder verworfen werden. Leben im christlichen Sinn ist ein Gut, das grundsätzlich erhalten werden muss, das vor Vernichtung und Schädigung bewahrt werden soll. Das gilt auch und besonders vom menschlichen Leib. Auch er hat seine Rechte. Es gibt für Bonhoeffer ein »Recht auf leibliche Freuden«[231], dazu gehört eine richtige Ernährung, eine menschliche Wohnung, Kleidung, Erholung und Spiel, und auch die

Sexualität. Diese Freuden dürfen nicht verdorben werden durch die Frage, was sie für einen Zweck haben. Sie sind zweckfrei, genauso wie das »Recht auf Glück«.

Dietrich mag an dieses »Recht auf Glück« gedacht haben, als er einige Tage nach dem Treffen mit Maria im Zug nach München sitzt. Kein Zweifel, er hat sich in Maria verliebt. Noch im Zug schreibt er an Eberhard Bethge einen Brief. Dem Freund hat er schon von Maria erzählt. Ihm gesteht er auch, dass er das Gefühl habe, dass in ihm »ein Knoten platzen soll«. Tagelang hat er nicht in der Bibel gelesen und es fehlte ihm nichts. Sicher ist sein Leben nicht mehr so geistlich, wie es noch in Finkenwalde war. »Aber ich spüre«, so schreibt er, »wie in mir der Widerstand gegen alles ›Religiöse‹ wächst. Oft bis zu einem instinktiven Abscheu – was sicher auch nicht gut ist. Ich bin keine religiöse Natur. Aber an Gott, an Christus muss ich immerfort denken, an Echtheit, an Leben, an Freiheit und Barmherzigkeit liegt mir sehr viel. Nur sind mir die religiösen Einkleidungen so unbehaglich. Verstehst Du?«[232]

Dietrich versteht sich selbst noch nicht ganz. Er hat nicht seinen Glauben verloren. Aber ihm ist schmerzlich bewusst, dass er lange Zeit gedacht hat, das Leben bestehe nur aus Gedanken und Büchern. Nun beginnt er zu verstehen, dass sein ganzes Wissen nur Wert und Sinn hat, wenn es mit wirklichem Leben erfüllt wird. Wenn andere Menschen von ihm etwas haben, wenn er helfen kann. Das ist es auch, was ihn an Maria vom ersten Augenblick an so fasziniert hat. Sie hat keine Bücher geschrieben, versteht nichts von Theologie. Aber bei ihr klaffen Gedanken und Leben, Glaube und Leben nicht auseinander. Sie möge es überhaupt nicht, so schreibt sie einmal, »wenn man das geistliche und das weltliche Glück […] als zweierlei ansieht.«[233] Das ist es, was Dietrich an Maria so fasziniert. Bei ihr findet er, wonach er sich immer schon gesehnt hat, nämlich »ganz«, »ungeteilt« zu sein.[234]

Vorerst ist allerdings unsicher, was aus dieser ersten Begegnung wird. Wer weiß, ob Maria seine Gefühle erwidert? Wer weiß, ob sie sich noch einmal treffen? Am liebsten hätte er ihr sofort geschrieben. Aber so forsch zu sein, passt nicht zu Dietrich. Er hätte es als aufdringlich empfunden. »An Maria habe ich nicht geschrieben«, fährt er im Brief an Eberhard fort. »So geht es wirklich noch nicht. Wenn kein weiteres Zusammentreffen möglich ist, wird der schöne Gedanke einiger hochgespannter Minuten sich wohl wieder einmal im Reich der unerfüllten Fantasien auflösen.«

Dass der schöne Gedanke keine Fantasie blieb, dafür sorgte der Krieg. Ende August erhielt die Familie von Wedemeyer die Nachricht, dass Hans von Wedemeyer, Marias Vater, vor Stalingrad gefallen war. Man hatte ihn in der Steppe begraben. Hans von Wedemeyer war der Herr des Guts Pätzig gewesen. Ein frommer Mann, der Hitler ablehnte, aber es für seine Pflicht gehalten hatte, für sein Vaterland in den Krieg zu ziehen. Maria war immer »Vaters Tochter« gewesen und ihr Vater für sie ihr bester Freund. Er hatte sie immer »mein Allerdümmstes« genannt oder »Miesenmaus«. Mit ihm war sie schon als kleines Mädchen fast täglich über die Felder geritten und er hatte ihr jeden Baum, jede Pflanze erklärt. Nun kam sie zurück zu ihrer trauernden Mutter nach Pätzig.

Ihre Großmutter musste sich zu dieser Zeit in Berlin einer Augenoperation unterziehen. Vermutlich wollte sie ihre Enkelin von ihrer Trauer ablenken und bat sie, ihr in Berlin Gesellschaft zu leisten. Maria konnte bei einer Tante wohnen und dann täglich ins Krankenhaus kommen und ihrer Oma, die nach der Operation in völliger Dunkelheit lebte, vorlesen. Auch Dietrich besuchte Ruth von Kleist-Retzow. Maria wunderte sich, dass er so oft ins Krankenhaus kam. Und obwohl ihre Oma nichts sah, scheint sie doch gemerkt zu haben, dass zwischen den beiden mehr war als höfliches Interesse. Sie hatte auch sicher nichts dagegen, dass Dietrich Maria in ein nahe gelegenes Restaurant einlud. Es gehörte Alois Hitler, dem Halbbruder Adolf Hitlers. Für Dietrich gab es keinen sichereren Ort, um ungestört zu reden. Dietrich konnte sich denken, dass Maria, die ihren Vater verloren hatte, sich fragte, wieso ein Mann wie er kein Soldat war. Sie sollte nicht glauben, dass er feige oder ein Drückeberger sei. Von seiner Tätigkeit für den Geheimdienst konnte er ihr nichts erzählen, aber er erklärte ihr, dass man auch an der »inneren Front« dem »Vaterland« dienen könne.

In der Familie Bonhoeffer wurden nun auch die jüngsten wehrtauglichen männlichen Mitglieder eingezogen. Am 15. Oktober fand im Hause der Schleichers ein Treffen statt, um Hans-Walter, den achtzehnjährigen Sohn von Dietrichs Schwester Ursula, zu verabschieden. Am nächsten Tag sollte er einrücken. Dietrich nahm Maria mit zur Verabschiedung von Hans-Walter, der sein Patenkind war. Er wollte, dass sie seine Familie kennenlernt. Vielleicht wollte er ihr auch zeigen, dass es durchaus Verbindungen mit großem Altersunterschied geben kann. Eberhard Bethge, nur zwei Jahre jünger als Dietrich, und die kaum achtzehnjährige Renate, die Tochter der Schleichers, wollten sich bald verloben. Maria nennt Dietrich nur in ihrem Tagebuch beim Vornamen, sonst immer »Herr Pastor«. Aber an diesem Abend denkt sie an ihren toten Vater und an ihren Bruder, der jünger ist als Hans-Walter und an der Ostfront kämpft.

Ende Oktober erreichte die nächste Schreckensmeldung das Gut Pätzig. Auch Marias Bruder Maximilian war gefallen. Dietrich hatte ihn konfirmiert, und es wäre eigentlich selbstverständlich gewesen, ihn zur Trauerfeier einzuladen. Stattdessen bekam Dietrich eine Nachricht von Marias Mutter, Ruth von Wedemeyer, die ihn bat, nicht nach Pätzig zu kommen und auch keine Briefe mehr an Maria zu schreiben. Es war nun aber Maria, die an Dietrich schrieb und ihm versicherte, dass sie erst spät von der Bitte der Mutter erfahren habe und alles nur aus einer, von der Großmutter geförderten »Familienquatscherei« entstanden sei. »Damit haben Sie und ich«, so schrieb sie, »im tiefsten Grunde gar nichts zu tun.«[235]

Diese Bemerkung fasste Dietrich als eine halbe Liebeserklärung auf und schickte ihr umgehend eine Antwort, die nun Maria so verwirrte, dass sie den Brief ihrer Mutter zeigte. Ruth von Wedemeyer sah nun den Zeitpunkt gekommen für ein klärendes Gespräch mit dem Pastor. Nach dem Tod ihres Vaters und Bruders sollte Maria nicht auch noch mit einer Liebesgeschichte beschwert werden. Außerdem fragte sie sich, ob Dietrich der richtige Mann für ihre Tochter sei. Vieles sprach dagegen. Ein Pfarrer, doppelt so alt wie Maria, der in ständigem Konflikt mit den staatlichen Behörden ist und geheimnisvolle Reisen ins Ausland unternimmt. Ein Gelehrter, der Bücher schreibt. Ein »Idealist«, der vermutlich von der großen Liebe träumt und vielleicht nicht weiß, worauf er sich da einlässt. Passt zu diesem Mann ein temperamentvolles und lebenslustiges Mädchen wie Maria, das auf einem Gut zwischen Tieren und Bauern aufgewachsen ist, das mit großen Löchern in ihren Strümpfen durch ihr Zimmer tanzt, das Mathematik studieren will, anstatt sich auf ihr Leben als Gutsherrin vorzubereiten?

Ruth von Wedemeyer war klug genug, diese Verbindung nicht kategorisch zu verbieten. Aber in dem Gespräch verlangte sie eine einjährige Wartezeit, in der sich Dietrich und Maria weder schreiben noch sich sehen durften. Dietrich war enttäuscht. Doch mit

Rücksicht darauf, dass er es hier mit einer Frau zu tun hatte, die vor Kurzem ihren Mann und ihren Sohn verloren hatte, hielt er sich zurück und akzeptierte.

Maria akzeptierte diese Bedingungen nicht. Sie wollte sich in ihrer Entscheidung weder von ihrer Großmutter noch von ihrer Mutter beeinflussen lassen. »Das Innerste und Eigentliche steht fest – auch ohne Liebe für ihn«, schrieb sie in ihr Tagebuch. »Aber ich weiß, dass ich ihn lieben werde.«[236] Nach einem langen, schwierigen und tränenreichen Gespräch mit ihrer Mutter stand ihr Entschluss fest. Ohne dass Dietrich ihr einen Antrag gemacht hatte, schrieb sie dem lieben »Pastor Bonhoeffer«, dass sie ihm »ein von ganzem und frohem Herzen kommendes Ja« sage.[237]

Dietrich war überglücklich. Dieses »Ja«, so antwortete er Maria, solle »über unser ganzes Leben entscheiden«.[238]

Die Kreidezelle oder
Wer bin ich?

Alle Bonhoeffer-Kinder außer Sabine waren mit ihren Ehemännern und Ehefrauen samt Enkelkindern im Haus der Familie Schleicher versammelt. An diesem Sonntagvormittag, dem 21. März 1943, sollte eine Kantate für den bevorstehenden fünfundsiebzigsten Geburtstag von Karl Bonhoeffer eingeübt werden. Dietrich saß am Klavier. Klaus spielte Cello. Hans von Dohnanyi sang im Chor mit. Aber er verpasste immer wieder seinen Einsatz und blickte nervös auf die Uhr. Er erwartete einen Anruf. Ursula Schleicher bemerkte seine Unruhe und fragte ihre Schwester Christine, was denn mit ihrem Mann los sei. »Es muss jeden Augenblick losgehen!«, flüsterte Christine ihr zu.

An diesem Tag, dem Heldengedenktag, wollte Hitler im Berliner Zeughaus Unter den Linden einen Kranz niederlegen und die von der Roten Armee erbeuteten Waffen besichtigen. Der Generalmajor Rudolf von Gersdorff sollte ihn durch die Ausstellung führen. Gersdorff trug unter seinem Mantel zwei Splitterminen. Er wollte sich in die Luft sprengen und Hitler mit in den Tod reißen.

Im Haus der Schleichers wurde Hans von Dohnanyi endlich ans Telefon gerufen. Sein Gesicht erstarrte, als er das Codewort hörte. Der Anschlag war missglückt. Hitler hatte früher als erwartet das Zeughaus verlassen. Der Zünder war bereits aktiviert und Gersdorff war es in der Toilette in letzter Sekunde gelungen, den Sprengsatz zu entschärfen.

Wieder hatte es nicht geklappt, wie schon vierzehn Tage

vorher. Damals war Hans von Dohnanyi mit seinem Chef Canaris von Königsberg nach Smolensk geflogen, wo Hitler einen Frontbesuch machte. Im Gepäck hatte er eine Bombe, getarnt als zwei Flaschen Cognac. In Smolensk hatte er die explosive Fracht an seinen Mitverschwörer Fabian von Schlabrendorff übergeben, der dafür gesorgt hatte, dass die Flaschen in das Flugzeug kamen, mit dem Hitler zurückfliegen wollte. Das Flugzeug war unbeschadet in Ostpreußen gelandet. Die Bombe war wegen der Kälte nicht explodiert.

Im Haus der Schleichers übten alle weiter die Kantate *Lobet den Herren!*. Nach den fehlgeschlagenen Versuchen, Hitler zu beseitigen, hätte man glauben können, dass Gott seine schützende Hand über den »Führer« hält. Andererseits schien sich Dietrichs Voraussage, dass sich Hitler mit seinem Angriff auf Russland zu Tode siegt, zu bestätigen. Seine Truppen hatten in Stalingrad eine verheerende Niederlage erlitten, was den Glauben der Nazis an einen »Endsieg« allerdings nicht erschüttern konnte. Am 18. Februar hatte Joseph Goebbels im Berliner Sportpalast den »totalen Krieg« gefordert, und die fanatische Menge hatte ihm mit einem begeisterten »Ja!« geantwortet und geschworen, dem »Führer« bedingungslos zu folgen. Am gleichen Tag waren in der Münchener Universität zwei junge Studenten verhaftet worden. Sophie und Hans Scholl hatte man dabei erwischt, wie sie Flugblätter mit Parolen gegen Hitler verteilten. Nur vier Tage später waren die Geschwister mit der Guillotine hingerichtet worden.

Für Dietrich und Hans von Dohnanyi spitzte sich die Lage zu. Im vergangenen September hatte Dietrich eine geplante Reise in den Balkan abgesagt, weil er gewarnt worden war. In Prag hatte man einen kleinen Schieber gefasst, der einen illegalen Handel mit Juwelen und Dollars betrieb. In den Verhören berief er sich auf Wilhelm Schmidhuber, der in der Münchner Außenstelle der

Abwehr mit Dietrich zusammenarbeitete. Schmidhuber wurde verhaftet und auch nach seinen Verbindungen zur Abwehr-Zentrale in Berlin und dem Unternehmen »U7«, der Ausreise von als Agenten ausgegebenen jüdischen Personen, befragt. Es bestand nun höchste Gefahr, dass nicht nur die Hintergründe der Operation »U7« aufgedeckt wurden, sondern die Ermittler auch auf die verschwörerischen Aktivitäten im Amt Canaris' stießen.

Dohnanyi und Dietrich versuchten fieberhaft, alle Spuren zu verwischen. Dietrich schrieb erfundene Reisetagebücher und Tarnbriefe, um seine Verfolger von seiner konspirativen Tätigkeit abzulenken. Seine Mission war nicht erfolgreich gewesen. Bischof Bell hatte alles versucht, um seine Regierung zu einer Zusammenarbeit mit dem deutschen Widerstand zu bewegen. Aber die englischen Politiker blieben unzugänglich. Für sie war Deutschland Nazi-Deutschland, das vollständig besiegt werden musste. Sich auf die Forderungen einer Widerstandsgruppe einzulassen, die es nicht einmal geschafft hatte, Hitler unschädlich zu machen, war ihnen zu riskant. Vom englischen Außenminister Anthony Eden bekam Bell eine höfliche Absage. Was Eden wirklich von den Vorschlägen des deutschen Pfarrers hielt, sagte er Bell nicht, notierte es nur für sich. Er sehe, so heißt es dort, »absolut keinen Grund, warum man diese Pest von einem Pfaffen unterstützen sollte«.[239]

Dietrich Bonhoeffer durchlebte diese Zeit mit den widersprüchlichsten Gefühlen. Er hatte Angst und er war glücklich. Der Tag, an dem er Marias Brief mit dem Ja-Wort erhalten hatte, galt beiden als ihr Verlobungstag. Maria hatte ihn gebeten, ein halbes Jahr zu schweigen. Nur in ihr Tagebuch schrieb sie zärtliche Briefe an ihn, in die sich zunehmend sorgenvolle Gedanken mischten, weil ihre Großmutter Bemerkungen gemacht hatte über die Gefahr, in der Dietrich schwebe. Eines Tages hielt sie es nicht mehr aus und rief weinend in Berlin an. Es beruhigte sie, dass Dietrich am Telefon lachte und meinte, sie brauche sich keine Sorgen machen. Die wenigen Nachrichten, die sie aus Berlin erhielt, konnten sie dennoch nicht ganz beruhigen. Anfang April zog sie nach Hannover, um am Clementinen-Krankenhaus als Schwesternschülerin anzufangen. Am 5. April 1943 schrieb sie in ihr Tagebuch: »Ist etwas Schlimmes geschehen? Ich fürchte, dass es etwas sehr Schlimmes ist [...].«[240] Erst zwei Wochen später erfuhr Maria, dass an jenem Tag Dietrich verhaftet worden war.

An diesem 5. April saß Dietrich zusammen mit Eberhard Bethge im Haus der Schleichers und wartete. Zuvor hatte er versucht, bei den Dohnanyis anzurufen. Es hatte sich eine fremde Stimme gemeldet, und Dietrich wusste, was das bedeutete. Sein Schwager war verhaftet worden. In seinem Dachzimmer im Elternhaus hatte er den Schreibtisch in Ordnung gebracht und sich dann zu seiner Schwester Ursula ins Nachbarhaus begeben. Gegen vier Uhr kam sein Vater und teilte ihm mit, dass ihn zwei Herren sprechen wollten. Es waren ein Mann von der Gestapo und der Militärrichter Manfred Roeder. Sie nahmen Dietrich Bonhoeffer fest und brachten ihn in das Wehrmachtsuntersuchungsgefängnis.

Das Gefängnis lag in Tegel, am nordwestlichen Stadtrand von Berlin. Bei seiner Einlieferung muss Dietrich alles abgeben, was er dabeihat, auch seine Bibel. Er kommt in den Trakt für besonders schwere Fälle, in eine abgelegene Zelle. Dort sind fast nur zum Tode verurteilte Gefangene, an Händen und Füßen gefesselt. In der Zelle ist es kalt. Aber die Decken auf der Pritsche stinken so »bestialisch«[241], dass er sich nicht überwinden kann, sich damit zuzudecken. In der ersten Nacht kann er nicht schlafen, weil ein Gefangener in der Nebenzelle laut weint. Am nächsten

Morgen wird ein Stück Brot in seine Zelle geworfen. Von draußen hört er, wie Gefangene vom Wachpersonal wüst beschimpft werden. Als er vor der Zelle antreten muss, nennt ihn ein Wärter »Strolch«. Ansonsten ist es streng verboten, mit dem Gefangenen Bonhoeffer zu reden. Niemand sagt ihm, weswegen er verhaftet wurde und wie lange er eingesperrt bleibt. Er darf auch niemandem schreiben und nicht eine halbe Stunde ins Freie wie die anderen Häftlinge. Wenigstens gibt man ihm seine Bibel wieder. Die Zellentür öffnet sich nur, wenn er das Essen bekommt oder der Kübel für die Notdurft geleert wird.

Nach zwei Wochen hatte sich herumgesprochen, dass Dietrich ein besonderer Gefangener war mit beeindruckenden verwandtschaftlichen Beziehungen. Sein Onkel Paul von Hase war Stadtkommandant von Berlin. Alle waren nun freundlicher und einige Wärter entschuldigten sich sogar bei ihm. Dietrich war es sehr peinlich, dass man ihn nun bevorzugt behandelte. Er wurde in eine größere Zelle verlegt, im obersten Stockwerk, Nr. 92. Er durfte nun alle zehn Tage einen Brief schreiben und selbst auch Briefe und Pakete mit Kleidung und Lebensmitteln empfangen. Der erste Brief an seine Eltern ist in jenem Ton geschrieben, der im Hause Bonhoeffer erwartet wurde: »Vor allem müsst ihr wissen und vor allen Dingen auch glauben, dass es mir gut geht. […] Was man sich so gewöhnlich bei einer Haft als besonders unangenehm vorstellt, also die verschiedenen Entbehrungen des äußeren Lebens, das spielt merkwürdigerweise tatsächlich gar keine Rolle. […] Alleinsein ist für mich ja nicht etwas Ungewohntes wie für andere Menschen und ist sicher ein gutes seelisches Dampfbad. Quälend ist oder wäre nur der Gedanke, dass Ihr Euch um mich ängstigt und dass Ihr nicht richtig schlaft und esst.«[242]

Dass die erste Zeit im Gefängnis für Dietrich ein Schock war, dass die Trennung von seiner Familie und von Maria ihn in

Verzweiflung stürzte, dass er sogar an Selbstmord dachte, davon erfuhren die Eltern nichts. Auf einen Zettel hatte er geschrieben: »Frage nach der Zukunft – keine Antwort, – nach dem Sinn – keine Antwort, – nach der Hilfe … Gebet hilft nichts – auf Wunder rechnen.«[243] Besonders zermürbend waren für ihn die ersten Verhöre durch den Gerichtsrat Dr. Manfred Roeder. Dazu wurde er in Handschellen in das Reichskriegsgericht gebracht. Roeder galt als »Bluthund Hitlers«. Diesen Ruf hatte er sich als Ankläger im Prozess gegen die kommunistische Widerstandsgruppe »Rote Kapelle« erworben. Es war seiner unerbittlichen Verhandlungsführung zuzuschreiben, dass über die Hälfte der fünfundsiebzig Angeklagten zum Tode verurteilt worden waren. Man hatte sie teilweise im Gefängnis Berlin-Plötzensee an Fleischerhaken erhängt, wobei sie nicht durch Genickbruch getötet wurden, sondern einen langen und qualvollen Tod starben.

Roeder wollte im Fall Bonhoeffer und Dohnanyi unbedingt eine Anklage wegen Landes- und Hochverrates erreichen. Darauf stand die Todesstrafe. Er schreckte auch nicht davor zurück, Dietrich mit Folter zu drohen und mit Konsequenzen für seine Familie und die Verlobte. Die Vorstellung, gefoltert zu werden, war für Dietrich unerträglich. Oft hatte er sich gefragt, ob er standhalten würde. Freitod wäre ein Ausweg gewesen, auch um Mitwisser und die Familie zu schützen. Doch solche Gedanken schlug er sich schnell wieder aus dem Kopf. Weder den Menschen noch dem Teufel wolle er diesen Gefallen tun, schrieb er an Eberhard Bethge.[244] Es überwog die begründete Hoffnung, wieder freizukommen, zu heiraten und ein Leben gemeinsam mit Maria zu führen.

Maria in Hannover versorgte im Clementinenhaus mehrere Kinder, denen sie Geschichten von »Onkel Dietrich« erzählte. Bei der Arbeit dachte sie jede Sekunde an ihn. »Wenn ich scheuere und putze«, so schrieb sie ins Gefängnis, »so denke ich im Takt dazu: Dietrich, Dietrich.«[245] Maria besuchte Dietrichs Eltern in Berlin. Lange war sie in seinem Zimmer und betrachtete die Bücher im Regal und Tintenkleckse auf seinem Schreibtisch. Paula Bonhoeffer schenkte ihr ein Foto von Dietrich, das sie nun immer bei sich trug und dem sie davon erzählte, wie es »später« sein wird. Maria glaubte fest daran, dass ihr Verlobter bald freikommt. Sie stellte sich vor, wie sie ihn im Sommer vom Bahnhof abholt, wie sie ihm alles in Pätzig zeigt, wie sie heiraten werden, wohin sie ihre Hochzeitsreise machen. »Und was kommt dann?«, so schrieb sie. »Dann kommt vor allem, dass wir beide glücklich sind – alles andere ist doch ziemlich egal, nicht wahr?«[246]

Dietrich machte sich schwere Vorwürfe, dass er Maria nach dem Tod ihres Vaters und ihres Bruders noch weiteres Leid zufügte. Er ließ sich auf ihre Zukunftspläne ein, wollte sich aber nicht in Traumbilder verlieren. Der Gegenwart wollte er nicht entfliehen und seine Situation annehmen. Seine Welt war nun die Zelle 92. Zwei mal drei Meter groß. Eine Pritsche, ein Wandbrett, ein Schemel, ein Kübel, ein vergittertes Fenster. An der Wand ein Spruch eines seiner Vorgänger: *In hundert Jahren ist alles vorbei.*

Über die Zeit dachte Dietrich viel nach. Sicher, er klammerte sich an die Hoffnung auf eine glückliche Zukunft. Aber, das merkte er jetzt, wirklichen Halt gab ihm die Vergangenheit, vor allem seine Herkunft. Das war sein »inneres Erbe«[247], auf das er sich stützen konnte. Die Haltung, die er von seinen Eltern übernommen hatte, schützte ihn vor Verzweiflung, vor der Übermacht der Gefühle. Er durfte sich nun Bücher kommen lassen und Papier, um zu schreiben. Aus seiner Zelle wurde eine Studierstube und Dietrich verordnete sich eine strikte Tageseinteilung mit Bewegung, Schreiben, Lesen, Beten. Seine

Lieblingsbücher waren von Autoren aus dem neunzehnten Jahrhundert: Storm, Fontane, Keller und vor allem Adalbert Stifter. Bei ihnen fand er jene literaturgewordene Haltung, die er so schätzte. Keine Übertreibungen, ein »echtes Gefühl für menschliche Distanzen«, kein falsches Pathos, keine Sentimentalitäten.[248] Mit diesen Büchern holte Dietrich jene Welt, von der er nun getrennt war, in seine Zelle. Er schrieb im Stil seiner Vorbilder selbst einen Roman über eine Familie, die deutlich die Züge seiner eigenen trägt. Offenbar hat Dietrich gemerkt, dass seine literarischen Versuche trivial und altmodisch waren. Er wollte eine Welt heraufbeschwören, die es nicht mehr gab. Und dazu gehörte auch ein bestimmtes Frauenbild, das, wie die Schriftstellerin Regine Schindler urteilt, »beängstigend antiquiert«[249] wirkt. Die Frauen in seinem Roman sind »geborene« Mütter, die das »Glück eines guten Familienlebens« in sich tragen. Zur Hochzeit seines Freundes Eberhard mit Renate Schleicher schrieb er im Gefängnis die Traupredigt. Darin nennt er es das »Glück« und die »Ehre« der Frau, ihrem Mann zu dienen. Der für sie vorgesehene Ort sei »das Haus des Mannes«.[250]

In dieses Bild passte Maria nicht. Sie wollte einmal studieren und widersetzte sich in den Briefen seinen Versuchen, sie zu erziehen. Mit den Büchern, die er ihr empfahl, konnte sie wenig anfangen. Und entschlossen wehrte sie sich, als Dietrich ihr Autoren ausreden wollte, die er für »ungesund« hielt, die sie aber liebte, vor allem Rilke. Offen gestand sie ihm dagegen, dass sie theologische Bücher »langweilig« findet und es überhaupt hasst, Bücher zu lesen, »nur um sich zu bilden«. Statt Geige zu üben, wie Dietrich es wünschte, saß sie lieber auf dem Fensterbrett oder auf ihrem »Lieblingsast« und schaute in den Himmel. Kochen konnte sie auch nicht, versprach Dietrich aber, ihm einmal in der Woche »angebranntes und versalzenes Essen« zu servieren. »… wenn ich

Du wäre, würde ich mich bestimmt nicht heiraten«, schrieb sie ihm einmal spaßhaft.[251]

Dietrich wollte aber nur sie heiraten. Und Maria hielt ungeachtet aller Unterschiede an ihrer Liebe fest, und das nicht, weil Dietrich seine Vorzüge aufzählte oder weil andere Menschen ihn mochten. »Ich will meinen Weg zu Dir nicht über andere finden«, schrieb sie ihm. »Ich sage mein Ja zu Dir, weil ich Dich lieb habe. Nicht, weil ich nach langem Überlegen vielleicht mehr Gründe dafür als dagegen fand, oder weil Andere mir Deine Vorzüge geschildert haben.«[252] Vielleicht waren es solche Briefe, die bei Dietrich bewirkten, dass seine Selbstbeherrschung, die ihn manchmal so unnahbar machte, Risse bekam. Er, der noch in Finkenwalde über seine Mitbrüder Gericht gehalten hatte, weil sie mit Mädchen getanzt hatten, sehnte sich jetzt nach dem »vollen Leben« und vermisste das »Sinnlich-erotische«[253]. Das verdankte er Maria. Sie hatte ihm, wie er ihr schrieb, »das Vertrauen zum Leben« wiedergegeben.

Am 24. Juni durfte sie ihn das erste Mal besuchen. Dietrich wusste vorher nichts. Er saß beim Verhör, als Maria plötzlich hereingeführt wurde. Offenbar wollte Roeder ihn aus der Fassung bringen. Dietrich war sichtlich erschüttert, fing sich aber schnell wieder, als er neben Maria auf einem Sofa saß. Er bemühte sich, ein normales Gespräch zu führen. Was er fühlte, das spürte Maria nur in der Art, wie er ihre Hand drückte. Auf dem Sofa kamen sie sich beobachtet vor wie auf einer Bühne. Bei der nächsten »Sprecherlaubnis« im Juli überwanden sie ihre Scham vor den Blicken ihrer Bewacher und gaben sich den ersten Kuss. Und einmal, als sie nach einer Begegnung zu verschiedenen Türen wieder hinausgeführt werden sollten, drehte sich Maria im letzten Augenblick um, rannte auf Dietrich zu und umarmte ihn.

Zurück in seiner Zelle, musste Dietrich seine Gefühle »niederknüppeln«[254], um den Schmerz des Entbehrens aushalten zu können. Aber es gab Hoffnung. Die Untersuchungen zu der Aktion »U7« und zu Dietrichs Reisen hatten nichts ergeben. Einzig im Fall von Dietrichs Befreiung vom Wehrdienst konnten Formfehler nachgewiesen werden. Bald musste der Prozess beginnen und der würde Klarheit bringen. Die Taktik, die Dietrich und Hans von Dohnanyi schon vor ihrer Verhaftung festgelegt hatten, bewährte sich. Dietrich sollte den ahnungslosen Pfarrer spielen und alles auf Hans schieben, und an ihm, dem gewieften Juristen, biss sich Roeder die Zähne aus.

Obwohl Dohnanyi im Gefängnis für Offiziere in der Lehrter Straße saß, konnten sie Nachrichten austauschen. Dietrich punktierte in seinen Büchern unauffällig einzelne Buchstaben, die dann, zusammengesetzt, eine Botschaft ergaben. Seine Familie sorgte dafür, dass die Bücher hin und her gingen. Auf diese Weise wusste Dietrich auch, dass ein neuer Anschlag auf Hitler geplant war. Man musste Zeit gewinnen. Die Vorbereitungen dazu durften nicht vorzeitig entdeckt werden. Dabei war offen, wie lange dieser Krieg überhaupt noch dauert. Im Osten rückte die Rote Armee vor. Amerikanische und britische Truppen waren in Süditalien gelandet. Eine Invasion der amerikanischen Streitkräfte an der französischen Westküste wurde erwartet. Die Luftangriffe der Alliierten auf deutsche Städte wurden immer heftiger.

Dietrich konnte von seinem Zellenfenster aus das »schauerliche Feuerwerk« über der Stadt sehen. Das Gefängnis war besonders gefährdet, weil es in unmittelbarer Nähe der *Borsig*-Werke lag, die wegen ihrer Bedeutung für die Kriegsindustrie häufig bombardiert wurden. Bei einem Angriff im November wurde das Gefängnis schwer getroffen. Sämtliche Fensterscheiben zerbarsten. Eine Sprengbombe riss die Gefängnismauer ein. Die Fußböden waren mit Staub und Trümmern bedeckt und die Gefangenen schrien und tobten in ihren Zellen. Die Zellentüren wurden geöffnet, aber in der Dunkelheit konnte man nicht sehen, wer verletzt war oder ob es Tote gab. Das Personal war erstaunt, dass in diesem panischen Durcheinander der Häftling Bonhoeffer auffällig ruhig blieb und bei der Versorgung der Verletzten half. Die Gefängnisleitung bat ihn sogar aufzuschreiben, wie man bei den nächsten Alarmen besser vorsorgen könnte.

Inzwischen hatte Dietrich einen besonderen Ruf. Man schätzte den Pfarrer, der immer eine so große Ruhe ausstrahlte, der für sich keine »Extrabehandlung« wollte, immer von seinen Essenspaketen abgab und sich für andere einsetzte. Seine Beherrschung verlor Dietrich nur, wenn wehrlose Gefangene von Wärtern angebrüllt wurden, und er scheute sich nicht davor, Missstände bei der Gefängnisleitung zu melden. Man unterhielt sich gern mit ihm. In den Bombennächten suchten andere Gefangene seine Nähe oder baten um ein Gebet für die Nacht. Wärter redeten mit ihm über ihre Sorgen oder spielten mit ihm Schach. Mit manchen wurde er so vertraut, dass sie für ihn Briefe aus dem Gefängnis schmuggelten oder dafür sorgten, dass Angehörige, die ein Paket abgaben, in einem Nebenraum heimlich mit ihm sprechen konnten.

Bei dem Bombenangriff im November war auch das Gefängnis, in dem Hans von Dohnanyi saß, getroffen worden. Schwer verletzt wurde er in die Charité-Klinik gebracht. Der Prozess wurde verschoben. Dietrich musste seine Hoffnung, Weihnachten zusammen mit Maria und seiner Familie feiern zu können, wieder begraben. Von Maria hatte er einen Adventskranz bekommen. Nun schleppte sie einen ziemlich großen Weihnachtsbaum, den sie selber im Wald geschlagen hatte, von Pätzig nach Berlin und brachte damit Dietrich und die Wärter in Verlegenheit. Wie sollte der Baum in der kleinen Zelle Platz haben? Wenn er seine Pritsche aus der Zelle schaffe und Weihnachten im Stehen verbringe, könne er den Baum gut unterbringen, meinte Dietrich. Es endete aber damit, dass der Baum im Wachraum aufgestellt wurde und Dietrich ihn dort ansehen konnte. »Ist es nicht so, dass wir sogar ein bisschen traurig sind, wenn wir lachen?«, schrieb er Maria.[255]

An Heiligabend umgab sich Dietrich in seiner Zelle mit allen Dingen, die er von Maria geschenkt bekommen hatte. Ein Foto von ihr, Kerzen, die kleine Marienfigur, das Bild *Betende Hände* von Albrecht Dürer, die selbst gestrickten Handschuhe und die Bücher. Am Handgelenk trug er die Uhr ihres Vaters, die dieser getragen hatte, als er fiel. »Meine Maria«, schrieb er ihr, »Du bist überall um mich, wo ich in meiner Zelle hinsehe, sehe ich Dich.«[256]

Die Monate im Gefängnis hatten auch Dietrich verändert. Eine Flucht in die Vergangenheit war keine Lösung. Er musste sich aber auch davor hüten, nicht zu sehr seiner Sehnsucht nach der Zukunft in Freiheit nachzugeben. Beides hinderte ihn daran, seine Lage anzunehmen und wirklich »ganz da« zu sein. Er wollte nicht in dem Bewusstsein leben, dass das »eigentliche Leben« woanders stattfindet und die Tage im Gefängnis eine verlorene Zeit sind. Auch diese Zeit war Teil seines Lebens. Das Gefängnis war nicht Finkenwalde. Keine Gemeinschaft von Gleichgesinnten. Keine Elite. Über siebenhundert Gefangene waren hier eingesperrt. Darunter viele, die Dietrich früher als »Pöbel« bezeichnet hätte. Je mehr er sich auf diese Welt in der Haft einließ, desto aufmerksamer wurde er für die Menschen um sich her, desto »brüderlicher« wurde sein Verhältnis zu ihnen. Und desto dringlicher beschäftigte ihn die Frage, was eigentlich Glaube und Gott für ihn waren.

Dietrich begann seine Mithäftlinge zu beobachten. Ihm fiel auf, dass die meisten das Wort »Gott« nur in den Mund nahmen, wenn sie verzweifelt waren oder Gefahr drohte. Und das war im neuen Jahr oft genug der Fall. Fast jeden Tag und jede Nacht gab es Alarm. Dietrich sah durch sein Zellenfenster die Fliegerstaffeln mit den Kondensstreifen am Himmel. Als eines Abends wieder die Bomben um das Gefängnis einschlugen, lag Dietrich auf dem Fußboden neben einem Mitgefangenen, der laut »Ach Gott, ach Gott!« rief. Dietrich brachte es nicht fertig, ihn mit billigen Worten zu trösten, wie man es eigentlich von einem Pfarrer erwartete. Er wollte die Schwäche des Mannes nicht zu einer »religiösen Erpressung« ausnutzen, sondern sagte einfach nur, dass das Bombardement höchstens noch zehn Minuten dauere.[257]

Wäre er in dieser Situation als überlegener Seelsorger aufgetreten, hätte er sich gefühlt wie ein geistlicher Arzt, der den Menschen ihre Hilfsbedürftigkeit nachweist oder sie zu Sündern erklärt, um ihnen dann seine heilende Medizin zu verabreichen. Wird Gott auf diese Weise nicht zu einem Notfallhelfer, der nur dann gebraucht wird und in Erscheinung tritt, wenn Menschen in Gefahr und Bedrängnis sind? Wird er nicht zum »Lückenbüßer«[258], wenn wir ihm nur dort einen Ort zuweisen, wo wir mit unserem Wissen und unserer Erkenntnis an Grenzen kommen? Bonhoeffer will keinen Gott, der nur bei besonderen Gelegenheiten sich beweisen darf oder der nur an den Rändern unseres Lebens vorkommt. Er will keinen Gott mehr, der sich nach unseren menschlichen Bedürfnissen und Wünschen richten muss. Das alles nennt er »Religion« und die Zeit dieser Religion ist für ihn vorbei. Er ist auf der Suche nach einem Gott, der vor unseren Erwartungen und Vorstellungen schon immer »da« ist. Der mit allen Dimensionen unserer menschlichen Existenz verwoben ist, auch dort, wo wir es nicht vermuten. Er sucht einen Gott, der »mitten im Leben« ist und von uns dort auch erkannt und erlebt wird.

Im Januar 1944 bekam Dietrich einen langen Brief von Eberhard Bethge. Eberhard war nun Soldat und auf dem Weg zu seinem Einsatz in Italien. Seinem besten Freund war geglückt, was Dietrich noch vorbehalten war, was er aber bald nachzuholen hoffte. Er war Ehemann, und seine Frau Renate, Dietrichs Nichte, erwartete ihr erstes Kind. Sollte es ein Junge werden, wollten sie ihn Dietrich nennen. Dietrich, der Pate des Jungen werden sollte, war dankbar, dass die Freundschaft mit Eberhard erhalten blieb. Nur mit ihm konnte er seine theologischen Gedanken austauschen. Die Briefe an ihn brachten Wachleute, die Dietrich gern einen Gefallen taten, an der Zensur vorbei nach draußen. Bethge hat sie über den Krieg gerettet und später unter dem Titel *Widerstand und Ergebung* veröffentlicht. Sie sind ein beeindruckendes Zeugnis dafür, mit welcher Hingabe und Erregung Dietrich den Spuren seiner Gedanken folgte. Was ihm vorschwebte, war nicht weniger als eine völlig neue Vorstellung von Glauben, eine Revolution der Theologie, ein neues Christentum, das er »religionsloses Christentum« nannte. An Bethge schrieb er Ende April: »Oft frage ich mich, warum mich ein ›christlicher Instinkt‹ häufig mehr zu den Religionslosen als zu den Religiösen zieht, und zwar durchaus nicht in der Absicht der Missionierung, sondern ich möchte fast sagen ›brüderlich‹. Während ich mich den Religiösen gegenüber oft scheue, den Namen Gottes zu nennen – weil er mir hier irgendwie falsch scheint und ich mir selbst etwas unehrlich vorkomme […], kann ich den Religionslosen gegenüber gelegentlich ganz ruhig und wie selbstverständlich Gott nennen.«[259]

Anfang 1944 waren die Chancen auf einen Freispruch und Entlassung aus dem Gefängnis so groß wie nie. Roeder war von dem Fall abgezogen worden. Sein Nachfolger Helmuth Kutzner war bei Weitem nicht so ehrgeizig. Er entschärfte die Anklage und beantragte später sogar die Einstellung des Verfahrens. Die größere Gefahr ging von der SS aus. Selbst wenn Bonhoeffer und Dohnanyi freigesprochen worden wären, hätte sie die SS in »Schutzhaft« nehmen und in ein KZ einliefern lassen können. Der sicherere Weg war, auf den Putsch gegen Hitler zu warten und bis dahin den Prozess so lange wie möglich hinauszuzögern. Das konnte nur gelingen, wenn Dohnanyi vernehmungsunfähig war. Im Januar 1944 hatte man ihn aus der Charité, wo er vor dem Zugriff der Gestapo geschützt war, in ein Militär-Lazarett gebracht, um ihn weiter zu befragen. Dort erkrankte er schwer an Scharlach. Er war fast am ganzen Körper gelähmt und konnte kaum schlucken und sprechen. Er musste in das Seuchenlazarett in Potsdam eingeliefert werden. An Vernehmungen war nicht zu denken.

Diese Wochen und Monate waren für Dietrich ein steter Wechsel von Hoffen und Enttäuschung. Mal rechnete er damit, dass er in wenigen Tagen freikommt. Dann hieß es wieder, dass sich auf längere Sicht nichts ändern werde. Vor allem Maria zermürbte diese Ungewissheit. Sie und Dietrich hatten sich vor seiner Verhaftung nur wenige Male gesehen. Gerade als sie sich kennenlernten, waren sie getrennt worden. Seither schrieben sie sich Briefe oder saßen nebeneinander im Besucherzimmer des Gefängnisses, immer unter Beobachtung. Auch ihren ersten Kuss mussten sie sich unter den Augen anderer geben. Noch nie waren sie allein gewesen. In ihren Briefen malten sie sich aus, wie schön es werden wird, wenn sie erst einmal zusammen sind. Sie gelobten sich, in dieser schweren Zeit einander Halt zu sein, und versicherten sich, dass ihre Liebe durch die Sehnsucht nur noch tiefer werde. Aber kann eine junge, zwanzigjährige Frau zuversichtlich bleiben, wenn ihre Hoffnungen wieder und wieder zerstört werden? Wenn sie mit dem Gedanken leben muss, dass es eine gemeinsame Zukunft vielleicht nie geben wird?

Maria war seit Februar bei ihrer Cousine Hedwig von Truchseß in dem unterfränkischen Dorf Bundorf und kümmerte sich um deren zahlreiche Kinder. Wenn ein Brief von Dietrich kam, fürchtete Maria, vor Freude einen »Herzknax« zu bekommen. Sie tanze dann mit dem Brief über den Hof, so schilderte sie es, tobe die Treppe hinauf, werfe den Eimer um und lande schließlich mit klopfendem Herzen auf ihrem Bett. »Ich habe einen Kreidestrich um mein Bett gezogen«, schrieb sie ihm, »etwa in der Größe Deiner Zelle. Ein Tisch und ein Stuhl stehen da, so wie ich es mir vorstelle. Und wenn ich da sitze, glaube ich schon beinah, ich wäre bei Dir. Wäre ich es doch erst wirklich.«[260] Maria hatte fest damit gerechnet, dass Dietrich spätestens im Frühjahr entlassen wird. Nun sollte sich auf unbestimmte Zeit nichts ändern. Um Dietrich zu sehen, musste sie die lange und beschwerliche Reise nach Berlin machen. Die Besuche waren kurz, manchmal bedrückend, und der Abschied immer schwer.

An Pfingsten 1944 war Maria mit ihrer Kraft am Ende und sie gestand es Dietrich. Für ihn brach eine Welt zusammen. In ihren Briefen hatte sich Maria bisher immer dargestellt als naive, »dumme Braut«, die ehrfurchtsvoll zu dem klugen und so selbstsicheren Mann aufschaut, der auch ohne sie auskommt. Doch nun zeigt sich, dass dieser Mann auch schwach und hilflos ist. Dietrich, dem sie einmal vorhielt, er könne nicht romantisch sein, schreibt ein Gedicht, in dem er seinen Gefühlen freien Lauf lässt. Die Zeilen sind ein einziger Hilferuf: Von einer Tür ist die Rede, die ins Schloss fällt. Von Schritten, die sich entfernen. Dann heißt es: »Was bleibt mir? Freude? Qual? Verlangen? / Ich weiß nur dies: du gingst – / und alles ist vergangen.«[261] In seiner Verzweiflung schreibt er Maria einen Brief, in dem er so offen wie nie zuvor bekennt, wie sehr er sie braucht: »Ach, liebste Maria, kann es Dir nicht genügen zu wissen, dass ich durch Dich froh und glücklich geworden bin, froher und glücklicher, als ich noch je in meinem Leben zu werden hoffte?

[…] Du glaubtest am Pfingstmontag, nicht mehr weiter zu können: Ja, sag mir, kannst Du denn ohne mich weiter? Und wenn Du meinst, es zu können, kannst Du es immer noch, wenn Du weißt, dass ich ohne Dich nicht weiter kann?«[262]

War es dieser Brief, der Maria half, ihre Zweifel zu besiegen? Ihr Verhalten in den kommenden Wochen und Monaten jedenfalls zeigt, dass sie verborgene Kraftquellen hatte. Beim nächsten Treffen erlebte sie Dietrich »so frisch und zugleich fest und ruhig wie selten«. Maria teilte ihm mit, dass sie Bundorf verlassen und nach Berlin zurückkehren werde. Später zog sie sogar bei Dietrichs Eltern ein, um Dietrich nahe zu sein. Aus der romantischen jungen Frau wurde eine sehr tatkräftige Lebensgefährtin, die zu Besuchen ins Gefängnis kam, Lebensmittel brachte, Wäschepakete abholte und mit Dietrichs Bewachern verhandelte. Sie tat damit etwas, was für Dietrich unbedingt zu einem christlichen Leben ohne Religion gehörte. Wer Gott »mitten im Leben« erfahren will, der muss ein »Mensch für andere« werden.

Wer den Menschen »brüderlich« begegnet, der ist auch befreit von dem Druck, aus sich etwas machen zu müssen. Er kann sich, wie Bonhoeffer sagt, Gott »ganz in die Arme« werfen. In den Briefen aus Tegel ist spürbar, wie befreiend für Dietrich die Einsicht war, nichts Besonderes mehr sein zu müssen. Als blutjunger Theologe war er wie zerfressen gewesen von dem Ehrgeiz, ein großer Wissenschaftler zu werden. In Finkenwalde wollte er ein Heiliger sein. In Tegel wurde aus ihm ein ganz normaler Mann, der sich nach Sonne sehnt, der eine Frau liebt und Vater werden will. Sogar die seit seiner Kindheit eingeübte Pflicht, in jeder Situation »Haltung« zu bewahren, wurde ihm fraglich. Er konnte zu seinen Ängsten stehen und zweifeln an dem Bild, das er nach außen abgab. An Eberhard Bethge schickte er ein Gedicht, in dem er sich so ungeschützt und verwundbar zeigte wie nie zuvor.

Wer bin ich?
Wer bin ich? Sie sagen mir oft,
ich träte aus meiner Zelle
gelassen und heiter und fest,
wie ein Gutsherr aus seinem Schloss.
Wer bin ich? Sie sagen mir oft,
ich spräche mit meinen Bewachern
frei und freundlich und klar,
als hätte ich zu gebieten.
Wer bin ich? Sie sagen mir auch,
ich trüge die Tage des Unglücks
gleichmütig, lächelnd und stolz,
wie einer, der Siegen gewohnt ist.

Bin ich das wirklich, was andere von mir sagen?
Oder bin ich nur das, was ich selbst von mir weiß?
Unruhig, sehnsüchtig, krank, wie ein Vogel im Käfig,
ringend nach Lebensatem, als würgte mir einer die Kehle,
hungernd nach Farben, nach Blumen, nach Vogelstimmen,
dürstend nach guten Worten, nach menschlicher Nähe
zitternd vor Zorn über die Willkür und kleinlichste Kränkung,
umgetrieben vom Warten auf große Dinge,
ohnmächtig bangend um die Freunde in endloser Ferne,
müde und leer zum Beten, zum Denken, zum Schaffen,
matt und bereit, von allem Abschied zu nehmen?

Wer bin ich? Der oder jener?
Bin ich denn heute dieser und morgen ein andrer?

Bin ich beides zugleich? Vor Menschen ein Heuchler
und vor mir selbst ein verächtlich wehleidiger Schwächling?
Oder gleicht, was in mir noch ist, dem geschlagenen Heer,
das in Unordnung weicht vor schon gewonnenem Sieg?

Wer bin ich? Einsames Fragen treibt mit mir Spott.
Wer ich auch bin, Du kennst mich, Dein bin ich, o Gott! [263]

Zu Anfang seiner Haftzeit hatte sich Dietrich gefragt, ob er wirklich für die »Sache Christi« ins Gefängnis gegangen war oder sich in die Politik verirrt hatte. Nun war er sicher, dass sein Weg in den Widerstand ein christlicher war. Sein Leben lang hat ihn die Frage beschäftigt, was Glaube eigentlich bedeutet. Nichts sehnlicher wollte er als glauben lernen, und zwar »in der Diesseitigkeit des Lebens«. Seine Gedanken waren nicht im Unverbindlichen geblieben. Nicht an einer Lehre, an einer Idee, einer Theorie war er interessiert. Alle Gedanken, die er sich machte, drängten auf einen Punkt zu, wo es galt, einen Sprung zu wagen, einen Sprung aus dem Denken in die Wirklichkeit – nicht die banale, platte Wirklichkeit, sondern die »tiefe Diesseitigkeit«. Darum kann man diese Gedanken auch nur verstehen, wenn man begreift, dass sie eine Lebensform zum Ausdruck bringen. In der Fülle des Lebens kann man Gott erfahren, ohne dass von ihm groß die Rede ist. Ja, man müsste nach Bonhoeffer so leben, »als gäbe es keinen Gott«. Es ist Jesus, der diese Art zu leben für Bonhoeffer vorgelebt hat. Dieses Leben ist ein »Sein für andere«, und das ist eine Absage an jede Weltflucht und alle Versuche, eine christliche Existenz auf abgesonderte, unpolitische Bereiche des Lebens einzuschränken. Jesus hat die Konsequenzen eines solchen Lebens in Kauf genommen. Und alle, die ihm nachfolgen, müssen das auch.

Am 20. Juli 1944 besprach Hitler mit Offizieren die militärische Lage in einer Baracke des Führerhauptquartiers »Wolf-
schanze«, als kurz nach Mittag eine Bombe detonierte, die Claus
Schenk Graf von Stauffenberg in einer Aktentasche dort abgelegt hatte. Vier Personen wurden getötet. Hitler überlebte leicht
verletzt. Er sah es als Zeichen der Vorsehung, dass er gerettet
wurde. Trotz des misslungenen Anschlags sollten in Berlin, im
Allgemeinen Heeresamt an der Bendlerstraße, die Pläne für einen Umsturz durchgeführt werden. Doch nach wenigen Stunden
war klar, dass der Putsch gescheitert war. Kurz nach Mitternacht
wurden im Hof des Bendlerblocks im Scheinwerferlicht eines
Lastwagens Stauffenberg und weitere Mitverschwörer erschos-
sen. Zu ihnen gehörte Werner von Haeften, jener junge Mann,
der vor Jahren Dietrich Bonhoeffer gefragt hatte, ob er Hitler erschießen soll, ob er das darf. Im Kugelhagel soll er sich vor seinen Vorgesetzten Stauffenberg geworfen haben.

Der innere und der äußere Tod

Mehrmals hat Dietrich Bonhoeffer gegenüber Freunden behauptet, er werde nicht alt werden. Einmal sagte er das auch zu seinem Cousin Hans Christoph von Hase, der erschrocken erwiderte, er, Dietrich, solle doch dankbar sein für seine unverwüstliche Gesundheit. »Es ist eben so«, entgegnete Dietrich nur.[264] Schon als Kind hatte sich Dietrich vorzustellen versucht, wie es ist, tot zu sein. Der Gedanke daran beschäftigte ihn sein Leben lang. In einem Rundbrief an seine Finkenwalder »Brüder«, von denen viele im Krieg waren, sprach Dietrich vom »Tod von außen« und vom »Tod in uns«. Gegen den äußeren Tod sind wir machtlos, er kann uns plötzlich und unvorbereitet treffen. Der innere Tod dagegen »gehört uns selbst«. Wir sterben ihn, wenn wir es vermögen, von Herzen zu lieben, »denn Lieben heißt sich dem ganz hingeben, den man liebt«. Für Bonhoeffer kann jeder Mensch nur hoffen und beten, dass ihn der äußere Tod erst dann trifft, wenn er durch seinen eigenen, inneren Tod dazu bereit ist.[265]

Als am Samstag, dem 30. September 1944 Dietrichs Bruder Klaus Bonhoeffer von der Arbeit nach Hause kam, sah er vor seinem Haus ein dunkles Auto stehen. Er wusste sofort, dass die Gestapo auf ihn wartete. Nach dem gescheiterten Putsch vom 20. Juli hatte es eine große Verhaftungswelle gegeben. Die Situation wurde noch drastisch verschlimmert dadurch, dass man vor einer Woche in einem Panzerschrank in Zossen südlich von Berlin Hans von Dohnanyis geheime Dokumentation von NS-Verbrechen gefunden hatte. Die Behörden wussten nun anscheinend, dass Klaus Bonhoeffer und sein Schwager Rüdiger Schleicher bei der Planung des Putsches beteiligt gewesen waren und schon vorher Kontakte zu Widerstandskreisen aufgebaut hatten.

Klaus Bonhoeffers Frau Emmi und seine Kinder waren verreist. Als Klaus das Auto vor dem leeren Haus sah, kehrte er sofort um und ging zu seiner Schwester Ursula Schleicher in die Marienburger Allee. Dort war schon die völlig verzweifelte Margarete von Hase. Ihr Mann, Paul von Hase, der Stadtkommandant von Berlin, war als Mitverschwörer verhaftet und auf Befehl Hitlers erhängt worden. Die Aufregung steigerte sich noch, als überraschend ein Wachsoldat aus Tegel vor der Tür stand. Es war der Unteroffizier Knobloch, ein Arbeiter aus dem Berliner Norden, den die Familie schon kannte. Er hatte sich mit Dietrich angefreundet und ihm schon viele Erleichterungen verschafft. Nach dem Putsch hatte er für Dietrich einen Fluchtplan ausgeheckt. Verkleidet als Monteur sollte Dietrich mit ihm aus dem Gefängnis fliehen, sich in einem Schrebergarten verstecken und sich dann ins Ausland absetzen. Den Monteuranzug hatten die Schleichers schon besorgt, nun ging es noch um falsche Pässe und Adressen.

Klaus Bonhoeffer wusste, dass er nicht lange Zeit für eine Entscheidung hatte. Die ganze Nacht hindurch überlegten er und seine Schwester fieberhaft, wie er sich verhalten soll. Flucht kam nicht infrage. Klaus hätte seine Frau Emmi und seine Kinder zurücklassen müssen und die wären der Willkür der Nazis ausgesetzt. Klaus war zum Selbstmord entschlossen. Er musste damit rechnen, gefoltert zu werden, und wollte auf keinen Fall Namen verraten. Klaus wollte sich die Pulsadern aufschneiden, doch seine Schwester nahm ihm die Rasierklinge weg und sagte: »Man muss hoffen, dass du wiederkommst.«[266]

Schon am nächsten Morgen stand das Auto der Gestapo vor dem Haus der Schleichers. Klaus Bonhoeffer wurde verhaftet und in das Gestapo-Gefängnis in der Lehrter Straße gebracht. Zwei Tage später wurde auch Rüdiger Schleicher abgeholt. Als Dietrich davon erfuhr, ließ er seinen Fluchtplan fallen. Er konnte es nicht mehr verstehen, wie er nur an seine eigene Sicherheit hatte denken können. Er hätte wissen müssen, dass die Nazis sich nach seiner Flucht an seinem Bruder, an Maria und der ganzen Familie rächen würden. »Ich danke Dir für alle Treue«, schrieb er in einem Brief an Maria und seine Eltern. »Behaltet guten Mut und Zuversicht! Das ist für uns das Allerwichtigste. Ich bin unendlich stolz auf Dich und auf Euch alle!«[267]

Am 8. Oktober musste Dietrich seine Zelle räumen. Wegen der dauernden Luftangriffe war das Gefängnis zu unsicher geworden. Ein Teil der Gefangenen wurde verlegt. Das geschah nicht aus humanitären Gründen. Man war lediglich daran interessiert, sie am Leben zu erhalten, um weitere Informationen von ihnen zu erpressen. Dietrich kam in das Gefängnis des Reichssicherheitshauptamtes in der Prinz-Albrecht-Straße. Das war die Zentrale der Gestapo und der SS, die radikalste Behörde der nationalsozialistischen Terrorherrschaft. Die Zellen lagen im Keller und es gab einen Luftschutzbunker. Das Gefängnis war voll mit Leuten, die man verdächtigte, am Staatsstreich des 20. Juli beteiligt gewesen zu sein. Dietrich traf alte Bekannte wieder aus der früheren Abwehr. Josef Müller, den V-Mann aus München, Hans Oster und den General Canaris. Den Häftlingen war es streng verboten, miteinander zu reden. Aber auf dem Gang zur Dusche konnten sie sich heimlich unterhalten. »Hier ist die Hölle«, flüsterte Canaris Dietrich zu.

Was er meinte, waren vor allem die Verhörmethoden. Folter gehörte dazu. Dietrich wurde gleich bei der ersten Vernehmung damit gedroht. Es blieb jedoch bei der Drohung. Aber auch ohne diese körperlichen Qualen fand er die Verhöre »kurz und bündig: widerlich«[268]. Der zuständige SS-Mann Walter Huppenkothen wollte herausfinden, welche Verbindungen es gab zwischen dem Amt Canaris' und den Verschwörern des 20. Juli. In den Akten, die man in Zossen gefunden hatte, tauchte auch der Name Bonhoeffer auf. Man wusste von seinen Reisen, bei den Hintergründen aber tappte man im Dunkeln. Huppenkothen, der gern den verständnisvollen Gentleman spielte, ließ es nicht an Hinweisen fehlen, dass von Dietrichs Aussagen das Schicksal seiner Verlobten und seiner Familie abhänge.

Dietrich durfte keine Briefe mehr versenden und keine mehr empfangen. Besuche waren verboten. Nur einmal in der Woche, am Mittwoch, durften Pakete für die Gefangenen abgegeben werden. Maria, die nun bei den Eltern Bonhoeffer lebte, versuchte mehrmals, Dietrich zu sehen. Einmal drang sie sogar bis zu Huppenkothen vor. Der fand sie sympathisch, ließ sich aber nicht erweichen, einer Begegnung zuzustimmen. In den Paketen, die Dietrich von ihr erhielt, waren Lebensmittel und Zigaretten, von denen Dietrich freigiebig an andere Häftlinge abgab. Sogar in diesem Kellergefängnis konnte man noch für andere dasein.

Wichtiger als Lebensmittel waren für ihn die Bücher, die ihm die Eltern oder Maria zukommen ließen. Auch schreiben durfte er. Weiterhin beschäftigten ihn seine Gedanken zu einem »religionslosen Christentum«. Sein Glaube, dass Gott nur erfahren werden kann, wenn man sich ganz auf diese Welt einlässt, erhielt in den unterirdischen Verliesen der Gestapo ein noch existenzielleres Gewicht. War Gott auch hier, in dieser Zelle, die nur eineinhalb mal zweieinhalb Meter groß war? In der Nachbarzelle saß Fabian von Schlabrendorff, der beim versuchten

Anschlag auf Hitler die als Cognac-Flaschen getarnten Bomben ins Flugzeug geschmuggelt hatte. Er wurde bei den Verhören schwer misshandelt und erwartete seinen sicheren Tod. Dietrich steckte ihm öfter Zettel mit tröstenden Worten zu. Schlabrendorff war erstaunt darüber, dass Dietrich immer »guter Laune« war, immer »freundlich und gegen jedermann zuvorkommend«.[269] Dietrich war zuversichtlich, dass er freigesprochen wird oder das nahende Kriegsende die Freiheit bringt. Wie schon in Tegel blieb auch das Wachpersonal im Gestapo-Gefängnis nicht unbeeindruckt von Dietrichs gewinnendem Wesen. Vielleicht bekam er darum vor Weihnachten die Erlaubnis, einen Brief an Maria zu schreiben. Darin versichert er, wie stark er die Verbindung mit ihr und den Eltern auch noch in der tiefsten Einsamkeit empfinde. Keinen Augenblick habe er sich allein und verlassen gefühlt. Wie ein Kind von Engeln, so fühle er sich beschützt »durch gute unsichtbare Mächte«. »Es sind nun fast 2 Jahre, dass wir aufeinander warten«, schließt er den Brief. »Werde nicht mutlos!« Als Weihnachtsgruß legte Dietrich noch »ein paar Verse« bei, die er die letzten Abende verfasst hatte:

1.   *Von guten Mächten treu und still umgeben,*
     behütet und getröstet wunderbar,
     so will ich diese Tage mit euch leben
     und mit euch gehen in ein neues Jahr.

2.   *Noch will das alte unsre Herzen quälen,*
     noch drückt uns böser Tage schwere Last.
     Ach Herr, gib unsern aufgeschreckten Seelen
     das Heil, für das Du uns geschaffen hast.

3. Und reichst Du uns den schweren Kelch, den bittern
   des Leids, gefüllt bis an den höchsten Rand,
   so nehmen wir ihn dankbar ohne Zittern
   aus Deiner guten und geliebten Hand.

4. Doch willst Du uns noch einmal Freude schenken
   an dieser Welt und ihrer Sonne Glanz,
   dann woll'n wir des Vergangenen gedenken,
   und dann gehört Dir unser Leben ganz.

5. Lass warm und hell die Kerzen heute flammen
   die Du in unsre Dunkelheit gebracht,
   führ, wenn es sein kann, wieder uns zusammen!
   Wir wissen es, Dein Licht scheint in der Nacht.

6. Wenn sich die Stille nun tief um uns breitet,
   so lass uns hören jenen vollen Klang
   der Welt, die unsichtbar sich um uns weitet,
   all Deiner Kinder hohen Lobgesang.

7. Von guten Mächten wunderbar geborgen,
   erwarten wir getrost, was kommen mag.
   Gott ist bei uns am Abend und am Morgen
   und ganz gewiss an jedem neuen Tag.[270]

Das neue Jahr begann mit einer Offensive der Roten Armee im Osten. Es war eine Frage der Zeit, bis die Truppen Pätzig erreichten. Maria begab sich an diesen eiskalten Wintertagen in ihre Heimat, um ihrer Mutter beizustehen. Als sie dort ankam, war schon in der Ferne Geschützdonner zu hören. Die Nazibehörden hatten jede Flucht verboten. Marias Mutter wollte aber wenigstens ihre kleinen Kinder in Sicherheit bringen. Sie ließ den Planwagen mit dem Ackerpferd hinter dem Haus beladen und machte sich mit Maria, einem Kutscher und den Kindern im Schneesturm auf den Weg. Als Ruth von Wedemeyer das Gefühl hatte, außer Gefahr zu sein, verabschiedete sie sich von ihren Kindern und kehrte nach Pätzig zurück. Maria übernahm den Treck und führte ihn über die zugefrorene Oder. Das Ziel waren Verwandte in der Nähe von Celle. Auf der letzten Wegstrecke überließ Maria ihre Geschwister dem Kutscher und wollte sich alleine nach Berlin durchschlagen.

Berlin war inzwischen eine untergehende Stadt. Das hielt die Nazis nicht davon ab, noch viele Menschen mit in den Untergang zu reißen. Besonders hervor tat sich der berüchtigte Richter Roland Freisler, der schon die Geschwister Scholl aufs Schafott geschickt hatte. Jetzt verurteilte er auch Klaus Bonhoeffer und Rüdiger Schleicher zum Tode. Beide warteten nun auf ihre Hinrichtung. »Ich fürchte mich nicht vor dem Erhängtwerden«, schrieb Klaus auf einen Zettel, »aber ich möchte diese Gesichter nie mehr sehen […] dieses Maß von Verkommenheit.«[271]

Hans von Dohnanyi hatte mit seinen Erkrankungen seinen Prozess noch weiter hinauszögern können. Am 1. Februar wurde er auf einer Trage in das Kellergefängnis in der Prinz-Albrecht-Straße gebracht. Dietrich schaffte es, kurz mit ihm zu sprechen. Dohnanyi war in einem sehr schlechten Zustand, hatte aber bisher in den Verhören standgehalten. Der SS-Mann Stawitzky wollte ihn nun kleinkriegen, indem er ihn in seiner Zelle hilflos liegen ließ und es verbot, ihn zum Waschen und auf die Toilette zu bringen. Man solle ihn, so meinte Stawitzky, in »seiner eigenen Scheiße verrecken« lassen. Dohnanyi hatte seine eigene Art, sich zu wehren. Er verließ sich »aufs Stinken«[272], und tatsächlich wurde er nach drei Wochen erlöst und ein Arzt durfte sich um den völlig Verwahrlosten kümmern. Seine Krankheit blieb sein »Kampfmittel«, mit dem er das Kriegsende erreichen wollte. Seine Frau Christel, Dietrichs Schwester, bat er auf einem hinausgeschmuggelten Zettel, ihm mit Typhus oder Cholera infizierte Lebensmittel zu schicken, um sich anzustecken und aus dem Gefängnis in ein Krankenhaus gebracht zu werden. Mit der Ansteckung klappte es nicht, aber auch ohne sie war Dohnanyi so krank, dass man ihn ins Krankenhaus der Berliner Polizei brachte.

Am 3. Februar wurde das Zentrum Berlins durch ein schweres Bombardement in einen Schutthaufen verwandelt. Die Gefangenen in der Prinz-Albrecht-Straße standen dicht gedrängt im Luftschutzraum, der bei jedem nahen Einschlag schwankte, als würde er gleich einstürzen. Fabian von Schlabrendorff hielt sich nahe bei Dietrich Bonhoeffer, der ganz ruhig und gelassen wirkte. Unruhiger wäre er wohl gewesen, wenn er gewusst hätte, dass zu dieser Zeit seine Eltern und Klaus' Frau Emmi versuchten, zum Gefängnis zu kommen, um Dietrich ein Paket zu seinem Geburtstag zu bringen. Neununddreißig Jahre alt wurde er am nächsten Tag. Durch die Trümmerlandschaft konnten die drei nicht weiterkommen und mussten den Rückweg antreten. Karl Bonhoeffer nahm es mit dem ihm eigenen trockenen Humor. Der Weg durch die zerbombte Stadt sei »nicht sehr reizvoll« gewesen, schrieb er in einem Geburtstagsbrief, der Dietrich nie erreichte, und hinterher hätten sie ausgesehen »wie Schornsteinfeger«.[273]

Als Maria wieder in Berlin war, ging sie mit Dietrichs Eltern am nächsten Pakettag wieder zum Gefängnis. Dort mussten sie erfahren, dass Dietrich nicht mehr hier war. Am 7. Februar hatte man ihn zusammen mit anderen weggebracht. Wohin, wusste keiner oder wollte niemand sagen. Maria ließ sich einen

Passierschein ausstellen, um wieder nach Bundorf zu reisen. Von dort wollte sie sich auf die Suche nach Dietrich machen.

Dietrich war zusammen mit anderen Häftlingen in einem Gefängniswagen abtransportiert worden. Ziel war das Konzentrationslager Buchenwald bei Weimar. Das KZ war zu dieser Zeit heillos überfüllt und es herrschten chaotische Zustände. Die Nachrichten von den immer mehr nach Osten vorrückenden amerikanischen Truppen gelangten auch ins Lager und unter den Insassen bildeten sich Widerstandsgruppen. Flieger hatten die Außenanlagen bombardiert. Nur einige Gebäude waren dort unzerstört geblieben. In eines wurden die Gefangenen aus Berlin gebracht. Es hatte neun unterirdische Zellen und wurde auch als Munitionsdepot benutzt. Die fünfzehn Männer und zwei Frauen, die man hier einsperrte, waren prominente Gefangene. Ehemalige Diplomaten und hochrangige Offiziere. Dietrich Bonhoeffer bildete als Pfarrer eine Ausnahme. Zu den Offizieren gehörte auch der britische Geheimagent Payne Best, der später ausführlich über diese Tage und Wochen berichtet hat.[274]

Die Zellen waren feucht und kalt und an einigen Stellen rann Wasser die Wände hinunter. Ins Freie durften die Häftlinge nicht, aber man erlaubte ihnen, sich im Mittelgang zwischen den Zellen zu bewegen. Einige hatten noch ein paar Habseligkeiten. Dietrich besaß außer ein paar Büchern nur noch das, was er am Leib trug. Seine Eltern hatte er gebeten, alle seine Kleider zu verschenken. »Wenn man bedenkt, wie viele Menschen jetzt täglich alles verlieren«, schrieb er, »hat man eigentlich gar keinen Anspruch mehr auf irgendwelchen Besitz.«[275] Nur die ersten Tage bekamen die Gefangenen Suppe und Brot. Dann wurde die Verpflegung immer schlechter. Und je näher die Front rückte, desto ängstlicher und damit unberechenbarer wurden die Bewacher. Manche waren so nervös, dass sie mit ihren Pistolen herumfuchtelten und drohten, jeden, der Schwierigkeiten mache, zu erschießen »wie einen Hund«. Bei einem Luftangriff sperrten sie die Gefangenen in ihre Zellen und flohen in den nahen Wald.

Die Stimmung zwischen den Häftlingen war oft gereizt, vor allem bei jenen, die sich eine Zelle teilen mussten. Nur ein Paar schien sich prächtig zu verstehen. Es war Dietrich Bonhoeffer und Friedrich von Rabenau. Rabenau war ein General, der Theologie studiert hatte. Er und Dietrich genossen es, über theologische Probleme zu diskutieren. Auch bei den anderen in der Gruppe war Dietrich anscheinend beliebt. Jedenfalls legen das die Erinnerungen von Payne Best nahe, auch wenn man mit seinen Urteilen, die in der Rückschau zustande kamen, vorsichtig sein muss. Aufgefallen ist Best jedenfalls, dass unter den Gefangenen Dietrich derjenige war, der am wenigsten an sich selber dachte und eine Zufriedenheit ausstrahlte, die erstaunlich war, wenn man bedachte, dass man in einem Gefängnis saß, das jeden Moment von einer Bombe getroffen werden konnte. Dietrich Bonhoeffer umgab, so Best, »eine Aura des Glücks und der Freude über die kleinsten Dinge im Leben und dazu eine tiefe Dankbarkeit für die bloße Tatsache, am Leben zu sein«.[276] Diese Lebensbejahung war jedoch nur die eine Seite. Gleichzeitig musste sich Dietrich in diesen Tagen darauf einstellen, nicht mehr lange zu leben. Was das für eine enorme Spannung bedeutet, kann man nur erahnen. Aushalten lässt sich dieser ungeheure innere Widerstreit offenbar nur, wenn man gelernt hat, dass die Dankbarkeit für das Leben und die Einwilligung in den Tod zusammengehören. Meinte das Dietrich Bonhoeffer mit dem »inneren Tod«?

Am Ostersonntag, es war der 1. April 1945, konnte man bis in den Keller den Geschützdonner der nahenden amerikanischen Truppen hören. Sonderhäftlinge durften nicht in die Hände des Feindes fallen, und normalerweise wurde, um das zu verhindern, mit ihnen kurzer Prozess gemacht. Aber anscheinend gab es neue Befehle aus Berlin. Am Dienstag um zehn Uhr abends fuhr ein Lastwagen vor. Die Gruppe musste sich in den engen Laderaum quetschen, der voll war mit Holzscheiten. Das Fahrzeug, ein sogenannter »Holzgaser«, wurde mit diesem Brennstoff angetrieben. Es konnte nicht schneller fahren als 30 km/h und man musste jede Stunde anhalten, um Holz nachzufüllen.

Die drei SS-Leute, die für den Transport verantwortlich waren, hatten Anweisung, in das KZ Flossenbürg zu fahren. Doch als sie am Mittwochmittag in der Kleinstadt Weiden, die nur wenige Kilometer vom Ziel entfernt war, ankamen, wurde ihnen gesagt, dass sie weiterfahren müssten, weil das Lager überfüllt sei. Die Gefangenen waren erleichtert, denn Flossenbürg hatte einen schlimmen Ruf als Vernichtungslager. Die Bewacher waren ratlos. Sie mussten nun einen Platz finden, wo sie ihre »Fracht« vorübergehend unterbringen konnten.

In der Dämmerung kam der Lastwagen in Regensburg an. Nach mehreren vergeblichen Versuchen, irgendwo unterzukommen, wurde der Transport im dortigen Landesgefängnis aufgenommen. Wie sich am nächsten Morgen herausstellte, waren hier viele Familien jener Männer untergebracht, die am Putsch des 20. Juli teilgenommen hatten. Das nannte man Sippenhaft. Bonhoeffer und die anderen kannten viele dieser Leute und konnten über das Schicksal vieler Angehöriger Auskunft geben. Unterbrochen wurden diese lebhaften Gespräche nur, wenn die Sirenen heulten. Dann wurden alle in den Keller gebracht. Durch eine Luke im Waschraum konnten sie sehen, dass der nahe Bahnhof völlig zerstört war. Wie Spielzeug herumgeschleuderte Züge, ausgebrannte Fahrzeuge und Gleise, die verdreht in der Luft hingen.

Gegen fünf Uhr musste Bonhoeffers Gruppe wieder den »Holzgaser« besteigen. Aber kaum hatten sie die Stadt verlassen, gab der Lastwagen seinen Geist auf. Einer der Bewacher beschlagnahmte ein Motorrad und holte Hilfe. Was dann viele Stunden später, nach einer verregneten Nacht, heranrollte, war ein Reisebus mit unzerstörten Fenstern und gepolsterten Sitzen. Die bisherigen Bewacher blieben zurück und übergaben ihre Aufgabe einem Trupp von SS-Männern mit Maschinenpistolen. Die Fahrt ging nun für die Häftlinge wesentlich bequemer weiter Richtung Osten, in den Bayerischen Wald.

In diesen Stunden wurde in Berlin das Schicksal Dietrich Bonhoeffers entschieden. Im Versteck in Zossen waren die Tagebücher des Admirals Canaris gefunden worden, aus denen hervorging, in welchem Ausmaß dessen Geheimdienst am Widerstand beteiligt gewesen war. Als der Leiter des Reichssicherheitshauptamtes, Ernst Kaltenbrunner, Hitler am 5. April diese Akten vorlegte, war dieser außer sich vor Zorn und befahl, dass keiner, der in den Fall verwickelt war, mit dem Leben davonkommen sollte. Canaris und Oster waren bereits im KZ Flossenbürg interniert. Hans von Dohnanyi wurde in das KZ Sachsenhausen gebracht und dort von einem »Standgericht« zum Tode verurteilt. Huppenkothen wurde nach Flossenbürg geschickt, um die Verurteilung und Hinrichtung der gefangenen Verschwörer vorzubereiten.

Der Bus mit Dietrich Bonhoeffer fuhr am Freitag, dem 6. April 1945, einem sonnigen Frühlingstag, durch die Hügellandschaft des Bayerischen Waldes. Am Nachmittag hielt er vor dem Schulhaus des kleinen Ortes Schönberg nahe Zwiesel. Die Gruppe wurde in den ersten Stock des Gebäudes gebracht und dort eingeschlossen. Es war ein großer, heller Raum mit Aussicht auf die Landschaft. Zu aller Überraschung standen darin richtige Betten mit federgefüllten Zudecken. Nach den vielen Tagen in Zellen und der anstrengenden Fahrt in dem »Holzgaser« war diese Unterkunft der reine Luxus. Die Stimmung war ausgelassen, auch wenn alle müde und hungrig waren. Für Heiterkeit sorgte immer wieder, dass die Männer abgenommen hatten und ihre Hosen rutschten. Wer keinen Gürtel oder Strick hatte, hielt deshalb seine Hände ständig in den Hosentaschen. Unter Gelächter suchte sich jeder ein Bett aus und schrieb mit Kreide seinen Namen darauf.

Dietrich unterhielt sich gern mit dem Russen Wasily Kokorin, einem Fliegeroffizier der Roten Armee, der auch zur Gruppe gehörte und ein überzeugter Atheist war. Missionieren wollte er den jungen Mann nicht. Er nutzte aber die Gelegenheit, ein paar Wörter Russisch von ihm zu lernen und Adressen auszutauschen. Nach dem Krieg wollte er Wasily in Moskau besuchen. Dietrich setzte sich ins offene Fenster und genoss die Aussicht und die warme Frühlingssonne. Wie sehr er die Sonne liebe, hatte er einmal an Maria geschrieben. Sie erinnere ihn daran, »dass der Mensch von der Erde genommen ist und nicht aus Luft und Gedanken bestehe«.[277]

Ob er an Maria dachte? In Berlin hatte sie nicht erfahren können, wohin man Dietrich gebracht hatte. Gerüchten und vagen Hinweisen folgend war sie losgezogen, um Dietrich vielleicht im Süden Deutschlands zu finden, mit einem Koffer voller Winterkleider für Dietrich. Mitte Februar war sie in Flossenbürg gewesen. Am Tor zum KZ hatte man sie abgewiesen. Von einem Gefangenen namens Bonhoeffer wisse man nichts. An ihre Mutter schrieb sie: »Leider ist meine ganze Reise nach Bundorf und Flossenbürg völlig zwecklos gewesen. Dietrich ist gar nicht da. Wer weiß, wo er steckt. Ein ziemlich hoffnungsloser Fall. Aber was soll ich jetzt machen? […] Ich hab ein bisschen das heulende Elend, aber das kommt nur daher, dass ich nun schon 2 Tage auf der Bahn liege, heute 7 km hinwärts zu Fuß gehen musste und dann ohne irgendwelche Aussichten wieder die 7 km zurückstiefeln musste.«[278]

In Flossenbürg herrschte Verwirrung. Überall suchte man nach Bonhoeffer. Gefangene wie Fabian von Schlabrendorff wurden gefragt, ob sie Bonhoeffer seien. Der Pfarrer sollte längst mit dem Transport aus Buchenwald abgeliefert worden sein. Als der »Holzgaser« in Weiden abgewiesen worden war, hatte man drei Männer aus dem Lkw geholt, in der Annahme, Bonhoeffer sei dabei. Man hatte den Falschen erwischt. Nun wurde ein Kommando nach Schönberg geschickt, um Bonhoeffer zu holen.

Sonntag, der 8. April, war der Weiße Sonntag, der Sonntag nach Ostern. Kirchenglocken waren von ferne zu hören. Die Gefangenen im Schulhaus von Schönberg hatten das Bedürfnis, den Morgen feierlich zu begehen, und baten Dietrich Bonhoeffer, eine Andacht zu halten. Der sträubte sich zuerst. Vermutlich hatte er dieselben Bedenken wie damals in Tegel, als er den Fliegeralarm nicht ausnutzen wollte, um andere religiös zu »erpressen«. Doch gab er nach, als alle ihn nochmals darum baten, auch der Atheist Kokorin. Dietrich sprach Gebete und redete über die Erfahrungen in der Gefangenschaft und welche Gedanken und Vorsätze sich daraus ergeben. Kaum hatte er seine Andacht beendet, wurde die Tür aufgerissen von zwei Männern in Zivil, von denen einer rief: »Gefangener Bonhoeffer. Fertig machen! Mitkommen!« Alle zuckten zusammen, denn dieses Wort »Mitkommen!«, das hatten sie gelernt, verhieß nichts Gutes. Dietrich hatte nicht viel mitzunehmen. Das Buch von Plutarch ließ er zurück, nicht ohne vorher noch mit großen Buchstaben an mehreren Stellen seinen Namen hineinzuschreiben, um eine Spur von sich zu hinterlassen. Als er sich von seinen Gefährten verabschiedete, nahm er Payne Best zur Seite, fasste ihn bei den Händen und bat ihn »mit großem Ernst«, falls er nach England zurückkehre, Bischof Bell eine Nachricht zu überbringen. »Sagen Sie ihm«, so Dietrich, »für mich ist dies das Ende, aber auch der Anfang. Sagen Sie ihm, dass ich nie seine Worte bei unserem letzten Treffen in Schweden vergessen werde. Ich glaube wie er an die weltweite christliche Brüderlichkeit, die über allem Hass zwischen den Völkern steht, und dass unser Sieg gewiss ist.«[279]

In Flossenbürg warteten der SS-Richter Otto Thorbeck und Walter Huppenkothen schon auf das Kommando mit Dietrich Bonhoeffer, das gegen Abend ankam. Canaris, Oster und andere waren bereits verhört worden. Nun kam Bonhoeffer an die Reihe. Das »Standgericht« sollte den Anschein eines rechtmäßigen Verfahrens erwecken. Huppenkothen und Thorbeck verteidigten sich später mit dem Argument, nur nach den Gesetzen der damaligen Zeit gehandelt zu haben. Das »Standgericht« war eine Farce. Es gab keine Verteidiger und keine Zeugen. Das Urteil stand schon fest. Hitler hatte es gesprochen. Und Gesetze sind nicht deshalb richtig, weil sie Gesetze sind. Gesetze können auf Unrecht beruhen. Der Prozess und das Urteil gegen Bonhoeffer und seine Mithelfer waren Unrecht.

Gegen Mitternacht waren die Verhöre abgeschlossen. Wir wissen nicht, wie Bonhoeffer die nächsten Stunden verbracht hat. Es waren seine letzten. Sicher dachte er an sein Leben und an alle, die ihm wichtig waren, an Maria, an seine Eltern und Geschwister. Auf Payne Best hatte er in Schönberg gewirkt wie jemand, der ganz mit sich im Reinen war. War Dietrich den inneren Tod gestorben? War er nun bereit für den äußeren? Als er Pfarrer in London war, hatte er in einer Predigt die Frage gestellt, warum wir Angst vor dem Tod haben. »Der Tod«, so sagte er, »ist ja nur furchtbar für den, der Angst hat, der ihn fürchtet. Der Tod ist nicht wild und schrecklich, wenn wir nur stille sind und uns an Gottes Wort halten. Der Tod ist nicht bitter, wenn wir nicht verbittert sind. [...] Wer weiß es denn, ob nicht die Ängste und Nöte des Menschen nur das Zittern und Schaudern vor dem

herrlichsten, himmlischsten, seligsten Ereignis der Welt ist? […]
Der Tod ist die Hölle und die Nacht und die Kälte, wenn ihn unser Glaube nicht verwandelt. Aber das ist ja das Wunderbare,
dass wir den Tod verwandeln können.«[280]

Am frühen Morgen des 9. April, zwischen fünf und sechs Uhr,
wurden die verurteilten Gefangenen aus ihren Zellen geholt.
Der Lagerarzt Hermann Fischer-Hüllstrung hat zehn Jahre später, kurz vor seinem Tod, die folgenden Ereignisse geschildert.[281]
Demnach brachte man die Gefangenen in die Waschräume, wo
ihnen befohlen wurde, ihre Kleidung abzulegen. Durch eine halb
geöffnete Tür will der Lagerarzt gesehen haben, wie Bonhoeffer, bevor er sich auszog, sich hinkniete und betete. Den Verurteilten wurden die Hände auf den Rücken gebunden. Nackt und
gefesselt wurden sie nacheinander in einen kleinen Innenhof gebracht, wo das Podest mit dem Galgen stand. Als die Reihe an
Bonhoeffer war, soll er kurz gebetet haben, bevor er die Treppen
zum Galgen hochstieg. »Ich habe in meiner fast fünfzigjährigen
Tätigkeit kaum je einen Mann so gottergeben sterben gesehen«,
berichtete der Lagerarzt.

Den Schilderungen des SS-Arztes wurden durch einen Mitgefangenen Bonhoeffers vehement widersprochen.[282] Dieser Jørgen
L. F. Mogensen hat die »Hinrichtung« Bonhoeffers nicht mit eigenen Augen gesehen, kannte aber die örtlichen Verhältnisse in
Flossenbürg und die üblichen Methoden der Urteilsvollstreckung.
Mogensen zufolge gab es im Innenhof des Lagers kein Podest
mit Treppe und keinen Galgen. An der Mauer waren »L-förmige
Haken« angebracht, an denen die Verurteilten erhängt wurden.
Diese Haken waren so angebracht, dass der Verurteilte mit den
Zehenspitzen noch den Boden berühren konnte. Dadurch wurden seine Qualen verlängert und der Todeskampf zog sich lange

hin. Für diese Darstellung spricht, dass Hitler diese bestialische Form der »Hinrichtung« für viele der Beteiligten am Umsturzversuch des 20. Juli angeordnet hat. Sicher ist, dass die Leichen im Freien verbrannt wurden.

Am gleichen Tag wie Dietrich wurde Hans von Dohnanyi im KZ Sachsenhausen umgebracht. Er war durch Medikamente und Misshandlungen halb besinnungslos und man musste ihn auf einer Bahre zum Galgen tragen.

In der Nacht vom 22. auf den 23. April wurden Klaus Bonhoeffer und Rüdiger Schleicher aus ihren Zellen im Gestapo-Gefängnis in Berlin geholt. Man sagte ihnen, dass man sie und vierzehn andere Häftlinge in eine andere Unterkunft bringe und sie dann freilassen werde. Auf dem Weg Richtung Lehrter Bahnhof, auf einem Trümmergelände, eröffneten die SS-Leute das Feuer auf die Gruppe. Einer entkam und berichtete später der Familie Bonhoeffer vom Tod der zwei Männer. Klaus Bonhoeffer hatte an Ostern noch einen Brief an seine drei Kinder geschrieben: »Ich werde nicht mehr lange leben und will nun von Euch Abschied nehmen. Das wird mir sehr schwer; denn ich habe jeden von Euch so sehr lieb und Ihr habt mir nur immer Freude gemacht. Ich werde nun nicht mehr sehen, wie Ihr heranwachst und selbstständige Menschen werdet. Ich bin aber ganz zuversichtlich, dass Ihr an Mamas Hand den rechten Weg geht und dann auch von Verwandten und Freunden Tat und Beistand finden werdet. Liebe Kinder, ich habe viel gesehen und erlebt. Meine väterlichen Erfahrungen können Euch aber nicht mehr leiten. [...][283]

Am 23. April 1945 befreiten amerikanische Truppen das KZ Flossenbürg. Am 9. Mai war der Krieg zu Ende. Maria suchte zu dieser Zeit weiter nach Dietrich im Westen Deutschlands.

Karl-Friedrich Bonhoeffer, Dietrichs anderer Bruder, schrieb kurz nach Kriegsende an seine Kinder: »Von Onkel Dietrich, der Anfang Februar von Berlin durch die SS verschleppt worden war, fehlt jede Spur. [...] Warum ist er noch nicht hier?«[284]

Wer hält stand?

Am 27. Juli 1945 saßen Karl und Paula Bonhoeffer in ihrem Haus in der Marienburger Allee vor dem Radio und hörten den englischen Sender BBC. Es wurde ein Gottesdienst aus der Holy Trinity Church in London übertragen. Es war ein Gottesdienst zum Gedächtnis ihres Sohnes Dietrich. Nachrichten über sein Schicksal waren über das Ausland nach Berlin gelangt, aber immer noch gab es Hoffnung, dass er vielleicht doch noch lebte. Der Gottesdienst in London brachte nun die traurige Gewissheit. Zwei Söhne und zwei Schwiegersöhne hatten Karl und Paula Bonhoeffer in den letzten Kriegstagen verloren, alle brutal ermordet, nicht im Krieg gefallen wie ihr Sohn Walter. Von den Söhnen war nur Karl-Friedrich übrig. Zwei Töchter, Christine und Ursula, waren nun Witwen.

Die Kirche in London war bis auf den letzten Platz gefüllt. Viele Menschen aus Dietrichs früheren Londoner Gemeinden waren da. In den ersten Reihen saß seine Zwillingsschwester Sabine mit ihrem Mann Gert Leibholz und den zwei Töchtern. Es war eine Sensation, dass dieser Gottesdienst zustande kam und auch noch vom Hörfunk übertragen wurde. In England hasste man alle Deutschen. Dass man bei Dietrich Bonhoeffer eine Ausnahme machte, das hatte der Bischof von Chichester, George Bell, durchgesetzt. In seiner Ansprache beim Gedenkgottesdienst erinnerte er an die persönlichen Begegnungen mit seinem Freund Dietrich. Er nannte ihn einen »Märtyrer«, der vereinte, was man oftmals trennen will, nämlich »den Widerstand der gläubigen Seele« und die »moralische und politische Erhebung des menschlichen Gewissens gegen Ungerechtigkeit und Grausamkeit«.[285]

Dietrich Bonhoeffers Überzeugung, dass christlicher Glaube und politisches Handeln keinen Widerspruch bilden, ist später vor allem in den Befreiungsbewegungen in Südafrika und Lateinamerika dankbar aufgenommen worden. Im Deutschland nach 1945 tat man sich nach wie vor schwer, die von Bischof Bell beklagte Trennung von christlich und politisch zu überwinden. Kurz vor seinem Tod im Dezember 1948 schrieben mehrere Pfarrer aus Bielefeld an Karl Bonhoeffer mit der Aufforderung, Einspruch zu erheben gegen Pläne, Straßen nach seinem Sohn Dietrich und Männern des 20. Juli zu benennen. Sie wollten nicht, dass ein »Amtsbruder«, der um seines Glaubens willen getötet wurde, in eine Reihe gestellt wird mit politischen Widerstandskämpfern. Karl Bonhoeffer antwortete darauf: »Mein Sohn hätte an sich gewiss nicht den Wunsch gehabt, dass Straßen nach ihm benannt werden. Andererseits bin ich überzeugt, dass es nicht nach seinem Sinn wäre, sich von den aus politischen Gründen ums Leben Gebrachten, mit denen er jahrelang im Gefängnis und KZ zusammengelebt hat, zu distanzieren.«[286]

In der jungen BRD war es eine verbreitete Haltung, sich vom politischen Widerstand gegen Hitler zu distanzieren. Dahinter steckte die Auffassung, dass ein Deutscher in keinem Fall gegen das eigene Volk handeln darf, selbst dann nicht, wenn es den eigenen Untergang verschuldet hat. Wer dies trotzdem getan hatte, wurde schnell als »Volksverräter« beschimpft. Auch Dietrich Bonhoeffer traf dieser Vorwurf. Sogar Theologen schreckten davor nicht zurück. Als 1956 ein Student in Tübingen Bonhoeffer als christliches Vorbild nannte, wurde er vom Professor scharf zurechtgewiesen mit den Worten: »Bonhoeffer war kein Märtyrer, sondern ein Volksverräter.« Cornelie Bonhoeffer, die Tochter von Klaus Bonhoeffer, machte einmal eine ähnliche Erfahrung. Als sie nach der Schule den Zug verpasste und per Anhalter fuhr, fragte der Fahrer, der sie mitnahm, nach ihrem Vater, worauf Cornelie antwortete, dass er von den Nazis umgebracht worden sei, weil er gegen Hitler gearbeitet habe. »Armes Verräterkind!«, meinte daraufhin der Mann.[287]

Solche Auffassungen wurden sogar von deutschen Gerichten unterstützt. Der angeblich »entnazifizierte« Deutsche Bundesgerichtshof stellte 1956 fest, dass das Todesurteil gegen Bonhoeffer rechtens gewesen sei. Walter Huppenkothen und der SS-Richter Otto Thorbeck, die für die Verurteilung und »Hinrichtung« Bonhoeffers in Flossenbürg verantwortlich waren, wurden im gleichen Jahr höchstrichterlich vom Vorwurf der Beihilfe zum Mord freigesprochen. Aufgrund der damaligen Gesetze, so die Begründung, seien sie verpflichtet gewesen, den Staat zu schützen und Widerstandskämpfer zum Tode zu verurteilen. Erst in den Jahren 1998 und 2002 hob der Deutsche Bundestag alle Urteile, die in der NS-Zeit von Standgerichten gefällt worden waren, als Unrecht auf.

Bis dahin freilich blieben viele Vergehen aus der NS-Zeit ungesühnt, Täter blieben unbehelligt und kamen sogar wieder zu Ehren. Theodor Heckel beispielsweise, der als Leiter des kirchlichen Außenamtes Bonhoeffer das Leben schwer gemacht und ihn einen »Pazifisten und Staatsfeind« genannt hatte, wurde Dekan in der bayerischen Landeskirche, Vizepräsident der

Landessynode und Mitglied des Bayerischen Senats. Er wurde mit dem Großen Verdienstkreuz der BRD und dem Bayerischen Verdienstorden ausgezeichnet.

Die Aufarbeitung der Vergangenheit geschah sehr zögerlich. Lange wurde die NS-Zeit von vielen wie ein böser Albtraum betrachtet, der nun vorüber war. Die Schuld schob man auf die Täter wie Hitler, Himmler oder Goebbels, von denen das Volk angeblich verführt worden war. Aus ihnen machte man monströse Gestalten, die nichts Menschliches mehr an sich hatten und von denen man sich leicht distanzieren konnte. Umgekehrt hielt man Ausschau nach Lichtgestalten, heroischen Menschen, die stellvertretend dafür standen, dass es auch gute Deutsche gegeben hat. Der Urwalddoktor Albert Schweitzer gehörte dazu und das jüdische Mädchen Anne Frank. Und schließlich auch Dietrich Bonhoeffer. Er wurde zu einem »evangelischen Heiligen«, einem überlebensgroßen Helden, an dem keine Widersprüche und Schwächen mehr zu erkennen waren.

Realistischer wurde das Bild von Dietrich Bonhoeffer erst allmählich durch die Veröffentlichung seiner Schriften. Keiner hat sich dabei mehr verdient gemacht als sein Freund Eberhard Bethge. Bethge war kurzzeitig im Gefängnis gewesen und im April 1945 wieder entlassen worden. Die Briefe Dietrichs aus dem Gefängnis Tegel hatte er vor seiner Verhaftung in Gasmaskenbüchsen im Garten der Familie Schleicher vergraben und nach dem Krieg dort auch wieder gefunden. Diese Briefe und Aufzeichnungen aus der Haft erschienen 1951 im Christian Kaiser Verlag in München. Sehr viel länger dauerte es, bis der Briefwechsel zwischen Dietrich Bonhoeffer und Maria von Wedemeyer bekannt wurde. Maria konnte sich zeit ihres Lebens nicht dazu entschließen, diese Briefe aus der Hand zu geben. Zu verletzlich war sie in allem, was Dietrich betraf. Zu sehr waren diese

Briefe für sie das Zeugnis einer »unverlierbaren Zusammenge-
hörigkeit«[288].

Maria hatte nach dem Krieg Mathematik studiert und in Amerika eine steile Karriere in der Computerbranche gemacht. Ihr
Privatleben verlief weniger glücklich. Von ihrem ersten Mann,
einem deutschen Juristen, mit dem sie zwei Kinder hatte, trennte
sie sich nach sechs Jahren. Auch eine zweite Ehe mit einem amerikanischen Unternehmer scheiterte. Vom zunehmenden Kult
um Dietrich Bonhoeffer hielt sie sich fern. Erst 1976 nahm sie
an einem Symposium zum siebzigsten Geburtstag Bonhoeffers
in Genf teil. Kurz darauf erkrankte sie an Krebs und starb am
16. November 1977. An der Seite von Dietrich wäre ihr Leben sicher anders verlaufen. Die Frage, ob beide wirklich zusammen-
gepasst hätten, kann niemand beantworten. Was bleibt, ist eine
Liebe in Briefen – und darin eine große, letztlich unerfüllte Hoffnung.

War auch Dietrich Bonhoeffers Leben unerfüllt? Ohne Zweifel
hätte er gerne weitergelebt. Er wäre eine prägende Persönlichkeit
im Nachkriegsdeutschland geworden. Andererseits ist es ebenso
zweifelsfrei, dass er in seinen Tod eingewilligt hat. Sicher dachte
er an sich selbst, als er in einem Brief aus dem Gefängnis den Gedanken äußerte, dass jedes Leben ein Fragment bleibe und es nur
darauf ankomme, ob man ihm ansehe, »wie das Ganze eigentlich
angelegt und gedacht war«.[289] Rückblickend auf sein Leben hat
er keine großen Brüche feststellen können. Und man darf davon
ausgehen, dass er, wenn er länger gelebt hätte, seinen Grundsätzen treu geblieben wäre.

Einer sentimentalen Verklärung seiner Person hätte er sich
bestimmt widersetzt. Und er wäre vermutlich auch nicht damit einverstanden gewesen, ihn als Vorbild zu nehmen. Zu sehr
hätte das seiner Überzeugung widersprochen, dass man immer

nur allein, ohne den Halt von Vorschriften, Befehlen, einer Gruppe oder fester Normen, seine Entscheidungen fällen muss, und jede Zeit andere Antworten verlangt. Die Zeichen einer Zeit zu erkennen, dazu hat er allerdings viele Hinweise gegeben. Etwa in seiner *Ethik*, wo er vor jenen Politikern warnt, die sich gern als Vertreter des Volkswillens sehen: »Den tyrannischen Menschenverächtern gilt Popularität als Zeichen höchster Menschenliebe, sein heimliches, tiefes Misstrauen gegen alle Menschen versteckt er hinter den gestohlenen Worten wahrer Gemeinschaft. Während er sich vor der Menge als einer der ihren bekennt, rühmt er sich selbst in widerwärtigster Eitelkeit und verachtet das Recht jedes Einzelnen. Er hält die Menschen für dumm und sie werden dumm, er hält sie für schwach und sie werden schwach [...].«[290]

Lieben bedeutet für Bonhoeffer, von sich absehen, sich hingeben zu können. Nur wer das kann, kann auch verstehen, dass Wahrheit etwas ist, das außerhalb von uns lebendig ist – für Bonhoeffer sind das die Worte Gottes, die Taten und Reden des Jesus von Nazaret. Diese Wahrheit kann auch von den anderen Menschen erfasst werden, und darum zwingt sie uns, auf andere zu hören. Das Hören auf Gott und das Hören auf Menschen gehört untrennbar zusammen. Es ist eine der erschütterndsten Erfahrungen Bonhoeffers, dass Menschen diese Fähigkeit, auf andere zu hören, abhandenkommen kann.

Diese Unfähigkeit nennt er »Dummheit«. Sie hat nichts mit Intelligenz oder Wissen zu tun. Wer dumm ist, ist restlos mit sich selbst zufrieden. Kein Argument, und sei es noch so überzeugend, kann ihn von den einmal gefassten Meinungen abbringen. Tatsachen, die seinen Vorurteilen widersprechen, glaubt er einfach nicht oder tut sie als belanglose Einzelfälle ab. Gegen Dummheit, so Bonhoeffer, ist man wehrlos, gerade weil in einem solchen Fall jede »innere Selbstständigkeit« verloren gegangen ist. »Man spürt es geradezu im Gespräch mit ihm«, so Bonhoeffer, »dass man es gar nicht mit ihm selbst, mit ihm persönlich, sondern mit über ihn mächtig gewordenen Schlagworten, Parolen etc. zu tun hat. Er ist in einem Banne, er ist verblendet, er ist in seinem eigenen Wesen missbraucht, misshandelt. So zu einem willenlosen Instrument geworden, wird der Dumme auch zu allem Bösen fähig sein und zugleich unfähig, dies als Böses zu erkennen.«[291]

Bonhoeffer schrieb diese Zeilen zu Weihnachten 1942, nicht lange bevor er verhaftet wurde. Er war umgeben von einer Welt, in der viele Menschen nur noch Parolen, Schlagwörtern und Befehlen folgten und die in Barbarei und Chaos versank. Angesichts der nahenden Katastrophe fragte er sich, wie es so weit hatte kommen können und welche Menschen es braucht, die in dem allgemeinen Wahn nicht mitgerissen werden: *Wer hält stand?*

Den Vernünftigen traut er es nicht zu, weil sie es allen Seiten recht machen wollen, letztlich an der Unvernünftigkeit der Welt verzweifeln und wirkungslos bleiben. Auch jene, die starr an Idealen festhalten, sind für Bonhoeffer zum Scheitern verurteilt. Sie kämpfen mit ihren Prinzipien wieder nur gegen Ideen und verlieren wie ein Don Quichote, der gegen Windmühlen reitet, die Wirklichkeit aus den Augen. Auch der »Mann des Gewissens« muss versagen. Inmitten der sich aufdrängenden Konflikte wird er schier zerrissen. Seine Skrupel lähmen ihn und machen ihn unfähig zum Handeln. Schließlich wird er sich dafür entscheiden, lieber ein reines Gewissen zu behalten, anstatt in ungerechte Verhältnisse einzugreifen, »denn dass ein böses Gewissen heilsamer und stärker sein kann als ein betrogenes Gewissen«, so Bonhoeffer, »das vermag der Mann, dessen einziger Halt sein Gewissen ist, nicht zu begreifen«.[292]

Was einzig für Bonhoeffer das Böse im Zentrum treffen kann, ist das Wagnis der freien, verantwortlichen Tat. Dazu schreibt er: »Civilcourage kann nur aus der freien Verantwortlichkeit des freien Mannes erwachsen. Die Deutschen fangen erst heute an zu entdecken, was freie Verantwortung heißt. Sie beruht auf einem Gott, der das freie Glaubenswagnis verantwortlicher Tat fordert und der dem, der darüber zum Sünder wird, Vergebung und Trost zuspricht.«[293]

Was Bonhoeffer unter »Freiheit« verstand, lässt sich nicht einfach beschreiben und lehren. Hinter dem Wort steckt eine Erkenntnis, und eine Erkenntnis, so behauptet er, könne nie getrennt werden von der Existenz, in der sie gewonnen wurde. Und so ist das Verständnis von Freiheit bei Bonhoeffer das Resultat eines Lebens, der Ertrag eines langen Weges, mit Stationen, Sackgassen und vielen Erfahrungen. In einem Gedicht, das er aus dem Gefängnis an seinen Freund Eberhard Bethge schickte, spricht er darum auch vom »Weg zur Freiheit«. Offenbar hat Bonhoeffer diesen Weg gehen müssen, ehe er verstehen konnte, was Freiheit bedeutet. In diesem Gedicht *Stationen auf dem Wege zur Freiheit* heißt es:

»Nicht das Beliebige, sondern das Rechte tun und wagen; nicht im Möglichen schweben, das Wirkliche tapfer ergreifen; nicht in der Flucht der Gedanken, allein in der Tat ist Freiheit.«[294]

ZEITTAFEL

1906   Dietrich Bonhoeffer wird am 4. Februar in Breslau
geboren.

1912   Umzug der Familie nach Berlin. Der Vater
Karl Bonhoeffer wird Professor für Psychiatrie und
Neurologie an der Berliner Charité.

1918   Tod des Bruders Walter im Ersten Weltkrieg

1923   Abitur am Grunewald-Gymnasium.
Beginn des Theologiestudiums in Tübingen

1924   Reise mit Bruder Klaus nach Italien und Nordafrika.
Fortsetzung des Studiums in Berlin

1927   Promotion

1928   Erstes theologisches Examen. Vikar in der
Auslandsgemeinde in Barcelona

1930   Zweites theologisches Examen. Habilitation.
Studienaufenthalt am *Union Theological Seminary*
in New York

1931	Privatdozent, Studentenpfarrer, Hilfsprediger am Prenzlauer Berg. Konfirmandengruppe in Berlin-Wedding. Mitarbeit in der Ökumene
1933	Hitler Reichskanzler. Rundfunkansprache über »Führer und Verführer«. Mitbegründer des »Pfarrernotbundes«. Pfarrstelle in London
1934	Ökumenische Konferenz in Fanø. »Friedenspredigt«
1935/36	Leiter eines Predigerseminars der Bekennenden Kirche. Erst in Zingst an der Ostsee, dann in Finkenwalde bei Stettin.
1936/37	Studienreise nach Schweden. Entzug der Lehrerlaubnis. Seminar in Finkenwalde wird von der Gestapo geschlossen. Illegale Sammelvikariate. Das Buch *Nachfolge* erscheint.
1939	Erste Kontakte zur Widerstandsgruppe um Canaris, Oster, Hans von Dohnanyi. Zweite Reise in die USA. Entschluss zur Rückkehr. Deutscher Angriff auf Polen. Beginn des Zweiten Weltkrieges
1940	Tätigkeit für die Widerstandsgruppe in der militärischen Abwehr. Aufenthalt in Ettal. Arbeit an der *Ethik*

1942/43	Konspirative Reisen. Treffen mit Bischof George Bell
1943	Verlobung mit Maria von Wedemeyer. Verhaftung und Einlieferung in das Gefängnis Berlin-Tegel am 3. April
1944	Briefe aus dem Gefängnis an die Familie, an Eberhard Bethge und Maria von Wedemeyer. Das Attentat auf Hitler am 20. Juli scheitert. In Zossen werden die Akten Hans von Dohnanyis gefunden. Bonhoeffer wird in das Gestapo-Kellergefängnis verlegt.
1945	Transport in das KZ Buchenwald. Von dort über Regensburg und Schönberg in das KZ Flossenbürg. Tod vermutlich durch Erdrosseln am 9. April.

Biografien, Lebensbeschreibungen:

Ackermann, Josef: *Dietrich Bonhoeffer – Freiheit hat offene Augen. Eine Biografie,* Gütersloh: Gütersloher Verlagshaus 2005

Aretz, Bernd: *Bonhoeffer. Gefangen und frei,* München: Verlag Neue Stadt 2016

Bethge, Eberhard: *Bonhoeffer,* Reinbek bei Hamburg, Rowohlt 1980

Bethge, Eberhard: *Dietrich Bonhoeffer. Eine Biografie,* München: Chr. Kaiser 1986

Feldmann, Christian: *Dietrich Bonhoeffer – »Wir hätten schreien müssen«,* Freiburg im Breisgau: Kreuz Verlag 2015

Marsh, Charles: *Dietrich Bonhoeffer, Der verklärte Fremde,* München. Gütersloher Verlagshaus 2015

Metaxas, Eric: *Bonhoeffer. Pastor, Agent, Märtyrer und Prophet,* Holzgerlingen: Hänssler Verlag 1999

Robertson, Edwin H.: *Dietrich Bonhoeffer. Leben und Verkündigung,* Göttingen: Vandenhoeck & Ruprecht 1989

Schlingensiepen, Ferdinand: *Dietrich Bonhoeffer 1906–1945. Eine Biografie,* München: C. H. Beck 2005

Wind, Renate: *Dem Rad in die Speichen fallen. Die Lebensgeschichte des Dietrich Bonhoeffer,* Weinheim: Beltz & Gelberg 1999

Familie Bonhoeffer und Umfeld:

Bethge, Eberhard: *In Zitz gab es keine Juden,* München: Chr. Kaiser 1989

Bethge, Eberhard: *Mein Freund Dietrich Bonhoeffer,* in: Gremmels, Christian / Huber, Wolfgang: *Theologie und Freundschaft, Wechselwirkungen: Eberhard Bethge und Dietrich Bonhoeffer,* Gütersloh: Chr. Kaiser/Gütersloher Verlag 1994

Grabner, Sigrid / Roeder, Henrik (Hg.): *Emmi Bonhoeffer. Bewegende Zeugnisse eines mutigen Lebens,* Reinbek bei Hamburg: Rowohlt 2006

Bismarck, Ruth-Alice / Kabitz, Ulrich: *Brautbriefe Zelle 92. Dietrich Bonhoeffer – Maria von Wedemeyer 1943 – 1945,* München: C. H. Beck Verlag 2006

Chowaniec, Elisabeth: *Der »Fall Dohnanyi« 1943 – 1945,* München: Oldenburg Verlag 1991

Leibholz-Bonhoeffer, Sabine: *Weihnachten im Hause Bonhoeffer,* Wuppertal: Johannes Kiefel Verlag 1984

Leibholz-Bonhoeffer, Sabine: *vergangen, erlebt, überwunden. Schicksale der Familie Bonhoeffer,* Gütersloh: Gerd Mohn 1983

Meyer, Winfried: *»Mir hat Gott keinen Panzer ums Herz gegeben«. Hans von Dohnanyi. Verschwörer gegen Hitler,* München: Deutsche Verlags-Anstalt 2015

Zutt, Jürgen / Straus, Erwin / Scheller, Heinrich: *Karl Bonhoeffer zum hundertsten Geburtstag,* Berlin, Heidelberg, New York: Springer Verlag 1969

Smid, Marikje: *Hans von Dohnanyi – Christine Bonhoeffer. Eine Ehe im Widerstand gegen Hitler,* Gütersloh: Gütersloher Verlag 2002

Wind, Renate: *Wer leistet sich heute noch eine wirkliche Sehnsucht? Maria von Wedemeyer und Dietrich Bonhoeffer,* Gütersloh: Gütersloher Verlagshaus 2006

Einzelaspekte, Forschung, Zeitzeugen:

Andersen, Dorothea (Hrsg.): *So ist es gewesen: Briefe im Kirchen-kampf 1933–1942 von Gerhard Vibrans, aus seinem Familien- und Freundeskreis und von Dietrich Bonhoeffer,* München: Kaiser 1995

Außermair, Josef (Hrsg.): *Dietrich Bonhoeffer. Orte seiner Theologie,* Paderborn, München: Schöningh 2008

Barz, Paul: *Ich bin Bonhoeffer. Roman eines glaubwürdigen Lebens.* Gütersloh: Gütersloher Verlagshaus 2006

Best, S. Payne: *The Venlo Incident.* London: Hutchinson 1951

Bethge, Eberhard: *Bonhoeffer Gedenkheft,* Berlin: Verlag Haus und Schule 1947

Bethge, Renate / Gremmels, Christian: *Dietrich Bonhoeffer, Bilder eines Lebens,* Gütersloh: Gütersloher Verlagshaus 2005

Dobeneck von, Ludwig: *Dietrich Bonhoeffer – ein Held? Tiefen-psychologische Zugänge,* Gütersloh: Gütersloher Verlagshaus 2013

Dramm, Sabine: *Dietrich Bonhoeffer und Camus. Analogien im Kontrast,* Gütersloh: Gütersloher Verlagshaus 1998

Dramm, Sabine: *Dietrich Bonhoeffer. Eine Einführung in sein Denken,* Gütersloh. Chr. Kaiser/Gütersloher Verlagshaus 2001

Dramm, Sabine: *V-Mann Gottes und der Abwehr? Dietrich Bonhoeffer und der Widerstand,* Gütersloh: Gütersloher Verlag 2005

Feil, Ernst: *Die Theologie Dietrich Bonhoeffers,* Gütersloh: Gütersloher Verlag 1996

Feil, Ernst: *Dietrich Bonhoeffer – Widerstand und Ergebung,* in: Fuchs, Gotthard (Hrsg.): *Glaube als Widerstandskraft,* Frankfurt am Main: Verlag Josef Knecht 1986, S. 169-193

Friedrich, Sabine: *Wer wir sind,* München: dtv 2012

Glazener, Mary: *Der Kelch des Zorns. Ein Roman über Dietrich Bonhoeffer,* Gießen, Basel: Brunnen Verlag 2012

Gremmels, Christian / Grosse, Heinrich W.: *Dietrich Bonhoeffer. Der Weg in den Widerstand,* Gütersloh: Gütersloher Verlagshaus 2004

Gremmels, Christian / Huber, Wolfgang: *Theologie und Freundschaft. Wechselwirkungen »Eberhard Bethge und Dietrich Bonhoeffer«,* Gütersloh: Chr. Kaiser 1994

Koch, Werner: *Sollen wir K. weiter beobachten? Ein Leben im Widerstand,* Stuttgart: Radius Verlag 1982

Martin, Klaus (Hrsg.): *Dietrich Bonhoeffer.* (Neue Wege der Forschung), Darmstadt: Wissenschaftliche Buchgesellschaft 2015

Mayer, Rainer / Zimmerling, Peter: *Dietrich Bonhoeffer – Mensch hinter Mauern. Theologie und Spiritualität in den Gefängnisjahren,* Gießen: Brunnen Verlag 1993

Neumann, Peter H. A. (Hrsg.): *»Religionsloses Christentum« und »nicht-religiöse Interpretation« bei Dietrich Bonhoeffer,* Darmstadt: Wissenschaftliche Buchgesellschaft 1990

Niemöller, Martin: *Was würde Jesus dazu sagen? Eine Reise durch ein protestantisches Leben,* Frankfurt am Main: Röderberg-Verlag 1986

Nürnberger, Christian: *Mutige Menschen. Widerstand im Dritten Reich,* Stuttgart: Gabriel 2015

Pfizer, Theodor: *Im Schatten der Zeit, 1904–1948,* Stuttgart: Kohlhammer 1979

Rieger, Julius: *Bonhoeffer in England,* Berlin: Lettner Verlag 1966

Rintala, Paavo: *Marias Liebe. Ein biografischer Roman,* Leipzig: Evangelische Verlagsanstalt 1994

Sifton, Elisabeth / Stern, Fritz: *Keine gewöhnlichen Männer. Dietrich Bonhoeffer und Hans von Dohnanyi im Widerstand gegen Hitler,* München: C. H. Beck 2013

Tietz, Christiane: *Dietrich Bonhoeffer. Theologe im Widerstand,* München: C. H. Beck 2013

Weizsäcker, Carl Friedrich von: *Gedanken eines Nichttheologen zur theologischen Entwicklung des Dietrich Bonhoeffers,* in: ders.: *Der Garten des Menschlichen,* München: Hanser 1992

Zimmermann, Wolf-Dieter: *Begegnungen mit Dietrich Bonhoeffer,* München: Chr. Kaiser 1965

Zimmermann, Wolf-Dieter: *Wir nannten ihn Bruder Bonhoeffer. Einblicke in ein hoffnungsvolles Leben,* Berlin: Wichern-Verlag 2004

Geschichte, Kirchenkampf:

Besier, Gerhard: *Krieg – Frieden – Abrüstung. Die Haltung der europäischen und amerikanischen Kirchen zur Frage der deutschen Kriegsschuld 1914–1933,* Göttingen: Vandenhoeck & Ruprecht 1982

Scholder, Klaus: *Die Kirchen und das Dritte Reich,* Bd. 1: *Vorgeschichte und Zeit der Illusionen 1918–1934,* Frankfurt am Main, Berlin: Propyläen Verlag 1977; Bd. 2: *Das Jahr der Ernüchterung 1934,* Berlin: Siedler Verlag 1985

Meyer, Winfried: *Unternehmen Sieben, Eine Rettungsaktion für vom Holocaust Bedrohte aus dem Amt Ausland/Abwehr im Oberkommando der Wehrmacht,* Frankfurt am Main: Hain 1993

Röhm, Eberhard / Thierfelder, Jörg: *Evangelische Kirche zwischen Kreuz und Hakenkreuz,* Stuttgart: Calwer Verlag 1990

Bildbände:

Bassewitz, Gert von / Bunners, Christian: *Auf den Spuren von Dietrich Bonhoeffer,* Hamburg: Ellert & Richter 2004

Bethge, Eberhard: *Dietrich Bonhoeffer: Sein Leben in Bildern und Texten,* München: Chr. Kaiser 1989

Klingner, Dirk: *Dietrich Bonhoeffer, Lebensorte und Wirkungsstätten,* Leipzig: Dt. Benno Verlag 2016

Metaxas, Eric: *Bonhoeffer. Eine Biografie in Bildern,* Holgerlingen: Hässler 2013

Stettner, Moritz: *Bonhoeffer (Graphic Novel),* Gütersloh: Gütersloher Verlagshaus 2010

Filme:

Bonhoeffer – Die letzte Stufe. Regie: Eric Till, 2000

Dietrich Bonhoeffer – Nachfolge und Kreuz, Widerstand und Galgen. Regie: H. J. Dörger / Chr. Gremmels, 1982.

Bonhoeffer, Regie: Martin Doblmeier, Hansisches Druck- und Verlagshaus

Liebe ist stark wie der Tod. Die Welt des Dietrich Bonhoeffer. Regie: Gerold Hofmann, Berlin: Eikon Media im Auftrag des ZDF 2006

Diesseits der Todeslinie: Dietrich Bonhoeffers Weg in den Widerstand, Regie: Wolf-Rüdiger Schmidt, Mainz: ZDF 1995

Von guten Mächten – Dietrich Bonhoeffers Weg in den Widerstand, Regie: Christian Berger, Deutschland 1997

Wer glaubt, der flieht nicht … – Dietrich Bonhoeffer, 1906 – 1945. Internationale Bonhoeffer-Gesellschaft, Deutschland 2005

QUELLENNACHWEIS

Die Texte, Briefe, Predigten etc. von Dietrich Bonhoeffer werden zitiert nach der siebzehnbändigen Sonderausgabe seiner Werke, München: Gütersloher Verlagshaus 2015:

Band 1: *Sanctorum Communio*

Band 2: *Akt und Sein*

Band 3: *Schöpfung und Fall*

Band 4: *Nachfolge*

Band 5: *Gemeinsames Leben. Das Gebetbuch der Bibel*

Band 6: *Ethik*

Band 7: *Fragmente aus Tegel*

Band 8: *Widerstand und Ergebung*

Band 9: *Jugend und Studium 1918–1927*

Band 10: *Barcelona, Berlin, Amerika 1928–1931*

Band 11: *Ökumene, Universität, Pfarramt 1931–1931*

Band 12. *Berlin 1932–1933*

Band 13: *London 1933–1935*

Band 14: *Illegale Theologenausbildung: Finkenwalde 1935–1937*

Band 15: *Illegale Theologenausbildung: Sammelvikariate 1937–1940*

Band 16: *Konspiration und Haft 1940–1945*

Band 17: *Register und Ergänzung*

Prolog

[1.] Dietrich Bonhoeffer (=DB): *Tagebuch der Amerikareise*, Bd. 15, Nr. 137, S. 219

[2.] ebenda, S. 222

[3.] ebenda, S. 224

[4.] Brief an Karl-Friedrich Bonhoeffer vom 14.1.35, Bd. 13, Nr. 193, S. 272

[5.] *Tagebuch Amerika*, S. 228

[6.] ebenda, S. 240

1. Kapitel

7.) Sabine Leibholz-Bonhoeffer: *vergangen, erlebt, überwunden. Schicksale der Familie Bonhoeffer,* Gütersloh: Gerd Mohn 1983, S. 52 f. (= vergangen ...)

8.) *Lebenserinnerungen von Karl Bonhoeffer – Geschrieben für die Familie,* in: Jürgen Zutt; Erwin Straus; Heinrich Scheller (Hrsg.): *Karl Bonhoeffer. Zum hundertsten Geburtstag am 31. März 1968,* Berlin, Heidelberg, New York: Springer Verlag 1969, S. 8–107

9.) DB: *Fragmente aus Tegel*, Bd. 7, S. 228, Fußnote 98

10.) *vergangen ...,* S. 25

11.) *Lebenserinnerungen Karl Bonhoeffer*, S. 30

12.) Eberhard Bethge: *Dietrich Bonhoeffer. Eine Biografie,* München: Chr. Kaiser 1986, S. 59 (=Bethge)

13.) *vergangen ...,* S. 52

14.) DB: *Literarischer Versuch zum Thema „Tod",* Bd. 11, Nr. 22. S. 373 f.

15.) *vergangen ...,* S. 54

2. Kapitel

16.) *Lebenserinnerungen Karl Bonhoeffer,* S. 80

17.) Sabine Leibholz-Bonhoeffer: *Weihnachten im Hause Bonhoeffer,* S. 11 f.

18.) *vergangen ...,* S. 54

19.) ebenda, S. 24 und *Weihnachten,* S. 33

20.) *vergangen ...,* S. 14 und Bethge, S. 49

21.) Dazu Gerhard Besier: *Krieg – Frieden – Abrüstung,* Göttingen: Vandenhoeck & Ruprecht 1982

22.) *Lebenserinnerungen Karl Bonhoeffer,* S. 89

23.) *vergangen ...,* S. 53

24.) Bethge, S. 67

25.) DB: *Roman,* S. 158, zum Folgenden Fußnote 28. Das Roman-Manuskript von Dietrich Bonhoeffer ist in Bd. 7 der Sonderausgabe enthalten.

26.) Bethge, S. 47

27.) DB: *Roman*, S. 176

28.) ebenda, S. 83 f.

29.) ebenda, S. 93 f.

30.) DB: *Vortrag zum Thema »Krieg«*, Bd. 10, S. 646-652; hier S. 648
31.) *Lebenserinnerungen Karl Bonhoeffer,* S. 90
32.) ebenda S. 91 und DB: Brief an Julie Bonhoeffer vom 23.1.18, Bd. 9, Nr. 1, S. 9
33.) ebenda, S. 91
34.) Brief an Julie Bonhoeffer vom 3.7.18, Bd. 9, Nr. 3, S. 12
35.) DB: *Vortrag zum Thema »Krieg«*, S. 647
36.) DB: *Lebenslauf*, Bd. 9, Nr. 36, S. 55

3. Kapitel
37.) Bethge, S. 62
38.) *Lebenserinnerungen Karl Bonhoeffer,* S. 92
39.) Brief an Julie Bonhoeffer vom 11.1.19, Bd. 9, Nr. 9, S. 19
40.) vgl. DB: *Roman*, S. 84 f.
41.) Brief an die Eltern vom 20.5.19, Bd. 9, Nr. 11, S. 21
42.) Klaus Mann: *Kind dieser Zeit,* S. 120 f.
43.) DB: *Grundfragen einer christlichen Ethik*, Bd. 10, Nr. II/3, S. 324
44.) Brief an Julie Bonhoeffer vom 15.8.19, Bd. 9, Nr. 12, S. 23
45.) Brief an die Eltern vom 29.7.20, Bd. 9, Nr. 16, S. 27 f.
46.) *vergangen …,* S. 30
47.) Brief von Karl Bonhoeffer vom 2.2.34, Bd. 13, Nr. 68, S. 90
48.) Bethge, S. 60
49.) Brief an Eberhard Bethge vom 22.4.44, Bd. 8 = *Widerstand und Ergebung* (=WuE), S. 397
50.) Brief an die Eltern vom 1.11.20, Bd. 9, Nr. 18, S. 30
51.) Brief an Sabine Bonhoeffer vom 25.6.22, Bd. 9, Nr. 27, S. 43 f.
52.) DB: *Roman*, S. 113 f.
53.) Brief an die Eltern vom 7.7.22, Bd. 9, Nr. 28, S. 44
54.) DB: *Literarischer Versuch zum Thema »Beruf«*, Bd. 11, II/21

4. Kapitel
55.) Brief an die Eltern vom 16.11.23, Bd. 9, Nr. 46, S. 68
56.) Sabine Leibholz: *Kindheit und Elternhaus,* in: *Begegnungen …*, S. 26
57.) Brief an Sabine Bonhoeffer vom 24.11.23, Bd. 9, Nr. 48, S. 70
58.) Brief an Sabine Bonhoeffer vom 5.2.24, Bd. 9, Nr. 54, S. 77
59.) DB: *Italienisches Tagebuch*, Bd. 9, Nr. 57, S. 81 f.
60.) ebenda, S. 83

61.) ebenda, S. 97

62.) Brief an die Eltern vom 19.4.24, Bd. 9., Nr. 61, S. 115

63.) Brief an die Eltern vom 9.5.24, Bd. 9., Nr. 66, S. 123

64.) *Tagebuch*, S. 94

65.) Brief an die Eltern vom 9.4.24, Bd. 9., Nr. 66, S. 125

66.) Brief an Sabine Bonhoeffer vom 17.5.24, Nr. 69, S. 128

67.) Siehe: DB, *Referat über »Die katholische Kirche«*, Bd. 9, III/14

68.) *Tagebuch*, S. 97

5. Kapitel

69.) Zitiert nach: Uwe Neumann: *Klaus Mann,* Reinbek bei Hamburg: Rowohlt 1984, S. 23

70.) DB: *Predigt zu Matthäus, 28,20,* Bd. 10, III/4, S. 469

71.) Brief an Paula Bonhoeffer vom 5.8.24, Bd. 9, Nr. 82, S. 142

72.) Brief an Eberhard Bethge vom 22.4.44, Bd. 8, Nr. 135, S. 397

73.) DB: *Spanisches Tagebuch*, Bd. 10, Nr. 5, S. 19

74.) Brief an Karl und Paula Bonhoeffer vom 17.11.43, Bd. 8, Nr. 72, S. 184

75.) DB: *Jesus Christus und vom Wesen des Christentums*, Bd. 10, II/2, S. 315

76.) Brief an Karl-Friedrich Bonhoeffer vom 14.1.35, Bd.13, Nr. 193, S. 272

77.) DB: *Seminararbeit über Luthers Stimmungen gegenüber seinem Werk*, Bd. 9, II/5, S. 290

78.) DB: *Referat über historische und pneumatische Schriftauslegung*, Bd. 9, II/6, S. 307 und 318

79.) ebenda, S. 305

80.) DB: *Sanctorum Communio*, Bd. 1, S. 51

81.) ebenda, S. 173

82.) Brief an Maria Wedemeyer vom 29.5.44, in: *Brautbriefe Zelle 92*, S. 190

83.) DB: *Spanisches Tagebuch*, S. 20

84.) ebenda

85.) DB: *Nachfolge*, Bd. 4, S. 180 f.

6. Kapitel

86.) Brief von Klaus Bonhoeffer an Julie Bonhoeffer vom 16.4.28, Bd. 17, Nr. 10/I/19a, S. 73

87.) DB: *Jesus Christus und vom Wesen des Christentums*, Bd. 10, II/2, S. 302

88.) Brief an Sabine Leibholz vom 17.3.28, Bd. 10, Nr. 15, S. 42

89.) DB: *Jesus Christus ...*, S. 314

90.) DB: *Spanisches Tagebuch*, S. 22

91.) Brief an die Eltern vom 11.4.28, Bd. 17, Nr. 19, S. 48

92.) Brief an Maria Wedemeyer vom 20.8.43, in: *Brautbriefe Zelle 92,* S. 42

93.) DB: *Predigt zu Römer 12,11c* vom 23.9.28, Bd. 10, III/12, S. 516

94.) Brief an Walter Dreß vom 1.9.28, Bd. 17, 10/I/44a

95.) Brief an Rüdiger Schleicher vom 6.11.28, Bd. 10, Nr. 51, S. 107

96.) DB: *Grundfragen einer christlichen Ethik*, S. 332

97.) ebenda, S. 338

98.) Brief an Detlef Albers vom 20.7.29, Bd. 10, Nr. 87, S. 151

99.) Brief an Detlef Albers vom März 1929, Bd. 10, Nr. 76, S. 138

100.) DB: *Akt und Sein*, Bd. 2, S. 153, 131, 161

101.) Brief von Hans Christoph von Hase vom 30.11.30, Bd. 10, Nr. 143, S. 210

102.) Brief an Hermann Thumm vom 29.6.29, Bd. 10, Nr. 85, S. 149

103.) Brief an Sabine und Gerhard Leibholz vom 29.6.30, Bd. 10, Nr. 120, S. 183

7. Kapitel

104.) Brief an Julie Bonhoeffer vom 6.9.30, Bd. 10, Nr. 132, S. 197

105.) Brief an Karl-Friedrich Bonhoeffer vom 19.9.30, Bd. 10, Nr. 135, S. 199

106.) DB: *Vortrag zum Thema »Krieg«*, Bd. 10, II/9 (englisch), deutsche Übersetzung: S. 646-652

107.) Brief von Karl-Friedrich Bonhoeffer vom 24.1.31, Bd. 10, Nr. 157, S. 232

108.) Brief von Klaus Bonhoeffer vom 3.11.30, nach: Bethge, S. 206

109.) Brief an Max Diestel vom 19.12.30, Bd. 10, Nr. 150, S. 220

110.) nach Bethge, S. 198

111.) ebenda, S. 193

112.) Reinhold Niebuhr: *Nach Amerika und wieder zurück,* in: *Begegnungen ...,* S. 130

113.) DB: *Studienbericht für das Kirchenbundesamt*, Bd. 10, Nr. 181, S. 272

114.) Brief von Helmut Rössler vom 22.2.31, Bd. 10, Nr. 164, S. 239

115.) Brief an die Eltern vom 4.5.30, Bd. 10, Nr. 172, S. 256

116.) nach Edwin H. Robertson: *Dietrich Bonhoeffer. Leben und Verkündigung,* S. 83

117.) DB: *Ethik,* Bd. 6, S. 296

118.) *Studienbericht,* S. 279

119.) Brief an Erwin Sutz vom 24.7.31, Bd. 11, Nr. 6, S. 19

120.) Winfried Maechler: *Ein Christ in den Wirren des 20. Jahrhunderts,* Stuttgart: Radius Verlag 1991

8. Kapitel

121.) DB: *Das Recht auf Selbstbehauptung*, Bd. 11, II/5, S. 215 f.

122.) DB: *Geschichte der systematischen Theologie des 20. Jahrhunderts,* Bd. 11, II/3, S. 197

123.) Brief an Karl-Friedrich Bonhoeffer vom 14.1.1935, Bd. 13, Nr. 93, S. 272

124.) Brief an Rüdiger Schleicher vom 8.4.36, Bd. 14/1, Nr. 71, S. 145

125.) Brief an Erwin Sutz vom 8.10.31, Bd. 11, Nr. 11, S. 29

126.) nach Bethge, S. 273

127.) Brief an Erwin Sutz vom 28.2.32, Bd. 11, Nr. 39, S. 65

128.) DB: *Predigt zu Genesis 32,25-32,* gehalten am 13.3.32 in der Zionskirche Berlin-Wedding, Bd. 11, S. 408 f.

129.) DB: *Bericht über die Jugendkonferenz des Weltbundes in Epsom*, Bd. 11, II/11, S. 316

130.) DB: *Predigt zu Kolosser 3,1-4,* gehalten am 19.6.32 in der Kaiser-Wilhelm-Gedächtniskirche, Bd. 11, III/12, S. 446

131.) Ich beziehe mich hier auf: DB, *Predigt zu Chronik 20,12,* gehalten am 8.5.32 in der Dreifaltigkeitskirche Berlin, Bd. 11, III/8

132.) Siehe Wolf-Dieter Zimmermann: *Berliner Jahre,* in: ders.: *Begegnungen …,* S. 42-51, sowie: Wolf-Dieter Zimmermann: *Wir nannten ihn Bruder Bonhoeffer. Einblicke in ein hoffnungsvolles Leben,* Berlin: Wichern 2004

133.) ebenda, S. 49

134.) ebenda, S. 51

135.) DB: *Der Führer und der Einzelne in der jungen Generation*, Bd. 12, II/9, S. 242-260

9. Kapitel

136.) Brief an Reinhold Niebuhr vom 2.2.33, Bd. 12, Nr. 31, S. 50

137.) *Lebenserinnerungen Karl Bonhoeffer,* S. 101

138.) Victor Klemperer: *Tagebücher 1933–1945,* Berlin: Aufbau 1999, Bd. 1: 1922–1934, S. 11

139.) *vergangen …,* S. 96

140.) Brief an Erwin Sutz vom 14.4.33, Bd. 12, Nr. 38, S. 58

141.) DB: *Die Kirche vor der Judenfrage,* Bd 12, II/13, S. 353

142.) Brief an Gerhard und Sabine Leibholz vom 23.11.33, Bd. 13, Nr. 17, S. 34

143.) *vergangen …,* S. 98 ff.

144.) Brief an Erwin Sutz vom 14.4.33, s. o., S. 59

145.) Ferenc Lehel: *Mit den Augen eines Schülers,* in: *Begegnungen …,* S. 52

146.) DB: *Was soll der Student der Theologie heute tun?,* in: Bd. 12, II/17, S. 417

147.) DB: *Schöpfung und Fall,* Bd. 3, S. 57

148.) Ich beziehe mich hier auf: DB, *Dein Reich komme. Das Gebet der Gemeinde um Gottes Reich auf Erden,* Bd. 12, II/11

149.) DB: *Ethik,* Bd. 6, S. 79

150.) Zimmermann, *Wir nannten ihn …,* S. 43 f.

151.) DB: *Gemeinsames Leben,* Bd. 5, S. 79, sowie: DB, *Thesen »Der Arier-Paragraf in der Kirche«,* Bd. 12, II/16, S. 411

152.) DB: *Predigt zu Richter 6,15,* gehalten in der Dreifaltigkeitskirche am 26.2.33, Bd. 12, III/5, S. 449

153.) DB: *Nachfolge* = Bd. 4, S. 180

154.) DB: *Dein Reich komme,* S. 265 f.

155.) DB: *Predigt zu Matthäus 16,10-18,* gehalten in der Dreifaltigkeitskirche am 23.7.33, Bd. 12, III/8, S. 466

156.) Brief an Julie Bonhoeffer vom 20.8.33, Bd. 12, Nr. 86, S. 117

157.) Brief an Theodor Heckel vom 4.10.33, Bd. 12, Nr. 107, S. 146

158.) Zimmermann: *Wir nannten ihn …,* S. 46 und Bethge, S. 377

10. Kapitel

159.) Brief an Gerhard Leibholz vom 15.11.34, Bd. 13, 13, Nr. 166, S. 227

160.) Klaus Scholder: *Die Kirchen und das Dritte Reich,* Bd. 1, Frankfurt am Main: Ullstein, S. 704

161.) Brief von Karl Barth vom 20.11.34, Bd. 13, Nr. 16, S. 33

162.) Privater Bericht Ammundsens an Bell vom 5.10.33, Bd. 12, Nr. 104, Fußnote 1, S. 134

163.) Bethge, S. 419

164.) Brief an Erwin Sutz vom 28.4.1934, Bd. 13, Nr. 93, S. 128

165.) Brief an Baron Bruno Schröder vom 21.1.35, Bd. 13, Nr. 195, S. 274

166.) Nach: Lawrence B. Whitburn: *Bonhoeffer ohne Talar,* in: *Begegnungen ...,* S. 64 f.

167.) ebenda, S. 65

168.) Brief an Erwin Sutz vom 28.4.34, S. 127

169.) DB: *Predigt zu Jeremia 20,7,* gehalten am 21.1.34, Bd. 13, III/7, S. 348

170.) Brief an Henry Louis Henriod vom 7.4.34, Bd. 13, Nr. 87, S. 120

171.) Brief an Erwin Sutz vom 28.4.34, S. 128

172.) Brief an Ove Valdemar Ammundsen vom 8.8.34, Bd. 13, Nr. 134, S. 179

173.) Otto Dudzus: *Dem Rad in die Speichen fallen,* in: *Begegnungen ...,* S. 74 f.

174.) Zimmermann: *Wir nannten ihn ...,* S. 57

175.) DB: *Kirche und Völkerwelt,* in: Bd. 13, II/3, S. 300

176.) Bethge, S. 482

177.) Brief von Mahatma Gandhi vom 1.11.1934, Bd. 13, S. 499 f.

178.) Otto Dudzus: *Dem Rad ...,* S. 66

11. Kapitel

179.) Eberhard Bethge: *In Zitz gab es keine Juden,* München: Chr. Kaiser 1989, S. 83 f.

180.) Brief an Karl Barth vom 19.9.1936, 14/1, Nr. 119, S. 236

181.) Brief von Gerhard Vibrans an seine Eltern vom 12.6.35, in: *So ist es gewesen. Briefe im Kirchenkampf 1933–1942* von Gerhard Vibrans, Gütersloh: Chr. Kaiser Verlag 1995, S. 165

182.) Brief an Erwin Sutz vom 11.9.34, Bd. 13, Nr. 147, S. 204

183.) Brief von Karl Barth vom 14.10.36, Bd. 14/1, Nr. 124, S. 253

184.) DB: *Ethik,* Bd. 6, S. 43 und DB, *Nachfolge,* Bd. 4, S. 35

185.) nach Paul Barz: *Ich bin Bonhoeffer,* S. 160

186.) Albrecht Schönherr: *Die Einfalt des Provozierten,* in: *Begegnungen ...,* S. 101

187.) Bethge, S. 559

188.) Brief von Gerhard Vibrans an seinen Vater, in: *So ist es gewesen,* S. 156

189.) DB: *Nachfolge,* S. 95

190.) DB: *Predigt zur Trauerfeier für Julie Bonhoeffer,* gehalten am 15.1.36, Bd. 14/2, III/11, S. 924

191.) Brief von Gerhard Vibrans an DB vom 24.6.34, Bd. 14/1, Nr. 87, S. 174

192.) Brief an Eberhard Bethge vom 2.8.36, Bd. 14/1, Nr. 104, S. 212

193.) Zimmermann: *Wir nannten ihn ...,* S. 67 und 69

194.) DB: *Zur Frage nach der Kirchengemeinschaft,* in: Bd. 14/1, II/19, S. 676

195.) Siehe Werner Koch: *Sollen wir K. weiter beobachten? Ein Leben im Widerstand,* Stuttgart: Radius Verlag 1982, S. 142 ff.

196.) DB: *Das innere Leben der deutschen evangelischen Kirche,* in: Bd. 14/1, II/21, S. 720

197.) Werner Koch: *Sollen wir ...,* S. 246 f.

12. Kapitel

198.) *vergangen ...,* S. 113 ff.

199.) DB: *Nachfolge,* S. 108 (Hervorhebung von mir, A.P.)

200.) Brief von Gerhard Lehne vom 2.2.39, Bd. 15, Nr. 66, S. 129 f.

201.) Rundbrief Bonhoeffers an die Finkenwalder Brüder vom 23.8.38, Bd. 15, Nr. 24, S. 59

202.) Brief Bethges an den Vettern- und Freundeskreis vom 16.4.38, in: *So ist es gewesen,* S. 325-327, hier S. 327

203.) DB: *Nachfolge,* S. 29 und 42

204.) Bethge, S. 682

205.) Brief an Karl-Friedrich Bonhoeffer vom 29.11.37, Bd. 14, Nr. 154, S. 303

206.) Gottfried Maltusch: *Beim Brand der Synagogen,* in: *Begegnungen ...,* S. 118

207.) Bethge, S. 658

208.) Bericht von Karl Vibrans, in: *So ist es gewesen,* S. 357

209.) Hellmut Traub: *Zwei Erinnerungen,* in: *Begegnungen …,* S. 126 f.

210.) DB: Postkarte an Paula Bonhoeffer vom 16.8.39, Nr. 153, S. 260

211.) nach Bethge, S. 746

212.) Brief Bethges an die Vettern und Freunde vom 18.1.1939, in: *So es gewesen,* S. 359

213.) nach Bethge, S. 704

214.) Hans-Werner Jensen: *Gemeinsames Leben,* in: *Begegnungen …,* S. 121

215.) Eberhard Bethge: *In Zitz gab es keine Juden,* S. 109 f.

13. Kapitel

216.) Brief an Eberhard Bethge vom 8.12.1940, Bd. 16, Nr. 43, S. 89

217.) DB: *Ethik,* S. 75 ff.

218.) DB: *Nach zehn Jahren,* in: DB, WuE, S. 22

219.) SD-Leitstelle Königsberg an das Reichssicherheitshauptamt, in: Bd. 16, Nr. 15, S. 55

220.) Brief an Eberhard Bethge vom 4.2.41, Bd. 16, Nr. 71, S. 129

221.) Eberhard Bethge: *Mein Freund Dietrich Bonhoeffer,* in: Christian Gremmels/Wolfgang Huber: *Theologie und Freundschaft,* Gütersloh: Chr. Kaiser/Gütersloher Verlagshaus 1994, S. 13-28, hier S. 15 und 24

222.) Bethge, S. 817

223.) DB: *Ethik,* S. 48

224.) ebenda, S. 288

225.) Adolf Freudenberg: *Besuche in Genf,* in: *Begegnungen …,* S. 132

226.) Bethge, S. 791

227.) DB: *Nach zehn* Jahren, WuE S. 22

228.) Wolf-Dieter Zimmermann: *Treffen in Werder,* in: *Begegnungen …,* S. 153 ff.

229.) Bethge, S. 970

230.) DB: *Ethik*, S. 147

231.) ebenda, S. 180

232.) Brief an Eberhard Bethge vom 25.6.1942, Bd. 16, Nr. 185, S. 325

233.) Brief Maria von Wedemeyers vom 4.4.44, in: *Brautbriefe …,* München: C. H. Beck 2006, S. 163

234.) Brief an Maria von Wedemeyer vom 16.4.44, in: *Brautbriefe …,* S. 167 f.

235.) Brief Maria von Wedemeyers an DB vom 11.11.42, in: *Brautbriefe ...,*
S. 274

236.) Maria von Wedemeyer, Tagebuch vom 19.12.42, in: *Brautbriefe ...,*
S. 277

237.) Brief Maria von Wedemeyers vom 13.1.43, in: *Brautbriefe ...,*
S. 278

238.) Brief an Maria von Wedemeyer, in: *Brautbriefe ...,* S. 279

14. Kapitel

239.) Eric Metaxas: *Bonhoeffer,* Holzgerlingen: Hänssler 2011, S. 499

240.) Tagebuch, 5. April 1943, in: *Brautbriefe ...,* S. 284

241.) DB: *Haftbericht nach einem Jahr in Tegel,* in: WuE, Nr. 131, S. 380

242.) Brief an Karl und Paula Bonhoeffer vom 14.4.43, in: WuE, Nr. 2,
S. 43 f.

243.) DB: *Notizen II Mai 1943,* in: WuE, Nr. 12, Anmerkung 16, S. 64

244.) Brief an Eberhard Bethge vom 18.11.43, in: WuE, Nr. 73, S. 187

245.) Brief Maria von Wedemeyers vom 7.5.43, in: *Brautbriefe ...,* S. 5

246.) Brief Maria von Wedemeyers vom 9.6.43, in: *Brautbriefe ...,* S. 14

247.) Brief an Karl und Paula Bonhoeffer vom 17.12.43, WuE, Nr. 87, S. 240

248.) DB: *Nach zehn Jahren,* in: WuE, S. 31 und Brief an die Eltern vom
25.7.43, Nr. 37, S. 117

249.) Regine Schindler: *Verhaftet und verlobt. Zum Briefwechsel zwischen
Dietrich Bonhoeffer und Maria von Wedemeyer, 1943–1945,* in:
Theologie und Freundschaft, S. 154-169, hier S. 160

250.) Siehe DB: *Traupredigt aus der Zelle,* WuE, Nr. 18, S. 76 f.

251.) Siehe Briefe von Maria von Wedemeyer, in: *Brautbriefe ...,* S. 27, 49,
55 und 89

252.) Brief Maria von Wedemeyers vom 8.10.43, in: *Brautbriefe ...,* S. 65

253.) Brief an Eberhard Bethge vom 15.12.43, in: WuE, Nr. 86, S. 236

254.) Brief an Eberhard Bethge vom 30.5.44, in; WuE, Nr. 151, S. 456

255.) Erinnerungen Maria von Wedemeyers »The Other letters«, in:
Brautbriefe ..., S. 100 (eigene Übersetzung)

256.) Brief an Maria von Wedemeyer, Heiligabend 1943, in: *Brautbriefe ...,*
S. 103

257.) Brief an Eberhard Bethge vom 29. und 30.1.44, WuE, Nr. 106, S. 301

258.) Brief an Eberhard Bethge vom 29.5.44, WuE, Nr. 152, S. 454

259.) Brief an Eberhard Bethge vom 30.4.44, WuE, Nr. 137, S. 406 f.

260.) Briefe Maria von Wedemeyers vom 11.4.44 und 26.4.44, in: *Brautbriefe ...*, S. 165 und 174

261.) DB: *Vergangenheit*, in: *Brautbriefe ...*, S. 192

262.) Brief an Maria von Wedemeyer vom 27.6.44, in: *Brautbriefe ...*, S. 197

263.) DB: *Wer bin ich?*, in: WuE, Nr. 173, S. 513 f.

15. Kapitel

264.) *»Abkehr vom Phraseologischen zum Wirklichen«.* Persönliche Erinnerungen von Hans Christoph von Hase, Bd. 10, S. 588-602, hier S. 597

265.) DB: *An die Finkenwalder Brüder* vom 20.9.1939, in: Bd. 15, Nr. 160, S. 271

266.) Grabner, Sigrid / Röder, Hendrik: *Emmi Bonhoeffer,* Berlin: Lukas Verlag 2004, S. 86

267.) Brief an Maria von Wedemeyer vom 5.10.44, in: *Brautbriefe ...*, S. 206

268.) Fabian von Schlabrendorff: *Mit Dietrich Bonhoeffer im Gefängnis,* in: *Begegnungen ...*, S. 167

269.) ebenda

270.) DB: *Von guten Mächten*, in: WuE, Nr. 200, S. 607 f.

271.) Bethge, S. 1039

272.) Kassiber Hans von Dohnanyis an seine Frau Emmi, in: Bethge, S. 1020

273.) Brief Karl Bonhoeffers an Dietrich Bonhoeffer, in: Bethge, S. 1024

274.) Payne Best: *The Venlo Incident,* London et al.: Hutchinson & Co 1951. Daraus die folgenden Schilderungen.

275.) Brief an Karl und Paula Bonhoeffer vom 17.1.45, WuE, Nr. 202, S. 610

276.) Payne Best, S. 180

277.) Brief an Maria von Wedemeyer vom 20.8.43, in: *Brautbriefe ...*, S. 42

278.) Maria von Wedemeyer an ihre Mutter vom 19.2.45, in: *Brautbriefe ...*, S. 214 f.

279.) Payne Best an George K. A. Bell vom 13.10.1953, in: Rainer Mayer / Peter Zimmerling (Hrsg.): *Dietrich Bonhoeffer, Mensch hinter Mauern,* S. 104 ff.

280.) DB: *Predigt zu Weisheit 3,3* vom 26.11.33, Bd. 13, III/3, S. 330

281.) H. Fischer-Hüllstrung: *Bericht aus Flossenbürg,* in: *Begegnungen ...,* S. 171

282.) Jorgen Glenthoj: *Zwei neue Zeugnisse von der Ermordung Dietrich Bonhoeffers,* in: *Dietrich Bonhoeffer, Mensch hinter Mauern,* S. 99-111, hier S. 107-109

283.) Klaus Bonhoeffer, Abschiedsbrief an seine Kinder, in: Sigrid Grabner: *Emmi Bonhoeffer,* a.a.O., S. 35

284.) Bethge, S. 1043

Epilog

285.) Gedenkgottesdienst für Pastor Dietrich Bonhoeffer am 27.7.1945 in der Londoner Holy Trinity Church, in: Eberhard Bethge (Hrsg.): *Bonhoeffer Gedenkheft,* Berlin: Verlag Haus und Schule 1947

286.) Bethge, S. 1042

287.) Dorothee von Meding: *Mit dem Mut des Herzens. Die Frauen des 20. Juli,* Berlin: Siedler, S. 69 f.

288.) *Brautbriefe ...,* S. 290

289.) Brief an Eberhard Bethge vom 21.2.44, WuE, Nr.115, S. 336

290.) DB: *Ethik,* S. 73

291.) DB: *Von der Dummheit,* in: *Rechenschaft an der Wende zum Jahr 1943,* WuE, S. 19-39, hier S. 26 f.

292.) DB: *Ethik,* S. 65

293.) DB: *Civilcourage?,* in: *Rechenschaft,* S. 23 f.

294.) DB: *Stationen auf dem Wege zur Freiheit,* WuE, Nr. 191, S. 571

Bildnachweis

Danksagung

Frau Rau und Frau Ebinger vom Gabriel Verlag danke ich dafür, dass meine Idee zu diesem Buch bei ihnen auf große Gegenliebe gestoßen ist und so viel Unterstützung erfahren hat. Das Engagement, mit dem sich der Verlag um das fertige Produkt kümmert, begeistert und berührt mich jedes Mal aufs Neue. Mein Lektor Frank Griesheimer war mir wieder ein unverzichtbarer Mitdenker und Kritiker. Dr. Werner Anetsberger hat das Manuskript aufmerksam durchgelesen und zu den theologischen und geschichtlichen Fragen wertvolle Hinweise gegeben.